Asien

Nordamerika

Australien

21 Alëutenbecken
22 Alëutengraben
23 Kurilen-Kamtschatka-Graben
24 Japangraben
25 Philippinengraben

26 Marianengraben
27 Hawaii-Inseln
28 Salomon-Plateau
29 Tongagraben
30 Tasmanbecken

31 Kermadec-Graben
32 Neuseeland-Plateau
33 Golf von Mexiko
34 Ostpazifischer Rücken
35 Galapagos-Inseln

36 Peru- und Atacama-Graben
37 Nazcarücken
38 Schwarzes Meer
39 Mittelmeer
40 Rotes Meer

Maurice Krafft

Inhalt

UNSERE ERDE

ein lebender Planet

Eine Entdeckungsreise
durch die Erdgeschichte

Deutsch von Helga Müllerleile

Herder Freiburg · Basel · Wien

Vorwort

Als ich mich vor fünfzehn Jahren der Erforschung des Meeresbodens zuwandte, teilte ich noch die Meinung der meisten Erdwissenschaftler: ich hielt den Meeresboden für jenen ungestörten Bereich, in dem die Erde auf unermeßlich weiten schlammbedeckten Flächen die Spuren ihrer Milliarden Jahre während Geschichte hinterlassen hat. Wie weit waren wir damals von der Wahrheit entfernt!

Als ich im August 1973 zum ersten Mal 3000 m tief in den Atlantik vordrang, um das Rift des Mittelatlantischen Rückens zu erforschen, konnte ich mich davon überzeugen, daß die Erde ein lebender Planet ist.

Die Kontinente verschieben sich, Meere entstehen, dehnen sich aus und vergehen. Die dünne, starre Haut, auf der wir leben, wird immer wieder zerbrochen, verschluckt und neu geschaffen – durch gewaltige Ströme, die das Material im Erdinnern langsam, aber unerbittlich umwälzen. Noch können wir ihr Wirken nicht ganz begreifen, aber wir erkennen die zahlreichen Folgeerscheinungen, die sie nach sich ziehen. Die heutige Verteilung der Kontinente stellt nur einen vorübergehenden Zustand dar. Ihre Verschiebungen führen zu Klimaveränderungen und erheblichen Schwankungen des

greifenden Einfluß auf die Entwicklung und Ausbreitung der Lebewesen und bestimmen zu einem großen Teil die Zonen, in denen sich die Bodenschätze angesammelt haben, die wir im Zeitalter der Technik so notwendig brauchen.

Am sichtbarsten äußern sich diese Kräfte jedoch in den Erdbeben und Vulkanausbrüchen. Es ist daher ganz natürlich, daß Maurice Krafft, der sich mit leidenschaftlicher Hingabe der Erforschung aktiver Vulkane widmet, auf dieses Kräftespiel im Innern der Erde aufmerksam werden mußte.

Sein Buch ist nicht nur eine ernsthafte Auseinandersetzung mit diesen Fragen – lebendig geschrieben und reich mit Bildern ausgestattet –, sondern gleichzeitig der Ausdruck seiner großen Liebe zu unserem lebenden Planeten.

Dem Leser wünsche ich, daß er mit der Führung von Maurice Krafft ohne große Mühe in diese schwer zu begreifende, aber erregende Welt, die uns die Plattentektonik erschlossen hat, eindringen kann.

XAVIER LE PICHON

Maurice und Katia Krafft, die dieses Buch Luc, Jeannette und David widmen

Maurice und Katia Krafft sind schon seit frühen Jugendjahren passionierte Vulkanologen. Zusammen mit ihren Eltern sahen sie bereits im Alter von 8 Jahren den ersten aktiven Vulkan, den Stromboli. Die Vulkanologie wurde später Hobby und Beruf. Sie heirateten nach dem Studium in Straßburg. Katia hatte dort Chemie und Physik studiert, Maurice Geologie. Katia Krafft ist eine der wenigen Frauen in der Welt, die sich mit Vulkanologie beschäftigen und die den Mut hat, auf aktiven Vulkanen zu arbeiten; 1969 wurde sie mit dem Preis der Fondation de la Vocation ausgezeichnet. 1969 gründeten Maurice und Katia Krafft ein Forschungsteam für Vulkanologie und anschließend das Centre de Volcanologie Vulcain in Cernay. Es besteht aus einem jungen und sachkundigen Team von Geologen und Chemikern; das Team wurde mehrfach ausgezeichnet.

Maurice und Katia Krafft unternehmen mit ihrem Forschungsteam ständig wissenschaftliche Expeditionen und Studienreisen in alle Welt. Jüngst führten sie die bedeutendste vulkanologische Expedition aller Zeiten auf dem indonesischen Archipel durch. Dabei wurden Gase und Lava sowie vulkanisches Wasser auf Sumatra, Java, Bali, Flores, Sulawesi und auf den Molukken analysiert.

Oben: Island, ein Paradies für Vulkanforscher, ist ein sichtbarer Beweis für das rege Leben im Innern der Erde. Alle drei bis vier Jahre verzeichnet man hier heftige Vulkanausbrüche. Durch eine besonders heftige Eruption im Meer entstand 1963 südlich von Island die Insel Surtsey. *Unten:* Auf der Insel Heimaey brach 1973 der Vulkan Eldfell aus und bedrohte die 5000 Einwohner einer knapp 150 m entfernt liegenden Stadt.

Prähistorische Reptilien in der Antarktis

Ein fossiler Knochen in der Gefriertruhe

„Haben Sie etwas anzumelden?" fragt am 15. Januar 1968 ein Zollbeamter den Amerikaner Ralph Baillie, der soeben in der neuseeländischen Stadt Christchurch gelandet ist. Zusammen mit drei anderen Geologen hatte er von der antarktischen Forschungsstation Mac Murdo aus den Rückflug angetreten, nachdem er seine wissenschaftlichen Untersuchungen am Südpol beendet hatte.

„O ja, einen Knochen", antwortet Ralph spöttisch und lüftet den Deckel eines Zinnbehälters, den er bei sich trägt.

Der Beamte wirft einen mißtrauischen Blick auf die formlose, in Watte gewickelte Masse, die in dem Behälter liegt – und ordnet an, daß dieser seltsame Gegenstand beschlagnahmt wird. „Neuseeland überwacht die Einfuhr organischer Stoffe sehr streng, um jegliche Verseuchung seiner Viehbestände zu verhindern", erklärt er den Forschern und fährt dann fort: „Sie erhalten Ihren Knochen zurück, sobald Sie unser Land wieder verlassen."

„Aber das ist doch ein Fossil! Eine Versteinerung, die einige Millionen Jahre alt ist. Dieser Knochen wurde in der Antarktis, in der Nähe des Beardmoregletschers gefunden!" erwidert Ralph empört.

Es hilft alles nichts. Der Knochen wird beschlagnahmt. Man legt ihn in einen luftdicht verschließbaren Behälter, der versiegelt und in einer Gefriertruhe aufbewahrt wird.

Die Zollbeamten wissen nicht, daß sie damit die größte paläontologische Entdeckung aller Zeiten – eine Versteinerung von unschätzbarem wissenschaftlichem Wert – beschlagnahmt haben: ein Stückchen Knochen von einem prähistorischen Salamander, der 200 Millionen Jahre zuvor auf dem antarktischen Kontinent gelebt hatte.

Ralph schätzt die große Bedeutung des Fundstücks richtig ein und fordert das wertvolle Stück vor seinem Weiterflug in die Vereinigten Staaten zurück. Er möchte es dort Professor Colbert, einem namhaften Paläontologen, zur Begutachtung vorlegen.

Das Untersuchungsergebnis des Gelehrten ist eindeutig: es handelt sich um einen Teil des linken Unterkieferknochens eines auf dem Land lebenden Lurchs. Die Gesteinsschichten, in die dieser Knochen eingebettet war, deuten außerdem darauf hin, daß dieses Tier in einem warmen Klima gelebt hat. Damit hat man das erste Fossil eines in der Antarktis lebenden Wirbeltieres entdeckt. Professor Colbert ahnt, daß er mit diesem Knochen die Lösung eines Rätsels vor sich hat, das die Forscher der Erdgeschichte seit nahezu 50 Jahre beschäftigt: der Beweis für die Kontinentalverschiebung.

Die flußpferdähnlichen Reptilien des Professor Colbert

Colbert beschließt, in die Antarktis aufzubrechen, wo auch er Fossilien von Wirbeltieren sammeln will. Er schließt sich im Winter 1969–70 einer Expedition australischer und amerikanischer Forscher an. Am 3. Dezember landet eine mit Kufen ausgerüstete Hercules

Die Erde läßt sich mit dem Körper eines Lebewesens vergleichen, dessen Gewebe sich beständig erneuert. Was an einer Stelle zerstört wird, bildet sich an anderer Stelle neu.
James Hutton, 1785

C 130 auf dem hartgefrorenen Schnee in der Nähe des Beardmoregletschers. Zwanzig Wissenschaftler und ebenso viele Spezialisten der U. S. Navy steigen aus. Bis zum Pol sind es nur noch 650 Kilometer! Schnell wird das Lager aufgebaut, und David Elliot, der Expeditionsleiter, beschließt, bereits am folgenden Tag mit den Forschungsarbeiten zu beginnen.

Auf seinem Motorschlitten bricht er zu einem aus dem Eis herausragenden Felsband auf, das nur wenige Kilome-

Am Nachmittag hält eine ganze Kolonne von Motorschlitten am Fuß der steil aufragenden Felswand. Die Fossilien stecken in einer verfestigten Sandschicht, was darauf schließen läßt, daß es sich um die ehemalige Uferregion eines Flusses handelt. Leider findet man nur noch Bruchstücke, da die Überreste der Tiere von der Strömung weggetragen wurden. Unter diesen sandigen Ablagerungen befinden sich Tone, in deren eingelagerten kohleführenden Schichten zahlreiche Ab-

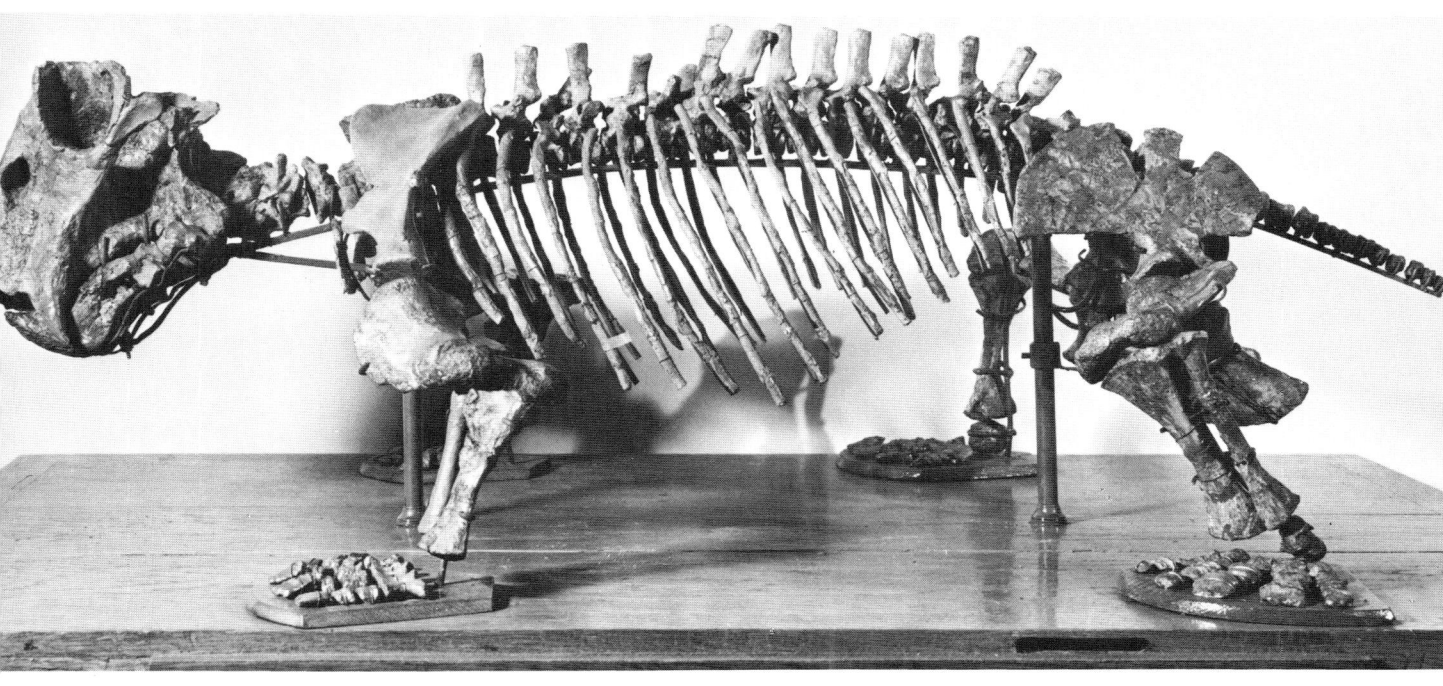

Dieses vollständige Skelett eines Lystrosaurus wurde von James Kitching, dem größten „Dinosaurierjäger" unserer Tage, in Südafrika entdeckt. Fossilien dieses Tieres wurden auch in Indien, China und der Antarktis gefunden. Sie lebten vor 200 Millionen Jahren, als alle Kontinente der Südhalbkugel noch ein Ganzes bildeten. Man zweifelt nicht daran, auch in Südamerika, Australien und auf Madagaskar Überreste dieser Reptilien nachweisen zu können und somit einen weiteren Beweis für die Kontinentalverschiebung auf der Hand zu haben.

ter entfernt ist. Drei Stunden später kehrt er aufgeregt zurück. Grund seiner Erregung sind zwei Knochenstückchen – kaum größer als ein Fingernagel.

Die Wissenschaftler beglückwünschen sich zu diesem einmaligen Glücksfall: gleich am ersten Tag sind sie auf eine fossilführende Schicht gestoßen! Dabei hatten sie den Standort ihres Lagers lediglich im Hinblick auf die Landemöglichkeit der Hercules ausgewählt; die geologischen Verhältnisse dieses Gebietes waren ihnen völlig unbekannt. Daß man gerade hier mit der Suche begann, grenzt an ein Wunder, denn der antarktische Kontinent ist eineinhalbmal größer als die Vereinigten Staaten von Amerika.

drücke einer Farnflora eingeschlossen sind. Überlagert wird die fossilhaltige Schicht von Lavaergüssen und Aschendecken, deren Alter man später mit Hilfe radioaktiver Methoden feststellen kann: sie sind 203 Millionen Jahre alt. Das ist eine Fundgrube für die hier fieberhaft arbeitenden Geologen; innerhalb von fünf Stunden haben sie ihre Taschen mit mehr als hundert Wirbeltierknochen gefüllt. Ob sich wohl einer der Männer in diesem Augenblick an Captain Scott erinnert, der, vom Glück weniger begünstigt, 57 Jahre vor ihnen die gleichen Gesteinsproben zusammengetragen hatte? Mit Aufschriften versehen hatte man sie auf einem Schlitten neben seinem erstarrten Leichnam gefunden.

7

„Der alte gereizte Herr", wie Colbert von seinen Mitarbeitern genannt wird, hat nach diesem Fund wieder den Schwung seiner Jugendjahre gefunden. Auf dem schnellsten Weg treibt es ihn ins Lager, wo er diese wertvollen Fossilien bestimmen will. Träumt er doch schon seit zwanzig Jahren davon, einen Lystrosaurus in der Antarktis zu entdecken! Die Ausbeute wird vor dem versammelten Forscherteam auf dem Tisch ausgebreitet. Colbert sucht fieberhaft, betrachtet jedes Stück von allen Seiten. Dann greift er plötzlich nach einem dreieckigen Stein, in dem ein knapp 4 cm großer Knochen eingeschlossen ist ...

„Da haben wir ein Stückchen Knochen vom rechten Oberkiefer eines Lystrosaurus", sagt er triumphierend. Alle Wissenschaftler stimmen seinem Urteil zu, nur einer wagt die Frage: „Was ist denn eigentlich ein Lystrosaurus?"
Colbert schmunzelt: „Dieses Reptil, das kaum größer war als ein Schaf, lebte wie ein Flußpferd. Sein gedrungener Körper endete in einem kurzen Schwanz und wurde von vier stämmigen Beinen getragen. Sein kantiger Kopf lief in eine Art Schnabel aus, aus dem zwei Zähne herausragten. Als

Pflanzenfresser lebte es in Süßwasserseen und Flüssen. Ins Meer hat es sich bestimmt nicht gewagt! Es entwickelte sich mit großer Sicherheit im gemäßigten Klima, es kann auch schon nahezu tropisch gewesen sein. Darauf deutet übrigens auch das Vorkommen von Kohle hin, denn die Pflanzenwelt, die zur Bildung dieses Brennstoffs führte, konnte sich nur in einem feuchtwarmen Klima entwickeln."

Streit unter den Gelehrten

Die Schlußfolgerungen, die Colbert aus seinen Entdeckungen zog, bewiesen eindeutig, daß in der Antarktis vor 200 Millionen Jahren ein annähernd tropisches Klima herrschte.
Wie sollte man sich das erklären?
Es gab zwei Möglichkeiten:
Entweder befand sich die ganze Erde vorübergehend in einer warmen Periode, so daß selbst am Südpol ein gemäßigtes Klima herrschte;
oder aber der antarktische Kontinent war mit Afrika und Südamerika verbunden und lag näher am Äquator. Von dort driftete er wie ein Eisberg in seine heutige Lage.

So etwa sah der Lystrosaurus aus: sein plumper Körper ruhte auf vier kräftigen Beinen. Das schnabelförmige Maul erinnert an einen Briefkastenschlitz.

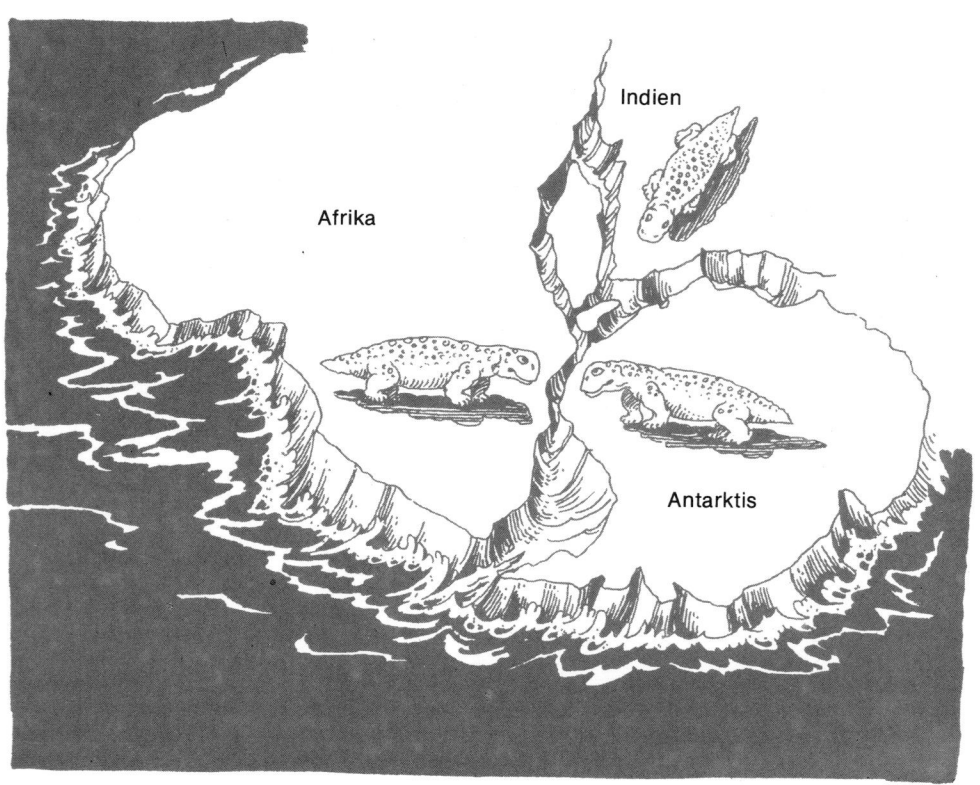

Diese Skizze zeigt, wie Afrika, Madagaskar, Indien und die Antarktis zusammenpassen. Betrachtet man nicht die heutigen Küstenlinien – die starken Veränderungen unterworfen sind –, sondern die Ränder der Kontinentalsockel in 2000 m Tiefe, so passen die einzelnen Teile dieses Puzzlespiels genau zusammen.
Vor 200 Millionen Jahren lebten diese drei engverwandten Lystrosaurier noch auf einem einzigen Kontinent – in Gondwanaland. Als Folge der Kontinentalverschiebung findet man heute ihre Überreste in weit voneinander entfernten Erdteilen.

Das Nordpolargebiet ist eine große, eisbedeckte Wasserfläche, die Antarktis hingegen ein von Inlandeis bedeckter Kontinent. An den wenigen Stellen, wo sich der felsige Untergrund aus dem Eis erhebt, erforschen die Geologen die noch weitaus unbekannte geologische Geschichte dieses Erdteils. In einer Welt aus Schnee und Eis fördern sie fossile Baumfarne, Palmen und Reptilien ans Tageslicht. Ein Beweis dafür, daß hier einmal ein gemäßigtes oder warmes Klima geherrscht hat.

An diese beiden Theorien hielten sich die Wissenschaftler, seit Scott im Jahre 1912 mit seinen Kohlefunden den Beweis geliefert hatte, daß auf dem heute eisbedeckten antarktischen Kontinent einst ein warmes Klima herrschte. Der größere Teil von ihnen schloß sich der ersten Hypothese an:

„Wenn es Eiszeiten gegeben hat, warum sollte es dann nicht auch Warmzeiten gegeben haben", meinten sie.

Dagegen wandten die Verfechter der Verschiebungstheorie ein:

„Womit erklären Sie dann, daß man in der antarktischen Kohle und den entsprechenden Ablagerungen Afrikas, Südamerikas, Indiens und Australiens genau die gleichen Farnarten findet? Es ist doch überhaupt nicht zu bezweifeln, daß diese Kontinente einmal miteinander verbunden waren und in längst vergangener Zeit einen einzigen Block bildeten."

Darauf erwiderten wiederum die Gegner der Verschiebungstheorie:

„Farnsporen können auch mit Hilfe des Windes, der Strömungen oder treibender Baumstämme über die 1000 Kilometer lange Meeresstrecke zwischen Afrika und der Antarktis verfrachtet worden sein. Wenn Sie in der Antarktis allerdings Fossilien von Landwirbeltieren nachweisen können, die mit denen identisch sind, die man in Südafrika gefunden hat – dann

können Sie uns überzeugen; denn für Landwirbeltiere stellt das Meer ein unüberwindliches Hindernis dar. Bis jetzt aber haben Sie nichts vorzuweisen als die Skelette der Entdeckungsreisenden und die Gerippe ihrer Hunde und Ponys."

Über diese Fragen kam der Meinungsstreit damals nicht hinaus. Die Theorie vom „Driften der Kontinente" geriet in Vergessenheit – abgetan mit der Bemerkung: Nicht ernst zu nehmen! Unwissenschaftlich!

Ein Lystrosaurus auf dem Floß

Ein halbes Jahrhundert nach diesem Streit konnte Colbert allen Presseagenturen der Welt eine sensationelle Mitteilung machen: „Lystrosaurier in der Antarktis."

Das Interesse für diese Reptilien ist in geologischen Fachkreisen außerordentlich groß, seit man festgestellt hat, daß sie gleichzeitig auf mehreren Kontinenten gelebt haben. Colbert selbst konnte sie in der Nähe der indischen Stadt Kalkutta nachweisen – chinesische Paläontologen stießen in China auf versteinerte Überreste dieser Tiere –, und geradezu sensationelle Funde wurden aus Südafrika gemeldet: über tausend fossilhaltiger Gesteinsproben wurden dort zusammengetragen. Man muß allerdings wissen, daß Südafrika das „Revier" von James Kitching ist, der als der größte „Dinosaurierjäger" unserer Tage gilt. Wo jeder andere Geologe vielleicht zehn Fossilien findet, gräbt Kitching bestimmt hundert aus.

Bezeichnend für seinen Spürsinn ist folgende Episode, die man von ihm erzählt:

Eines Tages sah er vom fahrenden Zug aus den Knochen eines Lystrosaurus, der aus einem Graben herausragte. Kitching stieg an der nächsten Station aus, mietete ein Auto und fuhr an diese Stelle zurück, wo er das Fossil ausgrub.

Es stellt sich nun die große Frage, wie diese Landreptilien in die Antarktis kommen konnten.

Sind sie geschwommen? Das ist ausgeschlossen, denn erstens waren sie im Salzwasser nicht lebensfähig, und zweitens hätten sie eine Entfernung von 1000 km zurücklegen müssen.

Haben sie dann vielleicht eine Landbrücke benutzt? Auch das ist nicht anzunehmen, denn es gibt keine Hinweise dafür, daß eine solche zwischen Afrika und der Antarktis je bestanden hat.

Dann bleibt nur noch eine Möglichkeit: im Laufe der vergangenen 200 Millionen Jahre hat sich der antarktische Kontinent wie ein treibendes Floß in Bewegung gesetzt und die Überreste der Lystrosaurier mit auf die Reise genommen.

Für die Skeptiker unter den Wissenschaftlern war dies ein völlig untragbarer Gedanke, bis mit den 450 Knochenfunden von Lystrosauriern und Reptilien, die während der Südpolarexpedition 1969–70 zusammengetragen wurden, der unwiderlegbare Beweis erbracht wurde.

Auf den letzten Einwand, warum man dann nicht auch in Südamerika auf solche Funde gestoßen sei, antwortet Colbert zuversichtlich: „Die paläontologischen Forschungen stecken noch in den Kinderschuhen. Es steht für mich so gut wie fest, daß es nur noch eine Frage der Zeit ist, bis mein Freund, der Lystrosaurus, auch dort ausgegraben wird."

Die Verschiebung der Kontinente: eine revolutionäre Theorie

Der deutsche Meteorologe Alfred Wegener ist schon 1911 fest davon überzeugt, daß sich die Kontinente verschieben. Er ist der Ansicht, daß einige Jahrmillionen vor dem ersten Auftreten der Menschen auf der Erde die beiden Amerika, Europa, Asien, Afrika, Australien und die Antarktis einen einzigen riesigen Kontinent gebildet haben. Als dann dieses Gebilde eines Tages auseinanderbrach, trieben die einzelnen Teile – wie geborstene Packeisschollen – in alle Himmelsrichtungen. Wegener ging soweit, zu behaupten: „Und sie bewegen sich noch immer!"

Die Geologen waren damals außer sich. In aller Öffentlichkeit wurde Wegeners Theorie von der Verschiebung der Kontinente lächerlich ge-

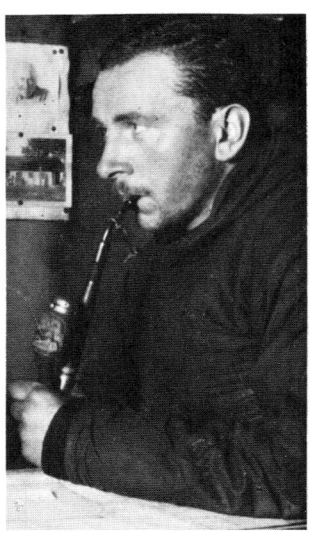

Wegener in Borg, an der Ostküste Grönlands. Hier legt er eine kurze Erholungspause vor seiner Ost-West-Durchquerung Grönlands ein.

macht und als reines Hirngespinst bezeichnet. Heute zweifelt allerdings kein Wissenschaftler mehr an der Richtigkeit von Wegeners Behauptung. Geologen, Geophysiker, Paläontologen und Ozeanographen aus aller Welt haben sie tausendfach bewiesen. Wegener hat mit seiner genialen zukunftsweisenden Lehre recht behalten!

Nachdem Kopernikus die Astronomie, Darwin die Biologie, Einstein die Physik entscheidend beeinflußt haben, erleben wir nun einen wissenschaftlichen Umschwung im Bereich der Geologie. Die Theorie von der Kontinentalverschiebung eröffnet den Wissenschaften, die sich der Erforschung unserer Erde widmen, völlig neue Horizonte. Jetzt verstehen wir besser, warum es Kontinente und Meere gibt, warum sich Gebirgsketten gebildet haben und warum an ganz bestimmten Stellen der Erde Bodenschätze vorkommen. Es wird nicht mehr lange dauern, bis man Erdbeben und Vulkanausbrüche sicher voraussagen und die Wärmeenergie der Erde in großem Umfang nutzen kann. Es ist schon seltsam, daß dieser Umschwung in einem Augenblick erfolgt, in dem der Mensch aufbricht, den Weltraum zu erobern. Als wolle man ihn daran erinnern, daß sein Planet – die Erde – ständigen Veränderungen unterworfen ist und damit zum fesselndsten Studienobjekt wird.

Wir wollen nun dieses wissenschaftliche Abenteuer, das voller Wunder ist, mitverfolgen und versuchen, die Sprache der Erde verstehen zu lernen.

Die Kontinente –
ein riesiges Puzzlespiel

Von der Sintflut zur Drifttheorie

„Am 23. Oktober des Jahres 4004
v. Chr., genau um 9 Uhr morgens,
wurde die Erde erschaffen", verkün-
dete 1650 der irische Erzbischof James
Usher von der Kanzel. Niemand wagte
ihm zu widersprechen, der Erzbischof
mußte es ja schließlich wissen!

„Die Sintflut ereignete sich im Jahre
2349 v. Chr.", fuhr Usher fort, „es reg-
nete vierzig Tage und vierzig Nächte
ununterbrochen. Dabei wurde alles
Leben auf der Erde ausgelöscht. Nur
Noah konnte sich am 7. Dezember
2349 v. Chr. mit seiner Familie und
einigen Tieren in die Arche retten, in
der alle bis zum 6. Mai des darauffolgenden Jahres ausharren mußten."

Diese biblische Deutung der Erdgeschichte beherrschte die Geologie bis
in die Mitte des 19. Jahrhunderts. Alle
Naturforscher glaubten, die Erde sei
mehrmals von ungeheueren Sintfluten
heimgesucht worden, wobei es zur Bildung von Gebirgen, Tälern und Meeren gekommen sei. Aber schon damals
zerbrachen sich die Wissenschaftler
den Kopf über eine seltsame Erscheinung: Die beiden Erdteile Südamerika
und Afrika sehen auf der Landkarte
fast so aus, als seien sie mit Hilfe einer
riesigen Laubsäge entlang ihrer atlantischen Küsten auseinandergesägt
worden. Nachdem schon 1620 der
englische Philosoph Francis Bacon die
gleiche Beobachtung gemacht hatte,
verfaßte 38 Jahre später der Mönch
François Placet eine Abhandlung mit
dem Titel: „Das Auseinanderbrechen

Wegener, der geniale Geologe,
hat viele Jahre im ewigen
Eis Grönlands verbracht.

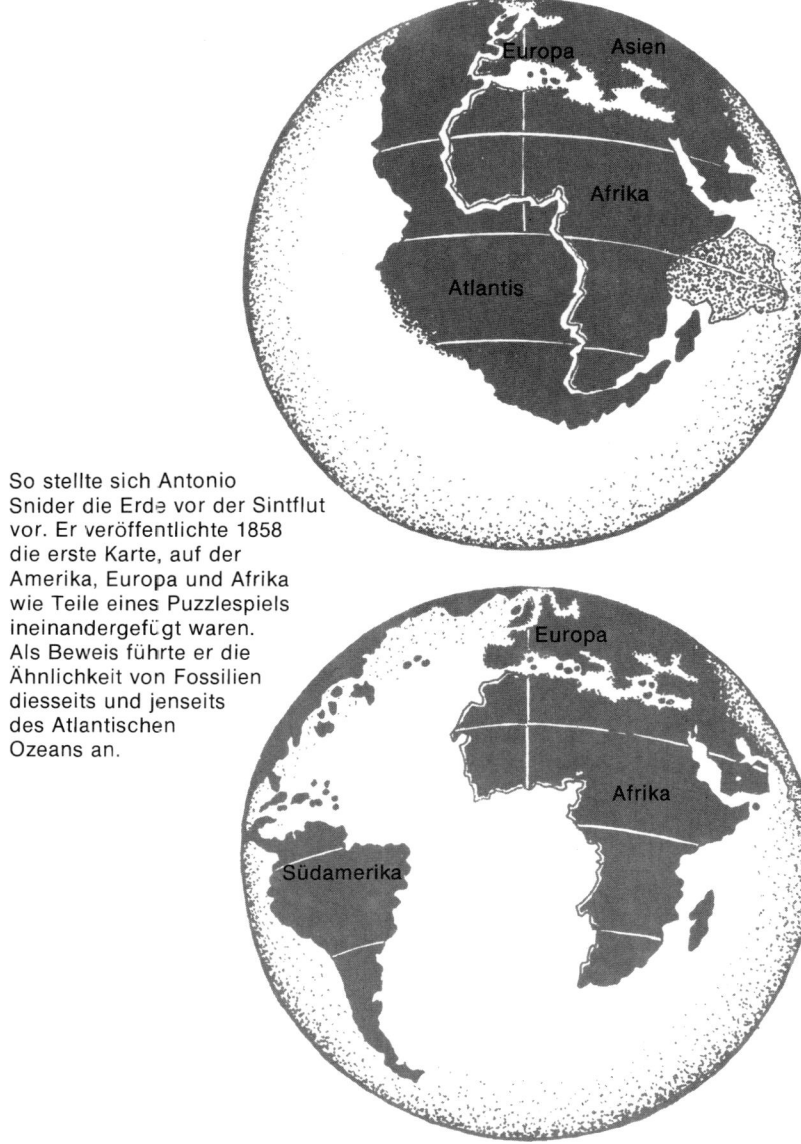

So stellte sich Antonio Snider die Erde vor der Sintflut vor. Er veröffentlichte 1858 die erste Karte, auf der Amerika, Europa und Afrika wie Teile eines Puzzlespiels ineinandergefügt waren. Als Beweis führte er die Ähnlichkeit von Fossilien diesseits und jenseits des Atlantischen Ozeans an.

Erschaffung der Erde und der Sintflut nur wenige Tage verstrichen seien und stellte sich das ganze Geschehen etwa folgendermaßen vor:

Am ersten Tag erstarrte die Erdkruste um einen heißen, flüssigen Kern. Der ungeheure geballte Druck schaffte sich Luft: es entstanden Tausende von Vulkanen, der Mond wurde aus der Erde herausgeschleudert. Vier Tage und Nächte vergingen. Dann tauchte am Morgen des fünften Tages ein riesiger Kontinent auf, der in seiner ganzen Länge von einer nord-südlich verlaufenden Spalte durchzogen war. Am sechsten Tag begann die Sintflut. Der gewaltige Kontinent erbebte ein letztes Mal. Unter mächtigem Druck quollen Gase aus der großen Spalte, die den Riesenkontinent durchzog, und bewirkten eine Trennung der Alten und Neuen Welt. Dabei kam es zu einer Schrumpfung des Erdballs. Eine ungeheure Flutwelle setzte nahezu das ganze Festland unter Wasser. Nur der amerikanische Doppelkontinent blieb mit seinen Bewohnern, die man als Abkömmlinge Adams ansah, von der vernichtenden Flut verschont.

Die Theorien, die in den folgenden 50 Jahren über die Entstehung der Erde aufgestellt wurden, entfernten sich immer mehr von der Schöpfungsgeschichte. George Darwin, der Sohn des berühmten Biologen, verstand die Kontinentalverschiebung als Folge der Loslösung des Mondes von der Erde vor 57 Millionen Jahren. Der amerikanische Geologe Frank Taylor glaubte dagegen nachweisen zu können, daß der Mond vor 100 Millionen Jahren vom Schwerefeld der Erde eingefangen wurde. Dabei seien gewaltige Flutwellen erzeugt worden, die zur Spaltung des Riesenkontinents geführt haben sollen.

Bei so viel phantasievollen und widersprüchlichen Theorien war es höchste Zeit, daß Alfred Wegener kam!

Wegener, der geniale Meteorologe

Alfred Wegener wurde 1880 in Berlin geboren und war in seiner Kindheit alles andere als ein Stubenhocker. Seine Lieblingsbeschäftigungen waren Ski-

der großen und der kleinen Welt, wobei gezeigt wird, daß Amerika vor der Sintflut mit den anderen Teilen der Welt verbunden war."

Seiner Meinung nach wurden die Alte und die Neue Welt durch den Untergang des legendären Atlantis während der Sintflut voneinander getrennt.

Zu Beginn des 19. Jahrhunderts sah der berühmte Forschungsreisende Alexander v. Humboldt den Atlantik als riesiges Flußbett an, das während der Sintflut entstanden ist. Antonio Snider, ein in Paris lebender amerikanischer Gelehrter, veröffentlichte 1858 die erste schematische Darstellung, auf der Afrika und Amerika einen zusammenhängenden Kontinent bildun. Snider glaubte, daß zwischen der

laufen und Wandern. Schon mit 25 Jahren ist er Doktor der Astronomie und beginnt seine Laufbahn am Königlich-Preußischen Luftfahrtobservatorium in Lindenberg. Mit Hilfe von Ballonsonden untersucht er dort die höheren Luftschichten. Neben seiner Arbeit findet er auch hier Gelegenheit, seine unbändige Abenteuerlust zu befriedigen: er ist begeisterter Freiballonfahrer und stellt einen Weltrekord im Dauerflug auf: Vom 5. bis 7. April 1906 schwebt er 52 Stunden lang über Deutschland. Im selben Jahr wird er auf Grund seiner wissenschaftlichen Qualifikation und seiner außergewöhnlichen Kaltblütigkeit als Meteorologe für die dänische Mylius-Erichsen-Grönlandexpedition ausgewählt. Zwanzig Monate lang – davon fast die Hälfte während der Polarnacht – führt er dort gewissenhaft die vorgeschriebenen Messungen durch. Dabei beweist er wieder seine überdurchschnittliche physische Widerstandskraft: als seine Schlittenhunde während einer Expedition vor Entkräftung zusammenbrechen, zieht er den mit wissenschaftlichen Instrumenten beladenen Schlitten kilometerweit über Schnee und Eis.
Nachdem er wieder nach Deutschland zurückgekehrt ist, veröffentlicht Wegener ein Handbuch der Meteorologie, das noch heute zu den klassischen Arbeiten auf diesem Gebiet gehört. Aber nach seiner Bekanntschaft mit dem Polargebiet hat er nur den einen Wunsch, so bald wie möglich in die weiße Einsamkeit der Arktis zurückzukehren und dort als Forscher zu arbeiten. 1912 bricht er wieder nach Grönland auf, das er zu Fuß in ostwestlicher Richtung durchquert. Tausend Kilometer legt er dabei in Schnee und Eis zurück – trotz tobender Schneestürme und bei Temperaturen zwischen −30°C und −50°C. Während dieser Expedition beobachtet er zufällig, wie sich große Eisblöcke vom Packeis loslösen und auf dem offenen Meer dahintreiben. Dieser Vorgang erregt sein Interesse, denn die driftenden Eisschollen erinnern ihn an ein Problem, das ihn schon lange beschäftigt: an die Kontinentalverschiebung.

Amerika und Afrika passen genau zusammen

Der Erste Weltkrieg bricht aus. Alfred Wegener wird eingezogen und während der Kämpfe in Belgien zweimal

Wurde Wegener zu seiner revolutionären Theorie durch treibende Packeisschollen und schwimmende Eisberge angeregt? Später haben auch Teilnehmer an französischen Polarexpeditionen berichtet, daß man im Eismeer, wo die einzelnen Eisschollen auseinanderdriften und sich überschieben, tatsächlich ständig eine Kontinentalverschiebung in Miniatur und Zeitraffung beobachten kann.

Aus Vulkanen ausgetretener flüssiger Basalt erstarrt bei langsamer Abkühlung zu sechskantigen Säulen. Das Muster der Schrumpfrisse ist deutlich erkennbar. (Ähnliche geometrische Formen entstehen in austrocknenden Schlammschichten: Trockenrisse.)

Basaltsäulen auf Island

verwundet. Damit ist für ihn der Krieg zu Ende. Während seines langen Genesungsurlaubs findet er nun die Zeit, ein Buch zu schreiben, das ihn später berühmt machen wird: „Die Entstehung der Kontinente und Ozeane". Dieses Werk Wegeners verrät großes Fachwissen, aber auch leidenschaftliche Hingabe. Kein Wissenschaftler vor ihm hatte den Mut, sich so rückhaltlos für die Drifttheorie einzusetzen, keiner konnte so viele Beweise vorbringen wie er. Wegener erfaßte als erster, daß alle Zweige der Naturwissenschaften zusammenarbeiten müssen, damit die Rätsel, die uns unser Planet aufgibt, verständlich gelöst werden können.

Für ihn persönlich bedeutete das, daß die Beweise, die er als Meteorologe erbringen konnte, nicht ausreichten. Er erwarb sich daher gründliche Kenntnisse im Bereich der Geologie, Geophysik und Biologie, um seine Theorie auch mit Argumenten aus diesen Fachgebieten stützen zu können.

Schon 1903 war Wegener aufgefallen, daß die „Nase" Brasiliens genau in den Golf von Guinea paßt und daß man den „Schwanz" Südamerikas wunderbar um das Kap der Guten Hoffnung schlingen könnte. Als er dann einige Jahre später eine wissenschaftliche Abhandlung über die auffallende Ähnlichkeit fossiler Landreptilien in Afrika und Brasilien las, stand für ihn fest, daß die Kontinentalverschiebung

mehr als eine Vermutung sein mußte.

„Es gibt zwei Möglichkeiten", sagte er sich; „entweder haben diese Wirbeltiere den Atlantik durchschwommen, oder Afrika und Südamerika hingen ursprünglich zusammen, wurden getrennt und trugen auf ihrem Rücken die Überreste dieser Reptilien mit sich." Wegener entschied sich für die zweite Lösung, denn er konnte sich einfach nicht vorstellen, daß Landtiere 6000 km im Meer zurücklegen können.

Eine faszinierende Theorie

Es ist nicht schwer, Wegeners Gedankengängen zu folgen: Ursprünglich gab es auf der Erde nur einen riesigen Kontinent – Pangäa (griech.: alles Land) –, der ein Drittel der Erdoberfläche einnahm und von einem gewaltigen Ozean umgeben war. Vor 200 Millionen Jahren, als die ersten Dinosaurier auftraten, begannen unbekannte Kräfte aus dem Erdinnern diesen riesigen Urkontinent zu zerstören. Er zerbrach zunächst in zwei Teile, die langsam auseinandertrieben. Etwa 50 Millionen Jahre später trennte sich Südamerika von Afrika, wobei es zur Bildung des Atlantischen Ozeans kam. Gleichzeitig löste sich der antarktisch-australische Block von Afrika; dies führte zur Entstehung des Indischen Ozeans. Wiederum verflossen 50 Millionen Jahre, bis sich im Norden Europa von Amerika abspaltete, während im Osten die Antarktis von Australien abbrach und südwärts driftete.

Indien bewegte sich in nördlicher Richtung und wurde auf Asien aufgeschoben. Dabei kam es zur Aufwölbung des Himalaya. Über Jahrmillionen hindurch verschoben sich die einzelnen Teile dieses Riesenpuzzlespiels. Als es dann schließlich vor etwa einer Million Jahren auch noch zur Loslösung Kanadas von Grönland kam, waren die Alte und die Neue Welt endgültig voneinander getrennt. Unser heutiges Kartenbild ist das vorläufige Ergebnis der Kontinentalverschiebung.

Wegener führt weiter aus, daß die

wandernden Kontinente mit Eisbrechern zu vergleichen sind. Sie durchpflügen den Meeresboden wie diese Schiffe das Packeis. Der Meeresboden besteht aus Gesteinen, die zwar hart und widerstandsfähig sind, aber die gleichen Eigenschaften wie Pech haben: dieses zerbricht zwar, wenn man es mit dem Hammer bearbeitet, wie ein fester Körper; überläßt man es dagegen sich selbst, verformt es sich langsam infolge seines eigenen Gewichts. Wenn man die Gesteine des Meeresbodens also kurzzeitig starkem Druck aussetzt, verhalten sie sich wie feste Körper; wirken die gleichen Kräfte indessen über Jahrmillionen auf sie ein, verhalten sie sich wie flüssige Körper und beginnen zu fließen. Außerdem hat jeder driftende Kontinent – immer nach Wegener – Bug und Heck, wie ein riesengroßes Schiff. Der Bug muß die Widerstände auf dem Meeresboden überwinden. Dabei wird er zusammengestaucht: So entstanden die Anden und die Rocky Mountains am „Bug" der nach Westen driftenden amerikanischen Kontinente. Das „Heck" wird dagegen auseinandergezogen und zieht eine Inselgirlande hinter sich her – vergleichbar mit Eisschollen, die hinter Eisbergen driften.

So erklärt Wegener die Entstehung Neuseelands am „Heck" Australiens und der Antillen am „Heck" des amerikanischen Doppelkontinents.

Die Kontinente driften

Diese Theorie der Gebirgsbildung bedeutet 1915 eine wissenschaftliche Revolution. Die damaligen Geologen waren alle noch Anhänger Newtons, des „Erfinders der Schwerkraft." Er verglich die Erde mit einem runzligen Apfel und vertrat die Ansicht, daß die Erde ursprünglich in einem schmelzflüssigen Zustand gewesen sei und sich durch die Abkühlung zusammengezogen habe. Dieser Vorgang, der sich bis in die Gegenwart fortsetze, sei der Grund für die Entstehung der Gebirge.

Mit dieser Hypothese kann sich Wegener nicht einverstanden erklären. In einem anderen Punkt gibt er den Geo-

Selbst kleine Eismassen, wie der Kilimandscharogletscher, üben auf ihre Unterlage einen Druck aus.

Die Ozeanböden bestehen vorwiegend aus Basalt, einem fast schwarzen, wegen seines hohen Eisen- und Magnesiumanteils schweren Vulkangestein. Dieses Gestein kommt auf der Erde am häufigsten vor. Granit, ein helles Eruptivgestein, ist reich an Mineralien geringerer Dichte (z.B. Feldspat: helle, pferdezahnähnliche Kristalle) und somit leicht. Erosionsform eines Granitfelsens im afrikanischen Hoggar; im Hintergrund junge Basaltkegel.

So wirkt die Isostasie:
1 Unter dem Gewicht einer Eiskappe sinkt der Kontinent wie ein schwerbeladenes Schiff im Wasser ein.
2 Schmilzt das Eis, taucht der Kontinent wie ein entladenes Schiff wieder auf.
Beim Abschmelzen einer 3000 m dicken Eisschicht hebt sich der Kontinent um 1000 m.

logen seiner Zeit allerdings recht: Die Gesteine, aus denen der Meeresboden besteht, unterscheiden sich grundlegend von den Gesteinen, die die Kontinente bilden. „Die Kontinente", sagt er, „bestehen vorwiegend aus Granit. Sie sind leicht und schwimmen in einem ‚Meer' von Basalt, der schwerer ist und den Meeresboden bildet."

Wenn die aus Granit bestehenden Kontinente tatsächlich auf dem Basalt schwimmen, müssen sie sich wie Lastkähne verhalten, die um so tiefer ins Wasser einsinken, je schwerer sie beladen sind. Diese Vermutung wird tatsächlich bestätigt. Je höher ein Kontinent aufragt, um so tiefer drückt er die darunterliegende Basaltschicht ein. Diesen Vorgang bezeichnet man als

„Isostasie" (griech: isos – gleich; stásis – Stand). Dieser Begriff wurde bereits 1889 von dem amerikanischen Geologen Clarence Dutton eingeführt, der im glazialen Bereich ähnliche Beobachtungen gemacht hatte. Während der letzten Eiszeit trugen Nordamerika und Skandinavien einen Eispanzer von mehreren tausend Metern Dicke – wie heutzutage die Antarktis und Grönland. Unter diesem enormen Gewicht senkten sich die beiden Landmassen. Als aber vor 11 000 Jahren die Eiszeit zu Ende ging und das Eis zu schmelzen begann, hoben sie sich wieder, denn nun verringerte sich allmählich das Gewicht, das auf ihnen lastete. Dieser Vorgang hält noch bis heute an: Skandinavien hebt sich am Bottnischen

In Mbujimayi/Zaire befindet sich eine der bedeutendsten Diamantenminen der Welt. Dort werden täglich 8 Kilo Diamanten gefördert.
3000 Kilo Steine und Erde müssen bewegt werden, um ein Gramm dieser edlen Steine zu gewinnen. Als Afrika und Amerika noch zusammenhingen wurde der obere Teil des Diamantenschlotes abgetragen. Flüsse verfrachteten die Diamanten nach Westen, bis ins heutige Brasilien.

Meerbusen um 1 m während eines Jahrhunderts und das an der Hudson-Bai in Nordamerika gelegene Fort Churchill sogar um 2 m im gleichen Zeitraum. Durch diese gewaltigen Hebungsvorgänge wird das isostatische Gleichgewicht hergestellt.

Hier knüpft Wegener an: „Wenn die Kontinente wie Korken im Wasser eintauchen und aufsteigen können, können sie sich ebensogut in seitlicher Richtung verschieben. Sie können also driften – wie ich vermutet habe."

Doch weder die Übereinstimmung der Küstenlinien noch die Verwandtschaft der Fossilien oder die Isostasie werden ausreichen, seine Kollegen zu überzeugen. Wegener ist sich darüber im klaren und sucht nach neuen Beweismitteln.

Ein riesiges Puzzlespiel

Ein überdimensionales Puzzle

„Wenn ich eine Zeitung in kleine Stücke reiße und sie nachher wieder zusammensetze, müssen zuletzt alle Wörter und Zeilen wieder zusammenpassen. Damit kann ich beweisen, daß diese einzelnen Papierstückchen von einer einzigen Zeitungsseite stammen", sagt sich Wegener und überträgt dieses Beispiel auf seine Theorie. Wenn die einzelnen Kontinente tatsächlich vor 200 Millionen Jahren eine zusammenhängende Landmasse gebildet haben, muß man Linien und geologische Details aufspüren, die sich von einem Kontinent zum anderen übereinstimmend fortsetzen, sobald man die heutigen Erdteile wieder zusammenfügt. Kurz gesagt, alle Teile dieses geologischen Puzzlespiels müssen zusammenpassen.

Wegener findet tatsächlich eine ganze Reihe von Übereinstimmungen: Die Sierra Ventana südlich von Buenos Aires in Argentinien und das Kapgebirge in Südafrika ähneln sich in Alter und Strukturen; die Appalachen Nordamerikas finden ihre Fortsetzung in Europa im Kaledonischen Gebirge, das heute zwar abgetragen ist, vor 400 Millionen Jahren jedoch die Höhe des Himalayas erreichte. Zu ihm gehören die Gebirgsmassive Schottlands, Irlands und Skandinaviens.

Wegener findet auch Parallelen in der geologischen Entwicklung Afrikas und Südamerikas: in mächtigen Ablagerungen, die man 250 Millionen Jahre zurückdatieren kann, weist er diesseits und jenseits des Atlantiks dieselbe Schichtenfolge nach: Reste glazialer Moränen bilden die älteste, unterste Schicht; es folgen kontinentale Sedimente von großer Mächtigkeit, die von einer Basaltdecke überlagert sind. Ein weiteres Beispiel aus Guayana: Die Gesteine der sehr mächtigen ‚Roraima-Serie' sind älter als eine Milliarde Jahre. Geologen fanden heraus, daß diese Sedimente von Nordosten her abgelagert wurden. Fügt man nun Afrika und Südamerika an ihren Küstenlinien zusammen, sieht man, daß diese Ablagerungen nur aus Afrika stammen können. Diese Vermutung wird durch eine weitere Tatsache erhärtet: In den untersten Schichten dieser Formation stieß man bei Schürfungen auf Diamanten, deren Größe zunimmt, je mehr man sich dem Atlantik nähert. Jenseits des Ozeans findet man in Westafrika Diamanten, die die

19

gleiche Beschaffenheit und Größe aufweisen wie die Exemplare im äußersten Osten der südamerikanischen Küste. Die Diamanten werden immer größer, je weiter man ins Landesinnere kommt. Die größten findet man in Zaire, wo sie ursprünglich entstanden sind. Als Afrika und Südamerika noch zusammenhingen, transportierten große Flüsse diese Diamanten von Zaire nach dem heutigen Brasilien. Dabei wurden die großen Exemplare im Oberlauf, die kleinsten im Unterlauf abgelagert.

Als drittes Beweismittel kann Wegener die Tierwelt anführen, die auf den einzelnen Kontinenten lebte bzw. noch heute lebt. Da ist beispielsweise der Mesosaurus, ein kleines Reptil, das sich vor 270 Millionen Jahren im seichten brackigen Wasser im äußersten Süden Afrikas entwickelte. Seinen Zwillingsbruder hat man in Brasilien, Uruguay und Paraguay gefunden –

aber es ist völlig ausgeschlossen, daß er den Atlantik durchschwommen hat. Es gibt auch engverwandte Tiere, die noch heute an weit voneinander entfernten Stellen auf der Erde leben: Lemuren, die primitivsten Vertreter der Primaten, kommen in Ostafrika, Ceylon, Indien und Südasien vor; Flußpferde findet man nicht nur in Afrika, sondern auch auf Madagaskar; Beuteltiere leben sowohl in Australien als auch in Südamerika. Man kann sich wirklich nicht vorstellen, daß all diese Säugetiere durch das Meer geschwommen sind oder es auf andere Art überquert haben, nur um zu sehen, wie es auf den anderen Erdteilen aussieht – jedes einzelne ein prähistorischer Christoph Columbus!

Auch aus der Pflanzenwelt lassen sich Beispiele anführen: Fossilien der *Glossopteris*, eines schmalblättrigen Farns, dessen Alter man auf 300 Millionen Jahre schätzt und der für ein

Baumfarne – Verwandte der Glossopteris – gab es schon im Erdaltertum.

warmes Klima charakteristisch ist, wurden in Indien, Australien, Afrika, der Antarktis und Südamerika gefunden. Daß der Wind die Sporen dieser Pflanzen von einem Erdteil zum anderen getragen hat, ist unwahrscheinlich. Wegener ist ständig auf der Suche nach neuen Beweismitteln – einige werden heute belächelt: die Verwandtschaft der amerikanischen und der europäischen Gartenschnecke oder die Ähnlichkeit des japanischen Regenwurms mit seinem Vetter, der im Osten der USA zu Hause ist.

Hochinteressant ist in diesem Zusammenhang das Verhalten der Aale Nordamerikas und Europas. Wie man weiß, verlassen diese Fische im Herbst ihre heimischen Gewässer, durchqueren den Atlantik und finden sich in der Sargasso-See, südlich der Bermudainseln, zusammen. Dort laichen sie und sterben. Die Larven wandern in ihre ursprüngliche Heimat zurück, schwimmen flußaufwärts und verbringen ihr weiteres Leben im Süßwasser. Nach etwa 10 Jahren begeben sie sich wieder zum Laichen in die Sargasso-See. Da der in Europa beheimatete Aal einen sehr viel längeren Weg zurücklegen muß als der amerikanische, muß sein Entwicklungszyklus bedeutend länger sein. Wegener findet auch für dieses Phänomen eine Erklärung: Vor einigen Millionen Jahren lag Europa noch näher bei Nordamerika und damit auch näher an der Sargasso-See. Inzwischen sind die beiden Kontinente auseinandergedriftet. Dabei hat sich mit dem allmählich länger werdenden Reiseweg für die Aale aus Europa auch deren Entwicklungszyklus verändert.

Beweismittel aus der Klimatologie

Vor 180 Millionen Jahren wuchsen auf Spitzbergen Palmen und baumhohe Farne; vor 300 Millionen Jahren lag Südafrika unter einem dicken Eispanzer, während sich im Osten der Vereinigten Staaten, in Europa und China tropische Wälder ausbreiteten. Gibt es dafür eine Erklärung? Für Wegener ist diese Klimaveränderung eine Folge der Kontinentalverschiebung. Die Möglichkeit einer Polwanderung schließt er nicht aus, räumt ihr aber nur untergeordnete Bedeutung ein. Auf der Suche nach weiteren Beweismitteln aus dem Bereich der Klimatologie stößt er auf alte Moränenreste. Damit kann er nachweisen, daß der Südzipfel Südamerikas, Südafrika, Indien, Australien und die Antarktis vor 300 Millionen Jahren eine mächtige Eiskappe trugen. Wären aber damals die Kontinente so verteilt gewesen wie heute, hätte das Eis fast die ganze Südhalbkugel bis zum Äquator bedecken müssen. Für die Ausbildung einer so gewaltigen Eiskalotte stehen auf der Erde jedoch längst nicht genügend Wasservorräte zur Verfügung. Fügt man dagegen unsere heutigen Kontinente zu dem großen Urkontinent zusammen, bilden die oben genannten ehemaligen vergletscherten Gebiete eine zusammenhängende Eiskappe, für deren Größe die Wasservorräte der Erde wohl ausgereicht haben. Spitzbergen, heute hoch im Norden gelegen, befand sich übrigens zu jener Zeit nahe am Äquator, womit die fossilen Pflanzenfunde ihre Erklärung finden.

Außerdem änderte sich innerhalb der letzten 300 Millionen Jahre das Klima in Europa vom tropischen zum gemäßigten, auf Spitzbergen vom subtropischen zum polaren und in Südafrika vom polaren zum subtropischen Klima. „Es ist äußerst unwahrscheinlich", sagt Wegener, „daß sich die Klimazonen verschoben haben; es sind vielmehr die Kontinente, die ihre Lage verändert haben."

Hier irrte Wegener

Welche geheimnisvolle Kraft ist nun aber in der Lage, die Kontinente in Bewegung zu setzen? (Australien allein wiegt schon $5 \cdot 10^{17}$ Tonnen!) Wegener nimmt an, daß der Kontinentalverschiebung zwei Triebkräfte zugrunde liegen: die Polflucht und die Gezeiten. Da sich die Erde um ihre Achse dreht, haben die Kontinente die Tendenz, von den Polen in Richtung Äquator zu fliehen. Die Norddrift Indiens und Afrikas ist seiner Meinung nach eine Folge dieser Polflucht. Die Westdrift Amerikas hat dagegen eine andere Ursache: Die Gezeiten üben eine brem-

Dieser Stein zeigt Gletscherschliffe – ein Beweis dafür, daß hier einst ein kaltes Klima herrschte.

sende Wirkung auf die Erdrotation aus; deshalb haben die Kontinente die Tendenz, nach Westen zu driften. Als Wegener die Polfluchtkraft und die Gezeitenreibung als Erklärung für seine Drifttheorie heranzog, hat er einen entscheidenden Fehler gemacht und die Glaubwürdigkeit seiner Argumente selbst in Frage gestellt. Die zeitgenössischen Geophysiker – allen voran der Engländer Harold Jeffreys – können seine Hypothese mathematisch widerlegen. Die Kraft der Polflucht müßte um ein Millionenfaches größer sein, um einen noch so kleinen Kontinent in Bewegung setzen zu können, und die Gezeitenreibung hätte schon nach einem Jahr die Erdrotation zum Stillstand gebracht, wäre sie stark genug, ganze Kontinente nach Westen zu treiben.

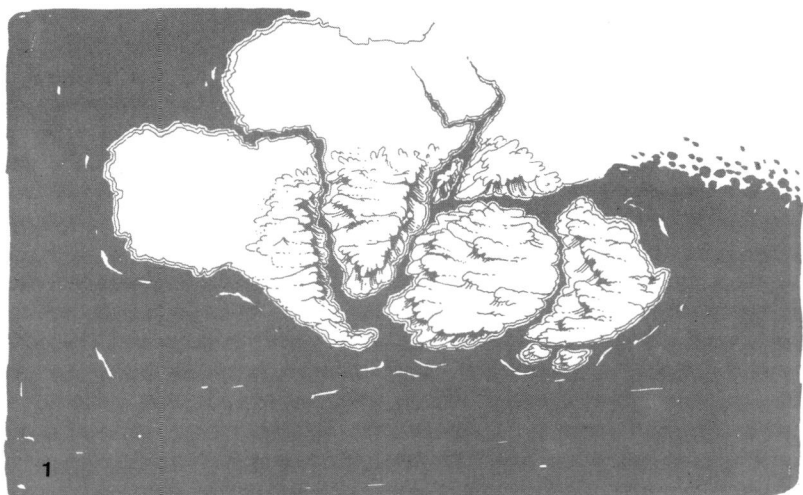

1 Vor 300 Millionen Jahren lag das ganze südliche Gondwanaland unter einem mächtigen Eispanzer.
2 Obwohl diese Kontinente heute weit auseinander liegen, erinnern Moränenreste und Gletscherschliffe an die Zeit, als sie ein zusammenhängendes Ganzes bildeten.

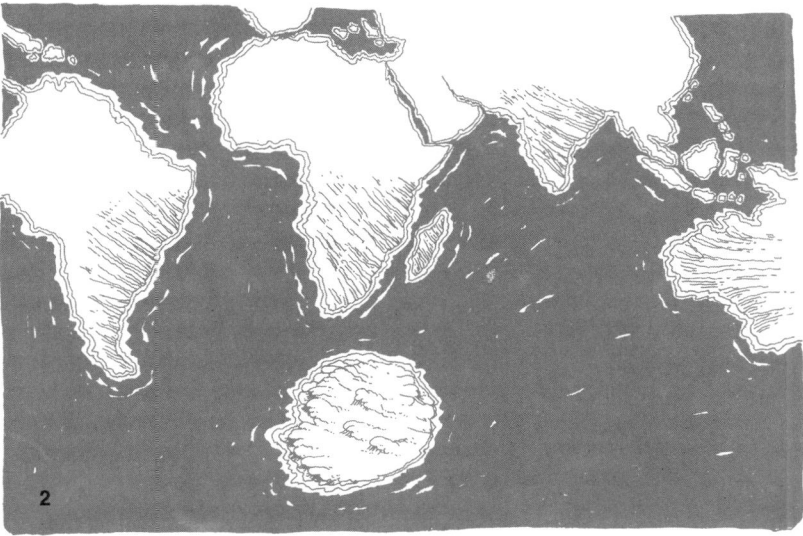

Die Theorie von der Kontinentalverschiebung wird abgelehnt

Wegener sieht ein, daß er sich in diesen Punkten geirrt hat, glaubt aber nach wie vor fest an die Verschiebung der Kontinente. 1927 scheint er endlich den schlagenden Beweis gefunden zu haben, mit dem er die letzten Zweifel ausräumen kann. Edward Sabine, ein englischer Geograph, hatte 1823 östlich von Grönland eine kleine Insel entdeckt und ihre Koordinaten nach den Gestirnen berechnet. Als 46 Jahre später diese Daten überprüft wurden, stellte sich heraus, daß sich die Insel um 420 m nach Westen verlagert hatte. Sie wird 1907 erneut vermessen, als sich Wegener in Grönland aufhält: jetzt liegt die Insel 1000 m westlich des vor 40 Jahren errechneten Punktes. Und nach 20 Jahren befinden sich ihre Koordinaten noch weiter im Westen. Wer kann jetzt noch daran zweifeln, daß sich die Insel von der Stelle bewegt? Wegener verfolgt diesen Gedanken und kommt zu dem Ergebnis, daß sich Grönland pro Jahr um 36 m nach Westen verschiebt und Nordamerika um 1 mm pro Tag von Europa entfernt. (Allerdings hat man inzwischen herausgefunden, daß damals Messungsfehler unterlaufen sind, die aus Standortsveränderung der Gestirne resultierten.) Seine Kollegen aus der Geophysik und Geologie bleiben skeptisch und lehnen die Theorie von der Kontinentalverschiebung ab. „Wegener ist ein Amateur...“ – „Er macht mit unserer Erde, was er will...“ – „Wenn wir seiner Theorie zustimmen, müssen wir das gesamte geologische Schrifttum der letzten dreißig Jahre vergessen und wieder bei Null anfangen.“

Keines seiner Argumente läßt man gelten. „Sagen Sie uns doch, wie die Kontinente auf dem Meeresboden schwimmen sollen, der aus festem Basalt besteht!“ – „Die Küstenlinien der Kontinente stimmen rein zufällig überein!“ – „Es gibt keine Kraft, die in der Lage ist, ganze Kontinente von der Stelle zu bewegen!“ – „Die Ähnlichkeit zwischen Tieren, die auf verschiedenen Kontinenten leben, kann man auch anders erklären: die einzelnen

23

Tiere benutzten vielleicht Landbrükken, welche früher die Kontinente miteinander verbunden haben und die dann eingesunken sind."

Wegeners wissenschaftliche Glaubwürdigkeit ist so stark erschüttert, daß keine deutsche Universität bereit ist, ihm einen Lehrstuhl anzubieten. Er verläßt Deutschland und wird Professor für Meteorologie und Geophysik an der Universität Graz.

Verirrt in der Polarnacht

Ein neuer Forschungsauftrag ruft Wegener nach Grönland. Man möchte dort eine neue geophysikalische Methode zur Messung der Eisdicke erproben; daneben benötigt man meteorologische Daten für die Errichtung einer neuen Fluglinie, die über Grönland

führen soll. An der Spitze von 21 Wissenschaftlern und Fachleuten schifft er sich am 1. April 1930 ein. Von Anfang an steht die Expedition unter einem schlechten Stern: Zunächst liegt das Schiff 6 Wochen im Eis vor der grönländischen Küste fest, dann folgen zähe und zeitraubende Verhandlungen mit den Eskimos; außerdem zeigt sich das Wetter von seiner schlechtesten Seite. Ein Teil der Forscher dringt 400 km ins Innere der Insel vor und errichtet in 3000 m Höhe die meteorologische Station „Eismitte"; dort richten sich zwei Forscher – Johannes Georgi und Ernst Sorge – auf einen längeren Aufenthalt ein. Als Mitte September die Polarnacht vor der Tür steht, macht sich Wegener Sorgen um seine beiden Kameraden, deren Lebensmittelvorräte allmählich knapp werden mußten. 15 Schlitten werden mit Proviant und

Sanddünen in der Sahara. Typische Landschaftsform für ein trocken-heißes Klima.

Das Gravimeter ist nach einem einfachen Prinzip gebaut: An einer Feder wird ein Gewicht befestigt. Bei starker Schwerkraft wird das Gewicht nach unten gezogen, die Feder dehnt sich; bei geringer Schwerkraft schnurrt die Feder zusammen. Nach dem Verhalten der Feder kann man die Schwerkraft bestimmen.

wissenschaftlichen Geräten beladen, dann brechen Wegener, Fritz Loewe und 13 Eskimos nach Station „Eismitte" auf.

Zwölf der dreizehn Eskimos kehren bereits nach 160 km im tobenden Schneesturm um. Bei einer Windstärke von 100 km pro Stunde und bei Temperaturen von −60°C bleiben nur Loewe und der 22jährige Eskimo Rasmus Willumsen bei Wegener. Der Marsch im eisigen Schneesturm wird für die drei Männer zum Leidensweg. Jede zusätzliche Belastung ist für ihre erlahmenden Kräfte zuviel: Sie lassen die wissenschaftlichen Instrumente zurück, bald auch die Weihnachtsgeschenke, die sie den beiden Freunden bringen wollten, und schließlich sogar die Verpflegung.

Inzwischen verlieren Georgi und Sorge auf der Station „Eismitte" fast die Hoffnung; ihre Stimmung ist auf dem Nullpunkt angekommen. Um Öl zu sparen, haben sie trotz der klirrenden Kälte den Ofen abgestellt und sich in ihre Schlafsäcke verkrochen. Schritte im knirschenden Schnee reißen sie aus ihrer Teilnahmslosigkeit: draußen stehen Wegener und seine beiden Begleiter, die nach sechs Wochen endlich ihr Ziel erreicht und damit eine unglaubliche Leistung vollbracht haben. Wegener überzeugt sich davon, daß die beiden Forscher auf der Station alles Notwendige haben, um überwintern zu können, und tritt bereits 24 Stunden nach seiner Ankunft den Rückmarsch an. An diesem Tag begeht er zwar seinen 50. Geburtstag – doch die Zeit drängt, die Polarnacht setzt schon ein. Loewe bleibt wegen seiner erfrorenen Füße auf „Eismitte" zurück. Mit zwei Schlitten und 17 Hunden machen sich Wegener und sein getreuer Willumsen auf den Weg. Das Wetter ist gut, bei −39°C ist es für arktische Verhältnisse fast warm. Die drei Zurückbleibenden schauen Wegener und Willumsen nach – keiner ahnt, daß sie die letzten sind, die die beiden lebend sehen.

Als die Polarnacht endlich vorbei ist, nehmen Mitglieder der Expedition die Verbindung mit „Eismitte" wieder auf. Ihre Betroffenheit ist groß, als sie erfahren, daß Wegener und der Eskimo dort nicht überwintert haben. Sofort

wird die Suche nach den Vermißten aufgenommen. 195 km von der Station entfernt entdecken sie ein Paar Ski, die im Schnee stecken. Darunter ruht Wegener, der wahrscheinlich einen Herzanfall erlitten hatte. Sein treuer Begleiter Willumsen blieb verschollen.

So starb einer der genialsten Wissenschaftler unseres Jahrhunderts. Seine Theorie wurde von den einen mit großer Bewunderung aufgenommen, von den anderen zornig abgelehnt. Aber sie hat die Erdwissenschaften in eine neue Richtung gelenkt.

Ein Pendel im U-Boot

Das holländische U-Boot K II beginnt im September 1923 seine Fahrt nach Java durch den Suezkanal. An Bord befindet sich ein merkwürdiger Passagier:

Felix Vening Meinesz, der Sohn des Amsterdamer Bürgermeisters. Er ist Geophysiker und hat auf dieser langen Reise ein seltsames Instrument bei sich. Es sieht aus wie ein Pendel und wird Gravimeter genannt. Es dient dazu, die Schwerkraft zu messen, eine Erscheinung, die wir alle kennen: wirft man einen Stein in die Luft, so fällt er wieder auf die Erde zurück, ganz einfach deshalb, weil er von ihrer Masse angezogen wird.

Die Berge haben Wurzeln

Doch bevor wir Vening Meinesz auf seiner Reise begleiten, müssen wir uns ins Jahr 1738 zurückversetzen. Wir befinden uns am Fuß des Chimborasso (6267 m), eines Andengipfels im heutigen Ekuador. Hier versuchen drei französische Wissenschaftler, die Länge eines Meridianbogens zu berechnen. Dabei macht der Mathematiker Pierre Bouguer eine interessante Beobachtung. Die kleine Kupferkugel seines Pendels wird von der großen Masse des Chimborasso kaum abgelenkt. Nach dem Newtonschen Gesetz ziehen sich zwei Massen an; ihre Anziehungskraft ist um so größer, je schwerer die Körper sind. Also müßte der gewichtige Chimborasso die kleine

Kugel kräftig anziehen. Dies trifft aber nicht zu. Bouguer zieht aus dieser Beobachtung den einzig richtigen Schluß: „Die Berge sind wahrscheinlich gar nicht so schwer, wie man bis jetzt annahm."

Ein Jahrhundert später, 1843, macht Colonel George Everest (nach dem der höchste Berg der Welt benannt wurde) topographische Landesaufnahmen im Himalayamassiv. Dabei stellt er fest, daß sein Senklot durch die höchsten Berge der Welt kaum abgelenkt wird. Henry Pratt, ein hoher geistlicher Würdenträger in Kalkutta und leidenschaftlicher Geologe, bestätigt seine Beobachtung: „Der Himalaya ist wie Brotteig aufgegangen und hat mit zunehmender Höhe immer mehr an Dichte verloren."

Aber der englische Astronom George Airy ist anderer Ansicht. „Die Gebirge haben Wurzeln", sagt er, „diese wirken wie ein Kiel und ermöglichen, daß die Berge im Magma schwimmen können. Man kann sie auch mit Eisbergen vergleichen, die nur zu einem Bruchteil ihrer wirklichen Größe aus dem Wasser herausragen. Genauso schwimmen die Gebirge infolge ihrer geringen Dichte in einem Meer aus schwerem Magma. Ihr Überschuß an Masse, der über das Meeresniveau hinausragt und eine Folge ihres großen Volumens ist, wird durch tiefe Wurzeln im Gleichgewicht gehalten. Je höher also die Gebirge, desto tiefer reichen ihre Wurzeln. Gebirge und Wurzel haben zusammen zwar ein großes Volumen aber im Vergleich zum Magma, in dem sie schwimmen, eine geringere Dichte; deshalb wird das Pendel kaum abgelenkt. Auf diese Weise kann sich die Erdkruste, trotz ihres unruhigen Reliefs, auf dem basaltischen Untergrund im Gleichgewicht halten."

Die Theorie erwies sich als richtig. Airy wurde dafür 1872 von Königin Victoria in den Adelsstand erhoben.

Untersuchungen an Bord eines U-Bootes

Vening Meinesz möchte herausfinden, ob dieser Gleichgewichtszustand, die sogenannte Isostasie, auch für den Meeresboden Gültigkeit hat. Vor ihm hat das noch niemand versucht, denn das Gravimeter ist ein hochempfindli-

Der Geophysiker Vening Meinesz – in Hut und Anzug – kurz vor seinem Aufbruch nach Java an Bord des holländischen U-Boots K II, im Jahre 1923.

Aus welchem Grund Eisberge und Segelboote schwimmen, erklärt das Archimedische Gesetz. Danach wird jeder Körper, der in eine Flüssigkeit getaucht wird, um so viel leichter, wie die von ihm verdrängte Flüssigkeitsmenge wiegt.
Das gleiche gilt für die Gebirge. Sie bestehen aus einem Material von relativ geringer Dichte und schwimmen im Magma, das eine große Dichte besitzt. Je höher die Gebirge sind, um so tiefer greifen ihre „Gebirgswurzeln" in den schwereren Untergrund.

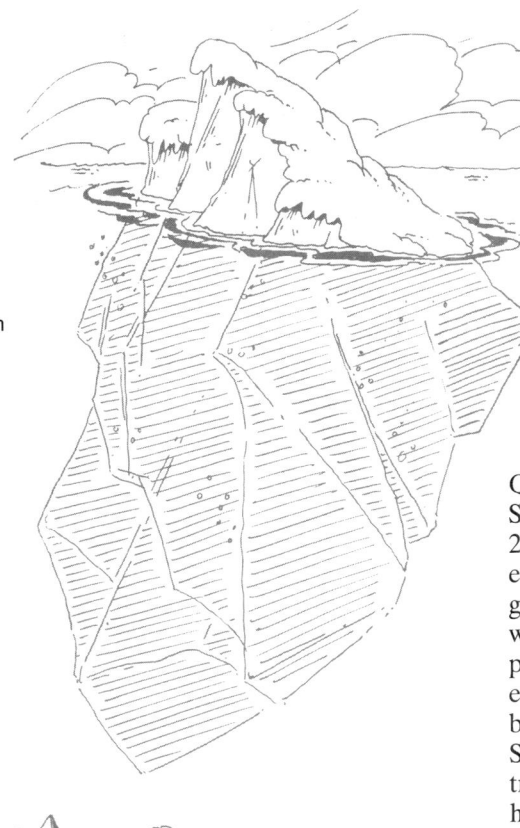

ches Instrument, das auf See beim geringsten Schlingern und Stampfen des Schiffes ausschlägt. Das Gerät arbeitet so genau, daß man damit Abweichungen innerhalb des Bereiches von einem Hunderttausendstel der Schwere messen kann. (Eine Waage, die das Gewicht eines korpulenten Mannes in Milligramm angibt, wiese ungefähr die gleiche Genauigkeit auf.)
Trotz aller technischen Schwierigkeiten will Meinesz den Versuch wagen. Er weiß, daß die Reise für ihn eine

Qual sein wird, denn er leidet unter der Seekrankheit. Außerdem ist er über 2 m groß, für das Leben an Bord eines engen U-Boots also nicht gerade gut gebaut. Sein Gravimeter, das er immer wieder verändert, verbessert und geprüft hat, funktioniert tadellos. Er hat es in eine bewegliche Lagerung eingebaut, so daß sich die Bewegungen des Schiffs nicht mehr auf das Gerät übertragen. Während der ersten fünf Tage herrscht Sturm. Meinesz fühlt sich elend und glaubt, in seinem stählernen Gefängnis ersticken zu müssen. Endlich beruhigt sich das Meer. Vor Spanien geht das U-Boot zweimal auf Tauchkurs. Während der Geophysiker mit seinen Messungen beginnt, hat die Mannschaft strenge Anweisung, jede Bewegung zu vermeiden. Alle verfolgen gespannt die langwierigen Vorbereitungen – und Meinesz hat Erfolg. Die erste Schweremessung auf dem Ozean ist gelungen. Er unternimmt weitere Reisen und erkundet alle Weltmeere vom Indischen Ozean zum Pazifik, von Buenos Aires bis Australien. Bei über 900 Tauchmanövern hat er Tausende von Schweremessungen durchgeführt. Nach der Auswertung der Ergebnisse kommt er zu dem Schluß, daß das Material, das den Tiefseeboden bildet, sehr viel schwerer sein muß als die Gesteine, die die Kontinente aufbauen. Dabei ist allerdings überraschend, daß über Tiefseegräben, die Tausende von Metern tief sind und die sich oft in der Nähe von vulkanischen Inselketten befinden, eine wesentlich geringere Schwerkraft gemessen wurde. Hier scheinen noch weit stärkere Kräfte am Werk zu sein, die die Erdkruste in die Tiefe zerren.

Links: Der Chimborazo gehört mit dem Cotopaxi und dem Sangay zu den größten Vulkanen Ekuadors. Die Bewohner seiner Umgebung behaupten, er berge einen sagenhaften Inkaschatz. *Oben:* Konvektionsströme in einem schmelzflüssigen Lavasee (am Nyiragongo in Zaire). Überhitzte, gasreiche Lava steigt infolge ihres geringeren Gewichtes an die Oberfläche und bildet Blasen. Leicht abgekühlte Lava, aus der das Gas entwichen ist, taucht, da sie schwerer wird, wieder unter. Unzählige Lavateilchen folgen unaufhörlich dieser Bewegung, entstehen und vergehen, treiben auseinander und schieben sich übereinander.

Wie in einem Kochtopf...

Aufmerksam verfolgt in der schottischen Stadt Edinburgh ein britischer Wissenschaftler die Forschungsergebnisse von Meinesz: Arthur Holmes, ein weltweit anerkannter Geologe, Spezialist für die zeitliche Einordnung der Gesteine und leidenschaftlicher Verfechter der Kontinentalverschiebungstheorie. Als einer der ersten erklärt er den flüssigen Zustand des Erdinneren als Folge des Zerfalls radioaktiver Elemente und dabei freiwerdender Wärme. Vielleicht ist auch er – wie schon so mancher Wissenschaftler vor ihm – durch einen ganz einfachen Vorgang des täglichen Lebens zu seinen Überlegungen angeregt worden: durch die seltsam ineinanderfließenden Schlieren beispielsweise, die sich in seinem Frühstückstee bildeten, wenn er Milch hineingoß. Holmes wußte natürlich, daß sie durch Konvektionsströme zustandekamen. Vielleicht kam er bei ihrer Betrachtung auf den Gedanken, daß Meinesz' Beobachtungen auf dem Tiefseeboden mit solchen Konvektionsströmungen zu tun haben könnten. Um uns eine Vorstellung von den Konvektionsströmungen machen zu können, müssen wir Wasser in einem Topf erhitzen. Das Wasser auf dem Boden des Topfes erwärmt sich zuerst, sein Volumen vergrößert sich, es wird leichter und steigt nach oben (aufsteigende Strömung). An der Oberfläche dehnt sich dann das Wasser aus, kühlt sich leicht ab, wird schwerer, sinkt wieder auf den Boden (absteigende Strömung): das Ganze beginnt von vorne. Holmes vermutet, daß sich im Erdmantel, unter der Erdkruste, der gleiche Vorgang abspielt. Allerdings geht hier alles viel langsamer vor sich; die Geschwindigkeit der Konvektionsströmungen erreicht im Jahr nur einige Zentimeter! Er überträgt nun diese Erkenntnisse auf die Kontinentalverschiebung und kommt zu folgender Darstellung: Aufsteigende Konvektionsströmungen im Erdmantel haben den Urkontinent von Wegener gespalten; die Spannungen, die dabei aufgetreten sind, haben die Erdkruste aufgerissen und sie in Teilstücke zerlegt. Die absteigenden Konvektionsströmungen stimmen mit den Tiefseegräben überein; hier wird die Erdkruste in die Tiefe gezogen und geschmolzen.

Wegener wird neu entdeckt

Damit hat man endlich die Kräfte entdeckt, die ganze Kontinente zu bewegen vermögen. Aber inzwischen ist Wegeners Theorie von der Kontinentalverschiebung fast völlig in Vergessenheit geraten. Nur in Edinburgh, wo Holmes lehrt, und im weit davon entfernten südafrikanischen Johannisburg, wo der berühmte Geologe Alexandre du Toit einen Lehrstuhl innehat, blieb die Erinnerung an ihn lebendig. Alexandre du Toit ist ein großer Verehrer Wegeners und hat ihm sogar ein Buch „Die wandernden Kontinente" gewidmet. Während einer Südamerikareise beeindruckte ihn die Ähnlichkeit der beiden Kontinente außerordentlich stark. Er stieß auf Gesteine und Fossilien, die er schon von Afrika her kannte, und fühlte sich ständig in die Umgebung Johannisburgs zurückversetzt. Kein Wunder also, daß er zum leidenschaftlichsten Verfechter der Driftentheorie seiner Zeit wird. Er ändert Wegeners Theorie leicht ab und geht davon aus, daß es nicht einen, sondern zwei Urkontinente gegeben habe: Laurasia und Gondwana. „Laurasia" (der Name leitet sich vom St.-Lorenz-Strom in Kanada ab) umfaßte Europa, Asien, Grönland und Nordamerika; „Gondwana" (nach einer indischen Landschaft *Gondvana* wo man eine große Zahl fossiler Glossopteris fand) setzte sich aus Südamerika, Afrika, der Antarktis, Indien und Australien zusammen. Zwischen diesen beiden Kontinenten lag die Tethis (benannt nach einer griechischen Meeresgöttin, der Gemahlin des Okeanos). Das Tethismeer war der Vorläufer des Mittelmeers; es bestand noch bis vor einigen Zehnmillionen Jahren, als sich Afrika und Indien nach Norden schoben.
Toits Theorie von den zwei Urkontinenten wurde erst 20 Jahre später anerkannt, als das Studium des fossilen Magnetismus der Gesteine neue Erkenntnisse für die Kontinentaldrift erbrachte.

Das Geheimnis des fossilen Magnetismus

Mit Hilfe eines tragbaren Magnetometers bestimmt ein französischer Geophysiker das Magnetfeld am Fuße der Soufrière, eines Vulkans auf Guadeloupe (Kl. Antillen).

Niemand weiß, wer als erster herausgefunden hat, daß sich die Magnete – je nach der Richtung, in die sie weisen – anziehen oder abstoßen; doch die Griechen kannten dieses Phänomen mit Sicherheit schon vor 2500 Jahren.

Das Wort „Magnetismus" wird von der in Kleinasien gelegenen griechischen Stadt Magnesia hergeleitet, deren Umgebung reich an magnetischen Mineralien ist. Die Chinesen erfanden den ersten Kompaß: sie hängten einfach ein Stück Magneteisenstein an einem Faden auf. Im Mittelalter brachten dann Reisende diese Erfindung nach Europa. Im abendländischen Schrifttum wird der Kompaß zum ersten Mal im Werk des französischen Dichters Guyot de Provins erwähnt, als er den Wunsch ausspricht: „[…] Möge doch der Papst ebenso entschlossen und aufrecht seine geistlichen Entscheidungen treffen wie die Magnetnadel, die trotz Sturm und Nebel beständig nach Norden zeigt." Übrigens hätten weder Christoph Kolumbus noch Magellan ohne dieses wertvolle Instrument die Welt erforschen können!

Magnetischer und geographischer Nordpol

Aus welchem Grund die Magnetnadel nach Norden zeigt, war lange Zeit unbekannt. Im Mittelalter glaubte man, sie werde vom Polarstern angezogen. Erst im Jahre 1600 kann William Gilbert, der Leibarzt von Königin Elisabeth I., das Rätsel lösen: an Hand von etwa zehn Magneten und Kompassen der verschiedensten Art und Größe beginnt er mit den ersten wissenschaftlichen Untersuchungen des Magnetismus. Bei diesen langwierigen Versuchen entdeckt er, daß jeder Magnet zwei Pole hat: einen Nord- und einen Südpol. Er findet heraus, daß sich zwei gleichgerichtete Pole abstoßen, zwei entgegengesetzte Pole dagegen anziehen. „Die Erde", sagt Gilbert, „ist ein ungeheuer großer Magnet, dessen Süd- bzw. Nordpol die Magnetnadeln unserer Kompasse anzieht oder abweist."

Als Beweis fertigt er zunächst einen kugelförmigen Magneten an, der die Erde darstellen soll. Jetzt prüft er, wie sich eine Magnetnadel gegenüber dieser „Erde" verhält: am Nordpol steht sie genau senkrecht zur Kugeloberfläche, ihre Nordspitze zeigt zum Erdmittelpunkt. Gilbert bewegt die Magnetnadel in Richtung Äquator; sie zeigt unverändert nach Norden, aber ihre Neigung ändert sich: je mehr sie sich dem Äquator nähert, desto mehr neigt sie sich zur Horizontalen. Am Äquator selbst bildet die Magnetnadel eine Tangente zur Oberfläche der Kugel; weder ihre Nord- noch ihre Südspitze zeigen zum Mittelpunkt. Die Nadel wird weiter nach Süden geführt. Nun richtet sich ihre Südspitze wieder allmählich gegen den Erdmittelpunkt aus und zeigt am Südpol genau auf den Mittelpunkt der Kugel, weder ihre Nord- noch ihre Südspitze zeigen zum Mittelpunkt.

Die Magnetnadel steht hier wieder senkrecht zur Oberfläche. Je näher sich die Magnetnadel am Pol befindet, um so geringer ist ihre Neigung. Der Winkel, den die Neigung zur Horizontalen bildet (= magnetische Inklination), ändert sich mit der geographischen Breite auf der Kugel; man kann also mit Hilfe des Inklinationswinkels die ungefähre geographische Breite eines Ortes bestimmen.

Gilberts Modellversuch bestätigte, was die Seefahrer schon lange durch den Umgang mit dem Kompaß herausgefunden hatten. Als die Navigation nach dem Kompaß später verfeinert wurde, machten die Seefahrer eine neue Erfahrung: die Magnetnadel zeigte nicht den geographischen, sondern den magnetischen Nordpol an. (Der Winkel zwischen geographischer und magnetischer Nordrichtung wird magnetische Mißweisung oder Deklination genannt.)

Warum stimmen nun aber die geographischen und die magnetischen Pole nicht überein? Das erdmagnetische Feld läßt sich mit dem Magnetfeld eines Stabmagneten vergleichen. An beiden magnetischen Polen entspringen Kraftlinien, die sich bogenförmig anordnen und das erdmagnetische Kraftfeld bilden. (Man kann diese Kräfte im Experiment leicht sichtbar machen, wenn man über einem Stabmagneten Eisenspäne auf ein Blatt Papier streut. Sofort ordnen sich die Eisenteilchen bogenförmig um den Magneten an. Die Kraftlinien treten an einem Pol aus und münden im entgegengesetzten Pol. Die Kompaßnadel verläuft stets parallel zu diesen Kraftlinien, zeigt also immer nach Norden.)

Die geographischen Pole einerseits – die Schnittpunkte der Rotationsachse der Erde mit der Erdoberfläche – und die magnetischen Pole andererseits – die Stellen, an denen die magnetischen Kraftlinien aus der Erde austreten bzw. münden – liegen etwa 1200 Kilometer voneinander entfernt. Das bedeutet, daß der imaginäre „Magnetstab" im Innern der Erde nicht mit der Rotationsachse zusammenfällt, sondern um ca. 11° dagegen geneigt ist.

Der Ursprung des Erdmagnetismus

Deklination, Inklination, magnetisches Feld, Kraftlinien – unter diesen Begriffen können wir uns jetzt schon et-

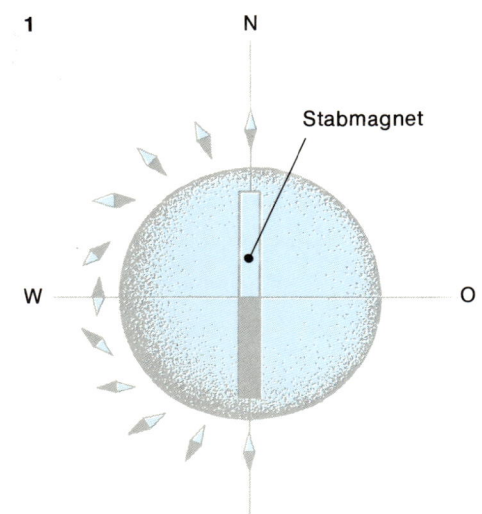

1 Stabmagnet

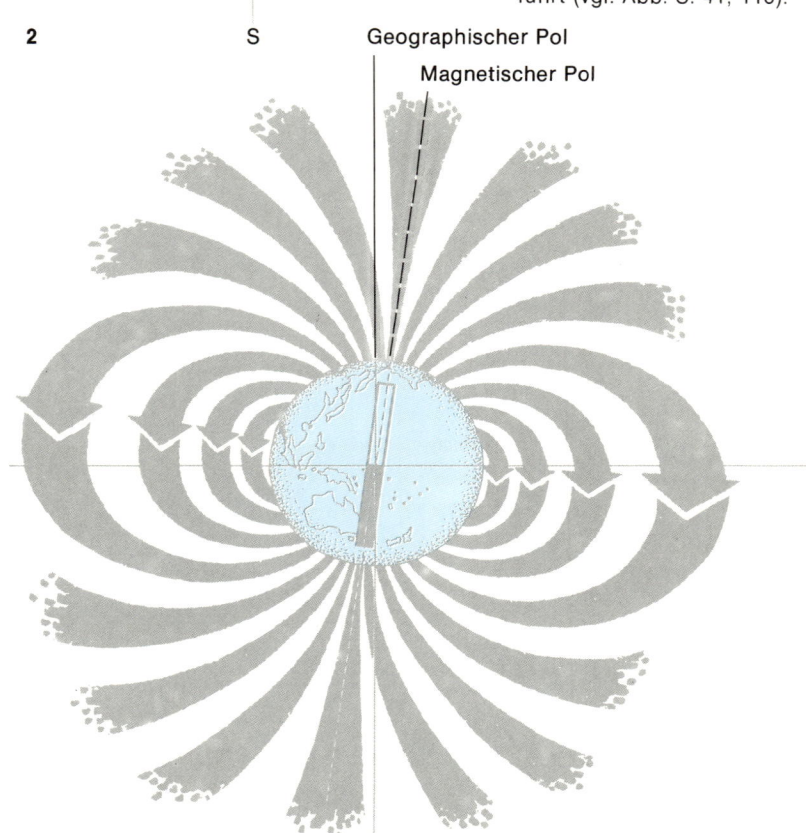

2 Geographischer Pol / Magnetischer Pol

1 Das erdmagnetische Feld läßt sich mit dem Magnetfeld eines Stabmagneten vergleichen. Die Inklination der Magnetnadel ändert sich mit der geographischen Breite auf der Erdkugel.
2 Die geographischen Pole decken sich nicht mit den Magnetpolen. Ihre Achsen bilden einen Winkel von 11° (magnetische Deklination). Die bogenförmigen Kraftlinien entspringen in einem Pol und enden im entgegengesetzten. Bestimmte Gesteine sind besonders reich an Magnetit, z.B. Basalt, der häufig in Längsklüften empordringt und zur Entstehung der sog. Dykes führt (vgl. Abb. S. 41; 116).

was vorstellen. Doch woher kommt der Erdmagnetismus?

Eine Zeitlang glaubte man tatsächlich, daß ein überdimensionaler Magnetstab im Innern der Erde wirksam sei. Das trifft natürlich nicht zu, denn man weiß inzwischen, daß ein Magnet seine Anziehungskraft verliert, wenn er Temperaturen von über 800° C ausgesetzt wird. Im Innern unserer Erde herrschen aber Temperaturen von mehre-

Basaltdecken im Osten Islands. Hier wurden zwei magnetische Umkehrperioden nachgewiesen.

ren Tausend Grad. Unter diesen Bedingungen ist das Gestein nicht mehr magnetisch.

1946 glaubte Patrick Blackett, Nobelpreisträger für Physik, ein neues physikalisches Gesetz entdeckt zu haben: „Jeder Körper, der sich dreht, wird magnetisch."

Um seine Theorie beweisen zu können, entwickelt er in fünfjähriger Arbeit sein astatisches Magnetometer, ein außerordentlich empfindliches Instrument. Damit kann man magnetische Spuren nachweisen, die zehnmillionenmal schwächer sind als die Kräfte im erdmagnetischen Feld. Blackett leiht sich bei der berühmten Bank von England einen 15 kg schweren Goldzylinder. Nach seinem neu entdeckten Gesetz müßte dieser Körper – in Drehung versetzt – ein ganz schwaches Magnetfeld erzeugen. Aber sein Magnetometer rührt sich nicht! Blackett muß zugeben, daß er sich geirrt hat: Das Rotieren eines Körpers bewirkt nicht dessen Magnetisierung.

Da nun die Erdrotation für die Erklärung des Erdmagnetismus ebenfalls ausscheidet, können nur noch elektrische Ströme für die Entstehung eines erdmagnetischen Feldes in Frage kommen. Doch um ein solch gewaltiges Kraftfeld zu erzeugen, würde man Stromstärken von einer Milliarde Ampère benötigen. Woher sollten diese Kräfte kommen?

Die Erde – ein großer Dynamo

An dieser Stelle greift Edward Bullard in die Diskussion ein. Trotz seiner großen wissenschaftlichen Qualifikation ist er durchaus nicht der Typ des trockenen, unnahbaren Gelehrten. Er ist ein brillanter Redner und bekannt für seinen britischen Humor. Seine Forschungsbeiträge, die sich mit fast allen Teilgebieten der Geologie befassen, erscheinen in den führenden wissenschaftlichen Zeitungen und lassen die Fachwelt aufhorchen.

Sir Edward Bullard, der heute an der kalifornischen Universität Jolla lehrt, genießt als Geophysiker weltweiten Ruf. Seine Arbeiten über die Schwerkraft, den Erdmagnetismus, den Wärmefluß und die Kontinentalverschiebung bedeuten einen wesentlichen Beitrag zur Erforschung der Vorgänge auf der Erde. Trotz seines großen wissenschaftlichen Engagements ist er noch im familieneigenen Brauereibetrieb in Großbritannien als kaufmännischer Direktor tätig. Das Bild zeigt Sir Edward Bullard, wie er an Bord eines Forschungsschiffes einen Bohrkern mit Sedimenten aus dem Meeresboden untersucht.

Während des Zweiten Weltkriegs entwickelt er für die *Royal Navy* eine Methode, nach der Kriegsschiffe magnetische Minen orten können. Daraufhin
wird er nach London in die Admiralität
berufen, wo er mit Professor Blackett
zusammenarbeitet. Die beiden Wissenschaftler sitzen hier auf einem Po-
sten, um den sie viele beneiden. Sie
sind sozusagen offizielle „Erfinder" im
Auftrag der *Royal Navy* und haben viel
freie Zeit, in der sie über ein Thema
diskutieren können, das beide interessiert: Der Ursprung des Erdmagnetismus. Zu dieser Zeit vertritt Blackett
noch die Ansicht, daß jeder Körper
durch die Rotation magnetisch wird.
Doch Bullards Theorie ist bestechen-
der: Die Erde ist nichts anderes als ein
großer Dynamo.

Als Leiter der geophysikalischen Ver-
suchsanstalt in Cambridge erläutert er
1948 seine Hypothese: dreht sich eine
Drahtspule im Magnetfeld, so wird
Strom erzeugt. Das ist das Prinzip des
Dynamo. Auch die Erde besitzt einen
solchen Stromerzeuger, und zwar befindet er sich im äußeren Erdkern. Er
besteht aus Eisen und Nickel, das sich
in einem flüssigkeitsähnlichen Zustand
befindet. Hier vermischen sich die Metalle und sind in fließender Bewegung;
der Metallstrom bewegt sich in einem
Magnetfeld; dabei wird elektrischer
Strom erzeugt, der seinerseits ein
neues Magnetfeld verursacht. Hier
wird dann durch das fließende
Metall wieder Elektrizität erzeugt, und
so weiter. Wir haben es also mit einem
Selbsterzeugerdynamo zu tun.

Bullard hat diese Theorie nicht aus der
Luft gegriffen. Sie beruht auf Computerberechnungen, die fast 200 Stunden
in Anspruch nahmen. In Amerika hat
zur gleichen Zeit der Physiker Walter
Elsasser die gleichen Berechnungen
durchgeführt und sich Bullards Meinung angeschlossen. Die Schwankungen des Magnetismus, die man überall
auf der Erdoberfläche feststellt, sprechen ebenfalls für die Dynamo-Hypo-
these. Wissenschaftler, die sich mit
dem Erdmagnetismus befassen, konnten nachweisen, daß sich das Magnetfeld der Erde jährlich nach Westen
verlagert, und zwar so schnell, daß
es innerhalb von 2000 Jahren einmal um die Erde gewandert ist. Diese

– nach geologischen Maßstäben – sehr
schnelle Veränderung kann niemals
durch einen festen Körper verursacht
werden. Nur flüssige Körper können so
schnell ihre Bewegungsrichtung ändern und damit auch das erdmagnetische Feld so kurzfristig beeinflussen.
Diese „Flüssigkeit" finden wir im
schmelzflüssigen Metall des äußeren
Erdkerns. Die Magnetnadel zeigt uns
also an, was im Inneren der Erde vor
sich geht. Ob die Theorie von Bullard
und Elsasser zutrifft, ist bis heute noch
offen – eine bessere gibt es jedenfalls
noch nicht. Jüngste Untersuchungen
haben lediglich zu der Vermutung geführt, daß die Strömungen im äußeren
Kern durch die Erdrotation verursacht
werden. „Der Erdmagnetismus gehört
zu den Erscheinungen auf unserer Erde, die zwar hervorragend beschrieben,
aber immer noch nicht endgültig erforscht sind, obwohl man sich schon
seit Jahrhunderten darum bemüht",
sagt Allen Cox, einer der größten Experten auf dem Gebiet der Paläomagnetik. Diesem Wissensgebiet wollen
wir uns jetzt zuwenden.

Millionen versteinerter Magneten

„Etruskische Vasen sind zuverlässige
Zeugen für die Geschichte unseres
Erdkerns" – Vor etwa 20 Jahren erschien dieser Satz in einer wissenschaftlichen Zeitschrift. Diese Behauptung klingt zwar übertrieben, ist
aber wahr.

Gegen Ende des 19. Jahrhunderts entdeckte man tatsächlich, daß bestimmte
Stoffe – z. B. Tone, die man für die
Töpferei verwendet – eine überraschende Eigenschaft aufweisen, wenn
sie gebrannt werden: sie zeichnen die
Ausrichtung des Erdmagnetischen
Feldes auf und frieren sie sozusagen
ein. Diese Eigenschaft verdanken sie
den Eisenoxyden, die in ihnen enthalten sind. Wenn die Tone beim Brennen
hohen Temperaturen ausgesetzt sind,
verhalten sich die zahllosen Eisen-
oxydpartikel wie kleine Magnetnadeln.
Sie ordnen sich parallel zu den Kraftlinien des Magnetfeldes an und weisen
nach Norden. Sobald die gebrannten
Tone abkühlen und hart werden, können die Eisenpartikelchen ihre Lage

Oben: Maurice Krafft mißt in feuerfester Schutzkleidung die Temperatur eines Basaltstroms auf dem Piton de la Fournaise, einem Vulkan auf der Insel Réunion. Die Temperatur der Lava erreicht hier 1140°C.
Unten: Basaltergüsse sind hervorragende Registriergeräte für den Magnetismus. Während sie abkühlen, fixieren sie das augenblicklich herrschende Magnetfeld (Piton de la Fournaise).

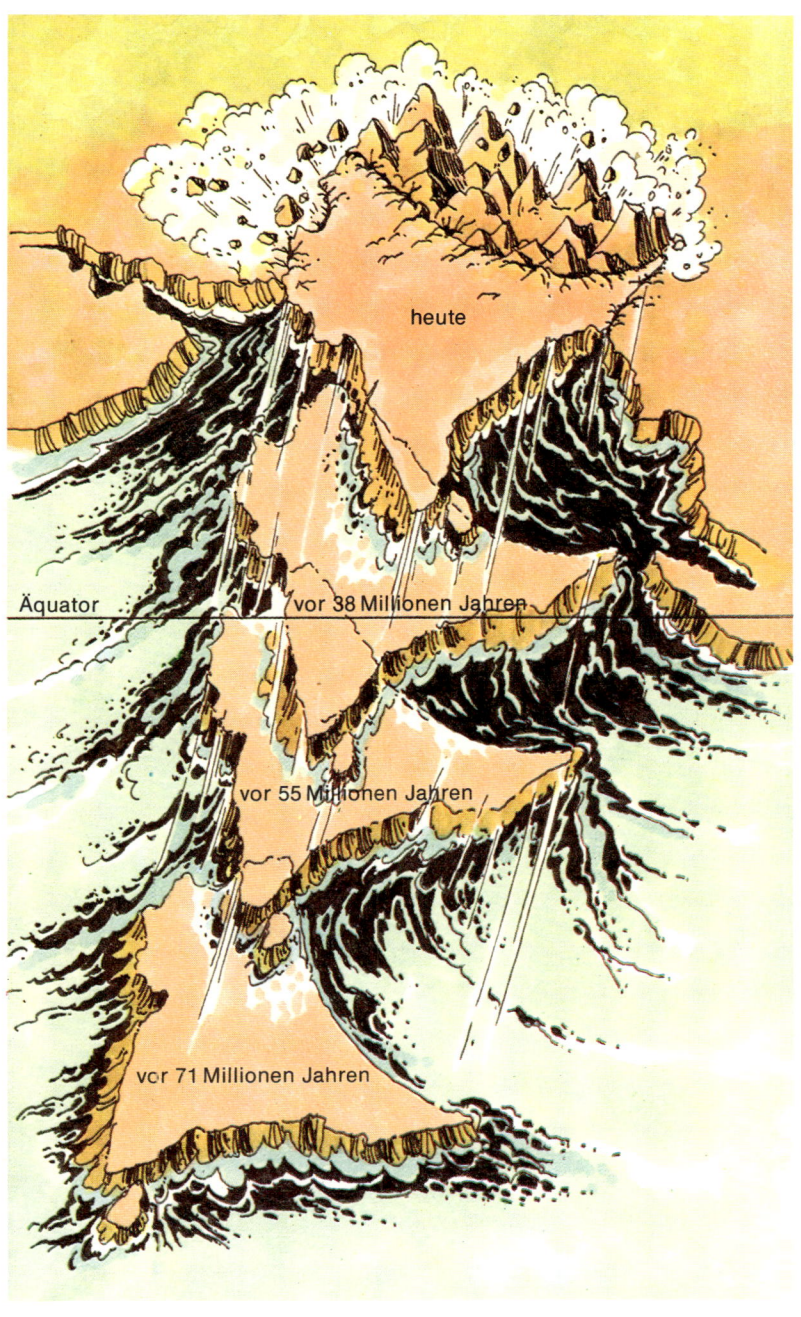

heute

Äquator   vor 38 Millionen Jahren

vor 55 Millionen Jahren

vor 71 Millionen Jahren

Die Norddrift Indiens.
Indien ist im Laufe der
letzten 100 Millionen Jahre
7000 km nach Norden gedriftet.
Beim Kontakt Indiens mit
Asien kam es zur Auffaltung
des Himalaya.

ihrer Überraschung fest, daß sich das erdmagnetische Feld und die Lage der Pole im Laufe der Zeit geändert hat. Inzwischen wurden zahlreiche Untersuchungen über den Paläomagnetismus durchgeführt. Hier muß vor allem der französische Nobelpreisträger Louis Néel erwähnt werden.

Die ursprüngliche Magnetisierung der Gesteine kann auf drei Arten in fossiler Form erhalten bleiben. Die erste, die am sichersten festzustellen ist, betrifft vulkanisches Gestein. Wenn es als Lava an der Erdoberfläche ausfließt, hat es eine Temperatur von ca. 1000° C. Es ist also noch nicht magnetisiert, da ja der Magnetismus durch große Hitze zerstört wird. Während die Lava abkühlt und sich bei etwa 500° C bereits zu Gestein erhärtet, richten sich die Eisenpartikel plötzlich wieder nach dem erdmagnetischen Feld aus. Für die Erforschung des Paläomagnetismus sind die Vulkane also gewaltige Aufzeichnungsgeräte des Magnetismus längst vergangener Zeiten, denn die kleinen, in der Lava enthaltenen Eisenoxydteilchen zeigen an, wo sich zum Zeitpunkt des Vulkanausbruches der magnetische Nordpol befand. Untersucht man den fossilen Magnetismus in Lavadecken verschiedenen Alters, so erhält man Hinweise auf die Veränderungen im erdmagnetischen Feld.

Auch im Sedimentgestein finden wir fossilen Magnetismus. Sedimente bestehen vorwiegend aus kleinen Teilchen, die durch das fließende Wasser aus älterem Gestein gelöst wurden und sich auf dem Boden von Seen oder Meeren ablagerten. Unter diesen Teilchen befinden sich viele Eisenoxydkörner, die magnetisiert sind, denn sie stammen ja von Gesteinen, die ihrerseits den Magnetismus bewahrt haben, der zur Zeit ihrer Bildung wirksam war. Während diese kleinen Gesteinspartikel langsam im ruhigen Wasser absinken, richten sie sich – noch ehe sie den Boden erreichen – nach dem augenblicklichen Magnetfeld aus. Die Einstellung des Magnetismus kann sich während der Verfestigung der Sedimente nicht mehr ändern. Auch in diesem Fall lassen sich aus dem fossilen Magnetismus Schlüsse auf die Geschichte des Erdmagnetismus ziehen. Allerdings muß man hier größere Feh-

nicht mehr verändern. Sie behalten die Nordorientierung bei, die sie während des Brennens eingenommen haben. Man kann also wirklich sagen, daß die Tonwaren einen Teil der Geschichte unseres Erdkerns aufzeichnen, denn der Erdkern ist der Sitz des Erdmagnetismus.

Physiker nahmen schon 1907 grobe magnetische Untersuchungen an über 2500 Jahren alten etruskischen Vasen und 3000 Jahre alten neolithischen Tonkrügen vor. Dabei stellten sie zu lerquellen einkalkulieren, denn die Hinweise auf das ursprüngliche erdmagnetische Feld sind in den Sedimenten hundertmal schwächer als im Vulkangestein.

Schließlich wird die ursprüngliche Magnetisierung noch auf eine dritte Art konserviert: In eisenhaltigem Grundwasser wird Eisen ausgefällt. Die Kristalle richten sich nach dem augenblicklichen Magnetfeld aus.

Nachdem man nun die drei verschiedenen Arten der „magnetischen Aufzeichnungen" kannte, fehlte nur noch ein Instrument, das empfindlich genug war, diesen äußerst schwachen fossilen Magnetismus zu messen. Man fand es im astatischen Magnetometer, das Blackett entwickelt hatte. Jetzt sind die Erforscher des Paläomagnetismus in der Lage, das Geheimnis der im Gestein erstarrten Magnetnadeln zu lüften.

Wandern die Kontinente – oder wandern die Pole?

Blackett und sein Forscherteam vom *Imperial College* in London nutzen als erste die Möglichkeit, die das neue Instrument bietet, und leisten damit einen wertvollen Beitrag zur Erforschung des Paläomagnetismus. 1954 untersuchen sie in England den fossilen Magnetismus in 200 Millionen Jahre alten Sandstein- und Kohlevorkommen. Zu ihrer großen Überraschung stellen sie fest, daß die im Gestein eingeschlossenen magnetischen Partikel so ausgerichtet sind, daß sie auf einen Punkt weisen, der 29° östlich des heutigen magnetischen Nordpols liegt. Sie

schließen aus dieser Beobachtung, daß sich England im Verlauf von weniger als 200 Millionen Jahren um etwa 30° im Uhrzeigersinn nach Osten bewegt hat. Doch damit nicht genug! Die in den alten Sandsteinschichten eingelagerten magnetischen Teilchen haben eine magnetische Inklination von 32°, während die Inklination heute 60° beträgt. Da man – wie wir schon hörten – die magnetische Inklination zu Hilfe nimmt, um die geographische Breite eines Punktes zu bestimmen, drängt sich hier die Folgerung auf: England lag ursprünglich viel weiter südlich,

Ein Geophysiker des *Laboratoire de Géomagnétisme* in Saint-Maur bei der Entnahme eines Bohrkerns aus vulkanischem Gestein.

1 Die Temperaturen ausfließender Laven liegen zwischen 850° C und 1200° C. Oberhalb des Curie-Punktes, der ungefähr bei 500° C liegt und sich je nach der Gesteinszusammensetzung ändert, tritt eine Entmagnetisierung des Gesteins ein, da sich die einzelnen Atome nicht mehr nach Norden orientieren. **2** Hat die Lava eine Temperatur erreicht, die knapp unterhalb des Curie-Punktes liegt, fügen sich die einzelnen Atome wieder zu Molekülen zusammen, die sich nach dem lokalen Magnetfeld ausrichten und für immer in dieser Lage verharren – wie Millionen winziger versteinerter Kompaßnadeln.

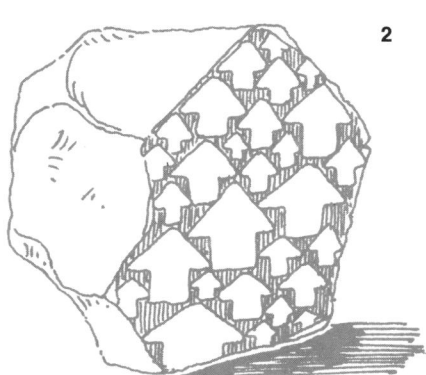

1

Die Temperatur liegt über 500° C

2

Die Temperatur liegt unter 500° C

ziemlich nahe am Äquator, und ist seither allmählich immer weiter nach Norden in seine jetzige Lage gedriftet.

Nach diesem überraschenden Ergebnis beschließen Blackett und seine Mitarbeiter, in Afrika, Australien, der Antarktis und Nordamerika die gleichen Untersuchungen durchzuführen. Im indischen Hochland von Dekkan bestimmen sie mit Hilfe radioaktiver Methoden das genaue Alter mächtiger Lavadecken und messen den Magnetismus. Was die Messungen hier ergeben, ist noch verblüffender als die Resultate ihrer Untersuchungen in England. Vor 150 Millionen Jahren betrug die Inklination 64°S (S bedeutet, daß Indien damals auf der Südhalbkugel lag); vor 100 Millionen Jahren betrug die Inklination 60°S, vor 50 Millionen Jahren 26°S und vor 25 Millionen Jahren 17°N (N bedeutet, daß Indien nun auf der Nordhalbkugel lag)! Damit war der Nachweis erbracht, daß der indische Subkontinent seine Lage geändert hat; vor 150 Millionen Jahren befand er sich noch auf der Südhalbkugel und ist von dort allmählich nach Norden gewandert. Dabei hat er vor etwa

35 Millionen Jahren den Äquator überschritten und ist 10 Millionen Jahre später auf der Nordhalbkugel an Asien angestoßen. Insgesamt 7000 km hat Indien auf dieser 100 Millionen Jahre dauernden Reise zurückgelegt. Wegener hatte also recht, als er – 35 Jahre zuvor – zum gleichen Ergebnis gekommen war.

Untersuchungen, die man in Australien anstellte, bekräftigen das Ergebnis. Vor einer Milliarde Jahren lag dieser Kontinent noch auf der gleichen geographischen Breite wie heute. Er verlagerte sich zunächst in Richtung Antarktis und wanderte dann vor etwa 400 Millionen Jahren wieder auf den Äquator zu. Vor 300 Millionen Jahren änderte Australien erneut seinen „Kurs" und driftete nach Süden, bis es schließlich seine heutige Lage einnahm.

Meinungsstreit

Trotz dieser aufsehenerregenden Erfolge der Forschergruppe des *Imperial College* lehnen einige Wissenschaftler, darunter vor allem der ehemalige

In diese übereinander abgelagerten Basaltdecken wurde ein Tempel gehauen (Dekkan).
Die mächtigen Basaltvorkommen im Hochland von Dekkan würden ausreichen, ganz Frankreich mit einer 500 m dicken Basaltschicht zu bedecken.

Lieblingsschüler Blacketts, Stanley Runcorn, die neue Theorie ab. Runcorn vertritt schon seit 1950 die Meinung, daß nicht die Kontinente, sondern die Magnetpole im Laufe der Erdgeschichte ihre Lage verändert hätten. Zusammen mit den Kollegen der Universität Newcastle-upon-Tyne untersucht er Gesteine, die aus England und dem europäischen Kontinent stammen, auf ihren fossilen Magnetismus. Mit Hilfe der magnetischen Inklination, die er in diesen zwischen 20 Millionen und einer Milliarde Jahren alten Gesteinen noch nachweisen kann, bestimmt er für Europa die Lage des magnetischen Nordpols während der verschiedenen geologischen Epochen. In Form einer Kurve zeichnet er dann den Weg auf, den der magnetische Nordpol im Laufe der letzten Jahrmilliarde zurückgelegt hat. Es ergibt sich eine eigenartige Linie: sie zeigt, daß sich der Magnetpol vor einer Milliarde Jahren in der Nähe der Westküste der USA befand, von dort über den Pazifischen Ozean wanderte, ganz nahe an Japan vorbeizog, das Nordpolarmeer überquerte und schließlich nach einer 21 000 km langen Reise seine heutige Lage erreicht hat.

Ob Untersuchungen an Gesteinen aus Nordamerika zu gleichen Ergebnissen führen? Um das herauszufinden, begibt sich Runcorn 1954 in die Vereinigten Staaten. Für seine Forschungen bietet sich der Colorado-Cañon an, denn hier gewähren mächtige freiliegende Gesteinsschichten einen einmaligen Einblick in die geologische Vergangenheit der Erde. Die hier gesammelten Gesteinsproben aus verschiedenen Epochen untersucht er in England auf ihren fossilen Magnetismus. Die Kurve der Polwanderung, die er daraufhin für Nordamerika erstellt, entspricht genau derjenigen, die er für Europa gezeichnet hat – aber sie ist um 30° nach Westen verschoben. Das bedeutet, daß sich der Magnetpol auf diesem Diagramm vor einer Milliarde Jahren im südöstlichen Pazifik befand und von dort auf dem Weg über die Philippinen, China, Sibirien seine jetzige Lage erreichte.

Die Tatsache, daß sich die beiden Kurven der Polwanderung, die Runcorn für Europa und Nordamerika konstru-

iert hat, nicht decken, macht ihn stutzig. Danach müßte es ja damals zwei magnetische Nordpole gegeben haben – und das ist ausgeschlossen! Runcorn ist davon überzeugt, daß sich die beiden Linien – deren Abstand übrigens genau der Breite des Atlantischen Ozeans entspricht – decken müssen. Er legt sie aufeinander, und dabei rückt Nordamerika so nahe an Europa heran, daß der Atlantische Ozean verschwindet. Runcorn hat eine Konti-

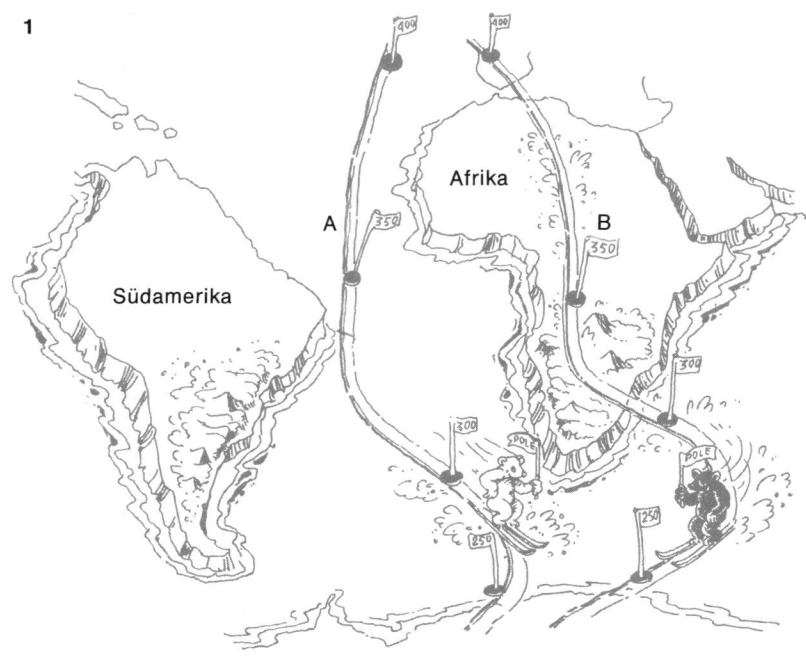

1 Die heutige Lage der Kontinente
A: Wanderroute des magnetischen Südpols vor 250–400 Millionen Jahren unter Zugrundelegung magnetischer Untersuchungen an südamerikanischen Gesteinen.
B: Wanderroute des magnetischen Südpols vor 200–400 Millionen Jahren nach Werten, die aus Untersuchungen afrikanischer Gesteinsproben resultieren.

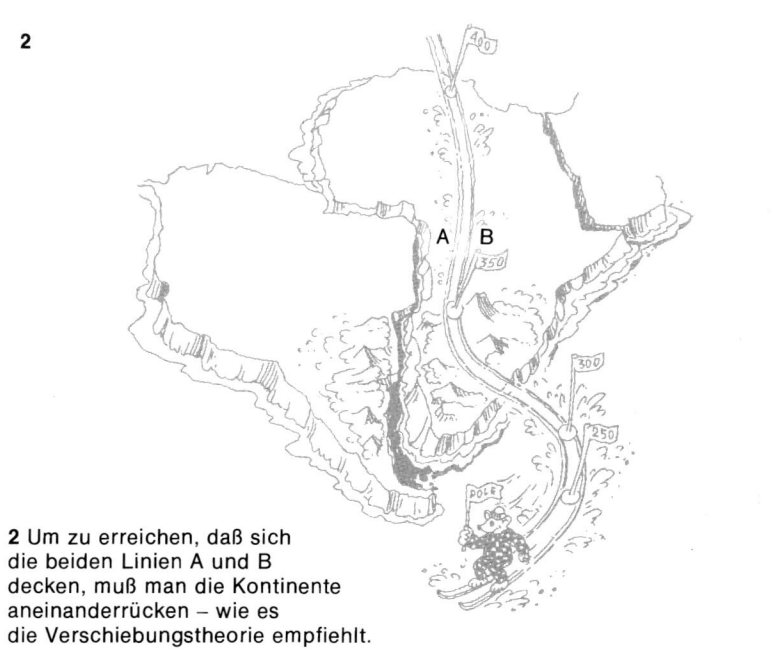

2 Um zu erreichen, daß sich die beiden Linien A und B decken, muß man die Kontinente aneinanderrücken – wie es die Verschiebungstheorie empfiehlt.

Durch Erosion freigelegte
Basaltgänge (Dykes) auf Island.

nentalverschiebung auf dem Papier
vollzogen! Er dehnt die Untersuchungen auf Afrika und Südamerika aus
und kommt zum gleichen Ergebnis: die
beiden Kontinente stoßen zusammen,
sobald man die Polwanderungskurven
übereinanderlegt.

Runcorn, der bei seinen Forschungen
immer davon ausgegangen war, daß die
Kontinente ihre Lage nicht verändert
haben, hat so, ohne es zu wollen, den
Beweis für die Kontinentalverschiebung geliefert, denn sie allein kann das
Vorhandensein zweier Polwanderungskurven erklären. Endlich können
sich Blackett und Runcorn wieder versöhnen. Ihre Theorien stimmen überein: Nicht die Pole, sondern die Kontinente verschieben sich!

Wenn der Nordpol zum Südpol wird

Um das Jahr 1960 zieht ein rätselhaftes
Phänomen die Aufmerksamkeit der
Erforscher des Paläomagnetismus auf
sich. Gesteine, die man mit dem astatischen Magnetometer untersucht, weisen nämlich häufig eine Magnetisierung auf, die der heutigen genau
entgegengesetzt ist; mit anderen Worten: die „fossilen Kompaßnadeln" zeigen nach Süden; als hätte das erdmagnetische Feld seine Polarität geändert
und Nord- und Südpol seine Lage vertauscht. Der französische Physiker
Bernard Brunhes hatte diesen Polaritätswechsel schon 1906 mit einem einfachen Kompaß im Basalt des Cantal
– eines Vulkanmassivs der Auvergne –

41

Oben: Durch abgeflachte Basaltkuppen zieht sich der Graben von Thingvellir. In diesem natürlichen Amphitheater tagt das isländische Althing einmal im Jahr. Seit dem ersten Treffen der Volksvertreter im Jahre 930 hat sich dieser Graben um einige Meter in ost-westlicher Richtung verbreitert – ein weiterer Beweis für die Kontinentalverschiebung.
Unten: Der eindrucksvolle Krater des Pariou entstand vor etwa 8000 Jahren in der Chaîne des Puys im französischen Zentralmassiv, wo eine kurze magnetische Umkehrphase festgestellt wurde, die sich vor weniger als 20000 Jahren ereignete.

Zeittafel der
magnetischen
Umkehrung

Millionen Jahre
0,5

Normal-
periode

magnetische
Ereignisse

1

Umkehr-
periode

2

Normal-
periode

3

Umkehr-
periode

4

5

■ Normale Polarität
□ Umgekehrte Polarität

Zeittafel der magnetischen
Umkehrperioden, 500 Millionen
Jahre zurückreichend. Die
einzelnen Perioden bezeichnet
man mit den Namen berühmter
Wissenschaftler, die sich
mit dem Erdmagnetismus
befaßten (Gauss, Gilbert u.a.).
Die Namen der magnetischen
Ereignisse wurden von den
Ortsnamen abgeleitet, an
denen sie nachgewiesen wurden
(Laschamp, Oldoway u.a.).
Perioden mit normalem
(heutigem) Magnetismus
erscheinen auf der Skizze
schwarz, Umkehrperioden
erscheinen weiß.

Auf der Insel Réunion wurde
am Piton des Neiges eine
kurze magnetische Umkehr-
phase nachgewiesen, die vor
1,9 Millionen Jahren stattgefunden hat.

festgestellt. Aber eine Umkehrung des erdmagnetischen Feldes schien ihm so undenkbar, daß er diese Abweichung für eine lokale Erscheinung hielt. Einige Jahre später machte aber ein japanischer Geophysiker – Professor Motonari Matuyama – von der Universität Tokio die gleiche Beobachtung in vulkanischen Gesteinen aus Japan und der Mandschurei. Keiner glaubte ihm damals, als er behauptete, die Magnetnadeln hätten vor 700 000 Jahren nach Süden gezeigt. Enttäuscht gab Professor Matuyama deshalb seine geophysikalischen Forschungen auf und widmete sich dem No-Schauspiel, seiner zweiten Lieblingsbeschäftigung.

Erst 35 Jahre später erinnert man sich wieder an die magnetische Feldumkehrung. Die Forschungsteams von Allan Cox in Menlo Park / USA und von McDougall in Canberra / Australien beschäftigen sich besonders intensiv mit diesem Problem. In jahrelanger Kleinarbeit bestimmen sie den fossilen Magnetismus und das geologische Alter in Lavagesteinen aus allen Teilen der Erde. Ihr Arbeitsprinzip beruht auf der Erkenntnis, daß beim Erkalten der Lava das zu diesem Zeitpunkt wirksame Magnetfeld quasi eingefroren wird und daß gleichzeitig eine radioaktive Uhr zu ticken beginnt. Sie zeigt an,

wieviel Zeit seit dem Erkalten der Lava verstrichen ist.

Im Verlauf von 5 Millionen Jahren haben die Magnetpole etwa zwanzigmal die Plätze getauscht

Sehr schnell machen Cox und McDougall eine überraschende Feststellung: Alle Gesteine desselben Alters haben die gleiche Polarität; dabei spielt es keine Rolle, aus welchem Teil der Erde sie stammen. Die kleinen Kompaßnadeln, die in ihnen stecken, sind entweder nord-südlich oder süd-nördlich ausgerichtet. Damit ist der Beweis erbracht, daß es sich nicht um einzelne lokale Abweichungen handelt, sondern daß das erdmagnetische Feld im Laufe der Erdgeschichte mehrfach umgepolt wurde. Cox und McDougall errechnen für die letzten 5 Millionen Jahre vier große magnetische Perioden:

1. die heutige Periode mit normalem Magnetismus. Sie besteht seit 700 000 Jahren,
2. eine kurze Zeit mit umgekehrtem Magnetismus vor 700 000–2,4 Millionen Jahren,
3. eine Periode mit normalem Magnetismus vor 2,4–3,3 Millionen Jahren,

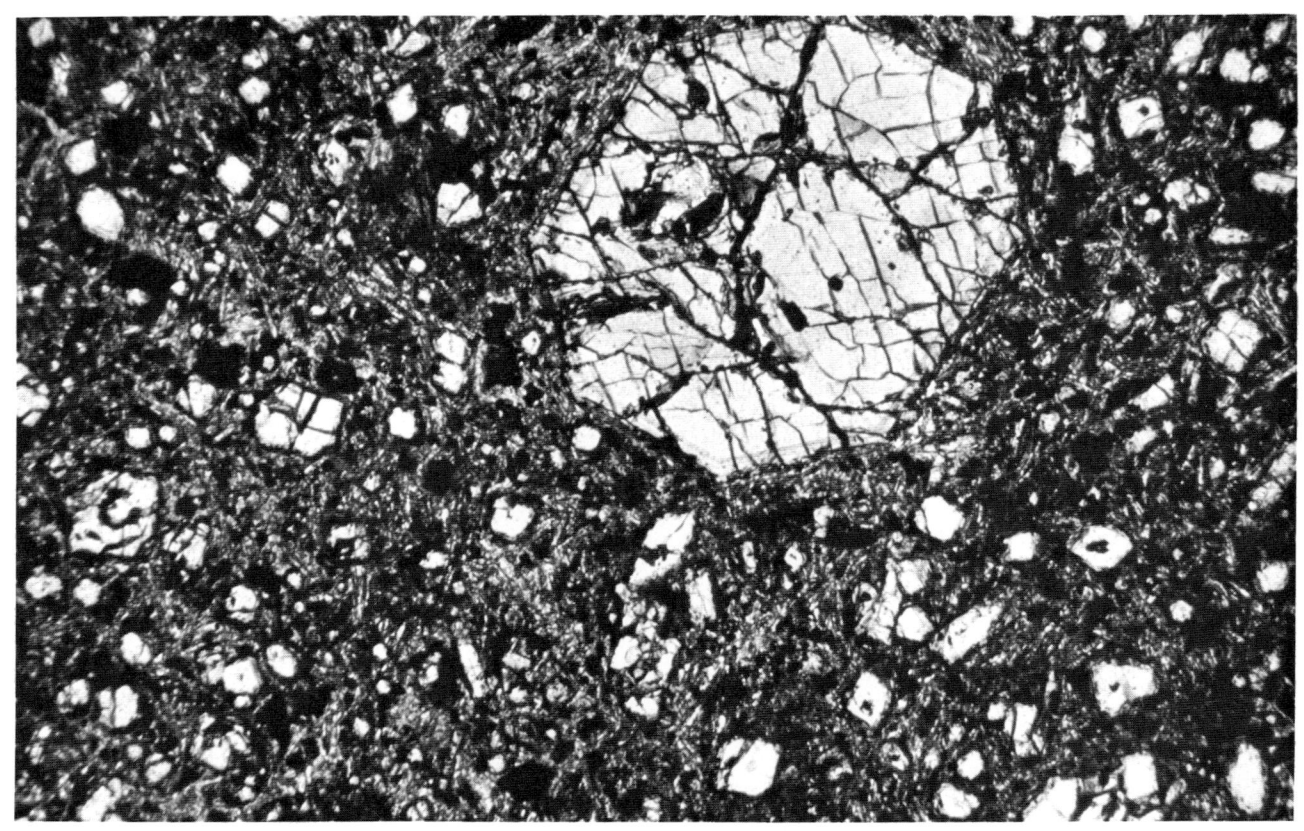

4. eine Periode mit umgekehrtem Magnetismus vor mehr als 3,3 Millionen Jahren.

Im Verlauf dieser längeren Zeitabschnitte kam es zuweilen zu kurzfristigen magnetischen Umkehrungen, den sogenannten „magnetischen Ereignissen", die aber nicht länger als 10 000 Jahre dauerten. So trat vor 30 000 Jahren, als sich die Erde in einer normalen Periode befand, plötzlich ein Polaritätswechsel ein, der einige tausend Jahre anhielt. Er wird durch die Ergebnisse paläomagnetischer Untersuchungen an prähistorischen Funden aus Australien und etwa 20 000 Jahren alter Lava vom Puy de Laschamp (ein Vulkankegel in der Auvergne) belegt.

Andererseits gab es während der langen Periode mit umgekehrtem Magnetismus (die 700 000–2,4 Millionen Jahre zurückliegt) auch vorübergehend eine normale Phase – etwa vor 1,9 Millionen Jahren. Sie wurde in Laven aus der Oldoway-Schlucht (Tansania) sowie im Vulkangestein der Pribiloff-Inseln (Alaska) und der Insel Réunion (Indischer Ozean) nachgewiesen.

Außer diesen vier großen Perioden berechneten Cox und McDougall etwa zwölf Zeitabschnitte mit kurz anhaltender magnetischer Umkehrung während der letzten fünf Jahrmillionen.

Daß diese Zeittafel des Magnetismus richtig ist, kann der amerikanische Ozeanograph Neil Opdyke 1966 bestätigen. Er untersuchte den Magnetismus in den Sedimentschichten von 28 Bohrkernen, die er dem Meeresboden an ganz verschiedenen Stellen der Erde entnommen hat, und kommt zu den gleichen Ergebnissen. Die jüngsten Forschungen auf diesem Gebiet haben übrigens ergeben, daß die Erde in der letzten Jahrmilliarde ihrer Geschichte Hunderte von magnetischen Umkehrungen erlebt hat.

Die Erde verliert ihre magnetische Abschirmung

Die Ursache dieser Umkehrungen des erdmagnetischen Feldes ist noch unbekannt. Nach Cox stehen sie im Zusam-

Lava von der Insel Vulcano (Italien). Auf dieser Vergrößerung erkennt man deutlich eine Vielzahl dunkler, undurchsichtiger Minerale (Magnetite, Hematite, Ilmenite). Diese Bestandteile verhalten sich beim Erkalten der Lava wie kleine Kompaßnadeln. Die großen hellen Kristalle sind Pyroxene.

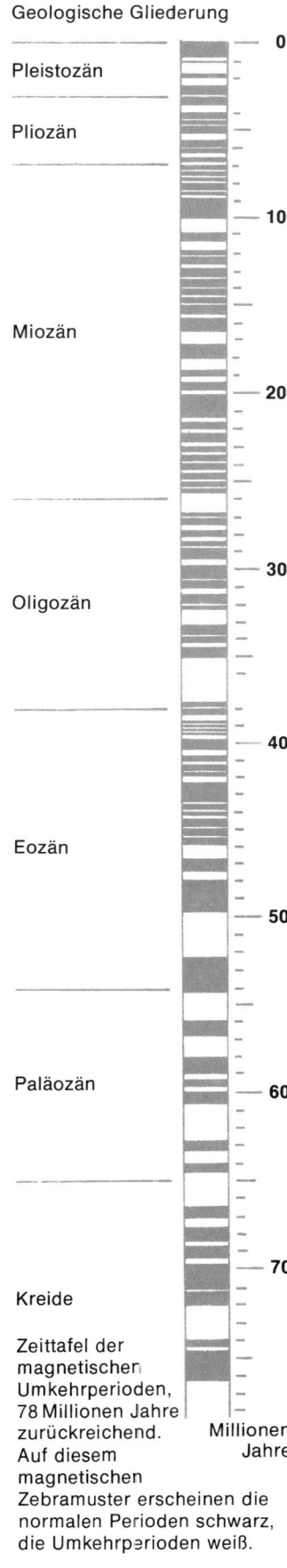

Geologische Gliederung

Pleistozän

Pliozän

Miozän

Oligozän

Eozän

Paläozän

Kreide

Zeittafel der magnetischen Umkehrperioden, 78 Millionen Jahre zurückreichend. Auf diesem magnetischen Zebramuster erscheinen die normalen Perioden schwarz, die Umkehrperioden weiß.

Millionen Jahre

---

menhang mit starken Konvektionsströmungen – vergleichbar mit atmosphärischen Wirbelstürmen –, die zu bestimmten Perioden im äußeren Erdkern entstanden seien. Aber Cox weiß nicht, wie und wann diese Strömungen entstehen. In den geomagnetischen Forschungsstellen der ganzen Welt bemüht man sich noch darum, dieses Rätsel zu lösen. Vielleicht wird man in einigen Jahren eine Antwort auf diese Frage gefunden haben.

Doch was geschieht nun eigentlich, wenn sich das erdmagnetische Feld umkehrt? Darüber herrschte lange Zeit Unklarheit. Bis amerikanische Forscher 1971 das Glück hatten, am Mt. Rainier Laven zu entdecken, die aus einer magnetischen Umkehrphase stammen. Gründliche paläomagnetische Messungen ermöglichten eine Rekonstruktion der Vorgänge während des Polaritätswechsels:

Die Kraft des Magnetfelds nimmt ständig ab und weist nach ungefähr 10 000 Jahren nur noch 60 % ihres normalen Wertes auf. In dem folgenden – relativ kurzen – Zeitraum von 1000 bis 2000 Jahren findet eine Umkehrung des Magnetfeldes statt, Nord- und Südpol tauschen ihre Plätze. In diesem Stadium fällt die Kraft des erdmagnetischen Feldes fast bis zum Nullwert. Während des folgenden Zeitraums von etwa 10 000 Jahren nimmt die magnetische Kraft allmählich wieder zu, bis sie ihren normalen Wert erreicht.

Diese magnetische Feldumkehrung betrifft uns mehr, als wir glauben: seit 1835 nimmt die magnetische Kraft laufend ab und wird in ungefähr 2000 Jahren gleich Null sein. Wir sind vielleicht gerade Zeugen einer beginnenden Umkehrperiode, an deren Ende das erdmagnetische Feld dem heutigen entgegengesetzt polarisiert ist.

Die Frage nach den Folgen einer solchen tiefgreifenden Veränderung für unsere Nachkommen läßt sich nur schwer beantworten. Eines ist allerdings sicher: einige hundert Jahre lang werden sie ohne Kompaß auskommen müssen! Professor Robert Uffen von der Universität Ontario in Kanada, der sich diese Frage auch gestellt hat, konnte nachweisen, daß die Erde einen großen Teil der magnetischen Abschirmung einbüßt, sobald sich während einer Umkehrperiode die Kraft des erdmagnetischen Feldes dem Nullpunkt nähert. Fehlt aber dieser magnetische Schild, der die Erde normalerweise umgibt und gegen die Bombardierung durch kosmische Strahlen schützt, ist das pflanzliche und tierische Leben auf der Erde in Gefahr. Gegenwärtig fallen auf jeden Quadratmeter unseres Planeten pro Sekunde 10 000 kosmische Teilchen. Diese Zahl erhöht sich aber in einer Periode mit umgekehrtem Magnetismus um mehr als 10 %.

Der Paläontologe James Hays vom New Yorker *Lamont Doherty Observatory* konzentrierte seine Untersuchungen auf Fossilien, die während einer magnetischen Umkehrperiode lebten: In der Gruppe der Radiolarien (Einzeller mit strahlenförmigem Aufbau) fand er acht Arten, die im Verlauf der letzten 2,5 Millionen Jahre ausgestorben sind – allein sechs davon während eines Zeitraums mit umgekehrtem Magnetismus. Auch die Lebensdauer höher entwickelter Lebewesen wurde durch die Umpolung des erdmagnetischen Feldes beeinflußt. Fast die Hälfte der damals lebenden Tierfamilien wurde während der vor 225 Millionen Jahren eingetretenen Umkehr ausgelöscht – und das Aussterben der Dinosaurier vor 65 Millionen Jahren fällt ebenfalls mit einer Periode umgekehrten Magnetismus' zusammen. Neben der Beeinflussung des Lebens auf der Erde konnten auch Klimaänderungen in Verbindung mit dem Wechsel des erdmagnetischen Feldes gebracht werden: je stärker der Erdmagnetismus, um so kälter ist es auf der Erde.

Noch sind viele Fragen zu klären; eines scheint jedoch festzustehen: eine heftige Bombardierung durch kosmische Strahlen kann zum Aussterben oder zur genetischen Mutation ganzer Tierstämme führen. Wenn hier so ausführlich über Ursachen und Wirkung des Erdmagnetismus berichtet wurde, so hat das seinen guten Grund: der Schlüssel für das Verständnis der Kontinentalverschiebungstheorie liegt in den neuen Forschungsergebnissen, die zwei eng zusammenarbeitende Wissenschaftszweige – Paläomagnetik und Ozeanographie – erbracht haben.

45

Die Erforschung des Meeresbodens

Die „Challenger" berichtet

„Der Meeresboden ist völlig uninteressant und langweilig. Hier gibt es kein Bodenrelief und keine Ablagerungen. Er ist etwas für Träumer, die das versunkene Atlantis suchen." Gegen diese in wissenschaftlichen Kreisen des 19. Jahrhunderts herrschende Ansicht wendet sich der amerikanische Marineleutnant Matthew Maury. Für ihn, der sich intensiv mit Problemen der Meeresströmungen befaßt, ist es völlig unverständlich, daß man dem Meeresboden, der doch immerhin drei Viertel der Erdoberfläche ausmacht, so wenig Beachtung schenkt. Außerdem bezweifelt er, daß der Meeresgrund tatsächlich so nackt und kahl ist.

Als 1854 das erste Telegrafenkabel zwischen Amerika und Europa verlegt werden soll, wird Maury beauftragt, Tiefenmessungen im Atlantik vorzunehmen. Dabei stellt sich heraus, daß der Meeresboden gar nicht flach ist. Ein mächtiger Gebirgszug verläuft mitten durch den Atlantik. Maury gibt ihm den Namen „Telegrafenplateau". 30 Jahre später beginnt ein britisches Forschungsschiff im Auftrag der Königin Victoria mit Untersuchungen des Meeresbodens. Die *Challenger* ist das erste Schiff, das von einer Regierung für wissenschaftliche Aufgaben gechartert wurde. Sechs Wissenschaftler sollen auf einer dreieinhalb Jahre dauernden Weltreise das Relief des Meeresbodens, die chemische Zusammensetzung des Meerwassers, die Meeresströmungen, das Leben in der Tiefe und die meteorologischen Verhältnisse erforschen. Die wissenschaftliche Leitung des Unternehmens hat Professor Wyville Thomson, ein berühmter Meeresforscher.

In dem kleinen Hafen Spithead bei London lichtet die *Challenger* an einem diesigen Dezembermorgen des Jahres 1872 die Anker. Der Dreimaster hat 2300 Tonnen und ist zusätzlich mit einem Hilfsmotor ausgestattet. An Bord finden die Wissenschaftler alles, was sie für ihre Arbeit brauchen: Verschiedene Schürfgeräte zur Entnahme von Bodenproben und einen großen Vorrat an Draht- und Hanfseilen für die Tiefenlotungen. Den Zoologen steht ein geräumiger Untersuchungsraum zur Verfügung und ... 500 Liter Alkohol! Diesen haben sie vorsichtshalber in der ehemaligen Pulverkammer versteckt, um die Matrosen nicht in Versuchung zu führen. Als die *Challenger* die Themsemündung verläßt und in Richtung Portsmouth der englischen Küste entlangfährt, tobt das Meer, als wolle es diese kühnen Forscher gebührend begrüßen. Die Wissenschaftler in steifem Kragen und Panamahut machen die erste interessante Erfahrung: Das Meer ist ja gar nicht diese glatte, unbewegte Fläche, die sie sich vorgestellt hatten; es ist voller Wellen und Bewegung! Grün im Gesicht kämpfen sie zunächst tapfer gegen die Seekrankheit an, doch bald müssen sie sich in ihre Kojen legen – und schließlich bitten sie darum, im nächsten Hafen an Land gesetzt zu werden! Sie ziehen es vor, Portsmouth, die nächste Anlegestelle, auf dem Landweg zu erreichen!

Am 21. Dezember verläßt die *Challenger* England endgültig. Die Erforschung des Atlantik, für die ein ganzes Jahr angesetzt ist, beginnt. Während der ersten sechs Wochen auf See be-

Vor allem im Atlantischen und Indischen Ozean führten ozeanographische Untersuchungen des submarinen Reliefs zu wesentlichen neuen

Erkenntnissen über den Aufbau und die Entstehung des Meeresbodens. Blick von der Insel Réunion auf den Indischen Ozean.

schränkt sich die Arbeit der Wissenschaftler auf die Überprüfung des wissenschaftlichen Materials; ihre Hauptbeschäftigung besteht allerdings zunächst darin, sämtliche Mittel gegen die Seekrankheit auszuprobieren! Die Geräte, die ihnen für die Tiefenlotungen zur Verfügung stehen, haben sich seit dem 16. Jahrhundert kaum verbessert. Man arbeitet noch nach demselben Prinzip wie Magellan: ein Seil, das mit einem Bleigewicht beschwert ist, wird im Meer versenkt. Als Magellan 1521 während seiner berühmten Weltumsegelung am Tuamotu-Archipel 400 Meter Hanfseil abgespult hatte, glaubte er, die tiefste Stelle der Erde entdeckt zu haben!

Eine reiche Ausbeute

Vor der westafrikanischen Küste, bei den Kanarischen Inseln, beginnen die eigentlichen Forschungsarbeiten. Alle 250 km werden die Segel eingezogen. Man setzt den Hilfsmotor in Betrieb und kann auf diese Weise das Schiff auf der gleichen Position halten. Und nun werden Thermometer, Planktonnetze, Bleilote, Körbe, in denen man Fische und Kleinstlebewesen einfangen, und einfache Schürfgeräte, mit denen man Bodenproben entnehmen will, im Meer versenkt. Großer Jubel bricht unter den ungeduldig wartenden Wissenschaftlern aus, als die Ausbeute an Bord gezogen und aufs Deck geworfen wird. Wie kleine Jungen stürzen sich die Forscher darüber her und wühlen selig im Schlamm. Entzückt betrachten sie einen nie gesehenen Fisch, dessen Glotzaugen ihnen Furcht einflößt. 362mal wiederholt die *Challenger* dieses Manöver – und jedes Mal die gleiche Überraschung, die gleiche riesige Ausbeute, die gleiche Freude! Tausende von Proben werden gesammelt, jede noch so geringfügige Beobachtung wird sorgfältig aufgezeichnet.

Ein riesiger Rücken zieht sich durch den Atlantik

Im Verlauf ihrer Tiefenlotungen erleben die Forscher eine Überraschung: je weiter sie sich von der afrikanischen Küste entfernt hatten, um so mehr hatte die Tiefe des Atlantiks zugenommen und an einigen Stellen sogar 5000 Meter überschritten.

Aber nun stellen sie westlich von Teneriffa fest, daß der Meeresboden allmählich wieder ansteigt und etwa in der Mitte zwischen Afrika und Südamerika nur noch 3000 Meter unter dem Wasserspiegel liegt. Von dort fällt er wieder allmählich auf unter 5000 Meter ab, je mehr sie sich der amerikanischen Küste nähern. Die gleiche Beobachtung macht die *Challenger* auf ihrer Rückreise, die sie auf einem südlicheren Kurs zurücklegt. „Durch den Atlantik zieht sich ein gewaltiger Rücken in nordsüdlicher Richtung, dessen Verlauf den Küstenlinien der Alten und der Neuen Welt entspricht", folgert Professor Thomson, und hat damit zuverlässig beschrieben, was sehr viel später unter der Bezeichnung „Mittelatlantischer Rücken" zu einem Schlüsselpunkt in der Diskussion über die Kontinentalverschiebung wird. Nachdem diese Pioniere der Ozeanographie ihre Untersuchungen im Atlantik abgeschlossen haben, geht es in Richtung Antarktis weiter. Doch gleich zu Beginn der Expedition wird allen klar, daß dieses Unternehmen mit enormen Gefahren verbunden ist. Die *Challenger* stößt mit einem Eisberg zusammen und wird schwer beschädigt. Der Hilfsmotor ist die letzte Rettung aus dieser eisigen Umklammerung. Einige Tage später verhindert der Kapitän des Schiffes mit knapper Not eine Katastrophe; im dicken Nebel schlüpft er mit der *Challenger* gerade noch zwischen zwei Eisbergen hindurch, die sie in die Zange zu nehmen drohen. Kein Wunder, daß einige Matrosen abmustern, als das Schiff in dem australischen Hafen Melbourne Anker wirft. Sie haben genügend Abenteuer mit diesen sechs Originalen erlebt, die nach Tiefseemuscheln jagen! Für das Jahr 1875 ist die Erforschung des Pazifischen Ozeans vorgesehen. Wichtigstes Ergebnis dieser Expedition ist die Entdeckung und Lotung des heutigen „Challengertiefs" im Marianengraben, einer der tiefsten Stellen auf der Erde. Die Wissenschaftler der *Challenger* geben diesen damaligen Tiefenrekord mit 8183 m an. Nach exakteren Vermessungen weiß man heute, daß das „Challengertief" in Wirklichkeit 10 916 m tief ist.

Eine Fundgrube für die Ozeanographen

120 000 km hat die *Challenger* auf ihrer Weltreise in 1216 Tagen zurückgelegt. Bei ihrer Ankunft in England erklärt einer der Expeditionsteilnehmer, John Murray: „Man kann mit gutem Gewissen sagen, daß seit den Entdeckungen von Kolumbus, von Vasco da Gama und Magellan kein Beitrag zur Erforschung der Erde geleistet wurde, der sich mit den wissenschaftlichen Ergebnissen der *Challenger* messen kann." Noch heute – über 100 Jahre später – greifen Wissenschaftler auf dieses wertvolle Forschungsmaterial zurück,

das in den Kellerräumen des Londoner Naturgeschichtlichen Museums sorgfältig aufbewahrt wird. Die schriftliche Auswertung dieser großen Expedition füllt fünfzig Bände mit 29 500 Seiten, an denen 23 Jahre gearbeitet wurde! Die *Challenger* hatte eine neue Ära der Ozeanographie eingeleitet. Doch nun hieß es, neue Mittel und Methoden zu entwickeln, um diese unbekannte Welt systematisch erforschen zu können. „Solange wir nur an bestimmten Stellen Tiefenlotungen durchführen und Bodenproben entnehmen – und dies mit den primitivsten Hilfsmitteln –, können wir keine befriedigenden Ergebnisse erwarten", lautete die Kritik von Théodore Monod. „Schließlich kommt kein Zoologe auf den Gedanken, unsere Tierwelt vom Ballon aus zu erforschen und sie nach einigen zufälligen Beobachtungen zu beschreiben!"

Originalstich aus dem wissenschaftlichen Expeditionsbericht der *Challenger*. Der Dreimaster sucht sich seinen Weg durch die Eisberge in der Antarktis. Ein Jahrhundert später begab sich das amerikanische Bohrschiff *Glomar Challenger* auf die gleiche abenteuerliche Fahrt.

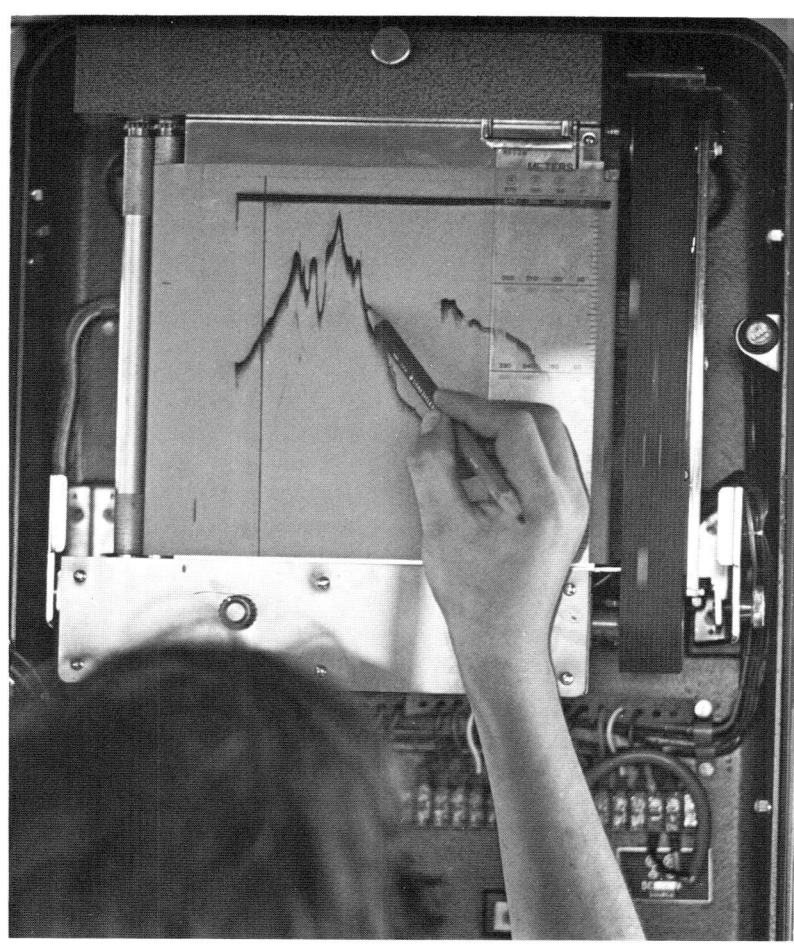

Auf diesem Echolot-Profil, das im Golf von Tadjura (Republik Djibuti) aufgenommen wurde, ist deutlich das unruhige Relief des Meeresbodens zu erkennen.

Das Echolot

Um die Meeresforschung voranzutreiben, entwickelten findige Ozeanographen in den zwanziger Jahren das Eocholot – eine Art „magisches Auge" –, mit dem sie die Oberflächenformen des Meeresgrundes aufzeichnen konnten. Das Prinzip, nach dem sie dabei vorgingen, ist ganz einfach: Jeder kennt eine Stelle – gegenüber einem Berghang oder einer Felswand –, an der es ein besonders deutliches Echo gibt. Je größer die Entfernung zwischen uns und der reflektierenden Wand ist, um so länger dauert es, bis wir das Echo hören. Wenn wir nun wissen, mit welcher Geschwindigkeit sich der Schall in der Luft fortpflanzt, können wir die Entfernung der reflektierenden Fläche genau berechnen. Bei der Echolotung sendet ein Schiff Schallwellen aus, die vom Meeresboden reflektiert werden; ihr „Echo" kommt wieder zum Schiff zurück, wo ein äußerst empfindliches Instrument die Zeit registriert, die die Schallwellen für ihren Hin- und Rückweg benötigten. Da man die Fortpflanzungsgeschwindigkeit des Schalls im Wasser kennt, kann man ohne Mühe die jeweilige Meerestiefe bestimmen. Fortlaufende Echolotungen auf dem fahrenden Schiff ermöglichen auf diese Weise eine getreue Abbildung des untermeerischen Reliefs auf eine Papierrolle.

Das deutsche Forschungsschiff *Meteor* wurde 1925 mit einer der ersten Echolotanlagen ausgerüstet. Unter anderem sollte während einer Südatlantikexpedition der Goldgehalt des Meerwassers untersucht werden. Die deutsche Regierung erhoffte sich mit der Erteilung dieses Forschungsauftrages die Erschließung einer neuen Geldquelle, um ihren finanziellen Verpflichtungen – der Wiedergutmachung der Kriegsschäden von 1914–1918 – nachkommen zu können. Der Gedanke war keinesfalls so abwegig, wenn man bedenkt, daß in einem Kubikkilometer Meerwasser genug Gold enthalten ist, um einen Mann zum Multimillionär zu machen. Aber – leider! – die Kosten einer Goldgewinnung aus Meerwasser sind so hoch, daß sich das Ganze nicht lohnt.

In wirtschaftlicher Hinsicht war also die „Meteorexpedition" eine Enttäuschung, die aber durch den wissenschaftlichen Erfolg aufgewogen wurde. Mit Hilfe des neuen Echolots hatten die Wissenschaftler auf dem Meeresboden eine Landschaft entdeckt, von deren Existenz bis zu diesem Zeitpunkt niemand etwas wußte: Unter dem Meeresspiegel gibt es Gebirge, die höher als die Alpen, und Gräben, die fünfmal tiefer als der große Colorado-Cañon sind; es gibt große, ebene Flächen, weitläufiger als das Pariser Becken, und es gibt tatsächlich einen „Mittelatlantischen Rücken", den die Echolotaufzeichnungen deutlich erkennen lassen. Leider konnten diese wertvollen Forschungsergebnisse nie im einzelnen ausgewertet werden. Die Ironie des Schicksals wollte es, daß die wissenschaftlichen Daten, die im Zusammenhang mit der deutschen Niederlage während des Ersten Weltkrieges stehen, 1945 bei der Bombardierung Berlins vernichtet wurden.

49

Eine „explosive" Methode

Etwa um die gleiche Zeit befaßt sich jenseits des Atlantiks ein junger Geophysiker mit einer ganz ähnlichen Technik: der Sprengseismik. Maurice Ewing spürt mit Hilfe dieser neuen Methode unter den Strandseen Louisianas Salzdome auf, in denen Erdölvorkommen vermutet werden. Die Sprengseismik unterscheidet sich von der Echolotung nur in einem wesentlichen Punkt: die Schallquelle wird durch einen Sprengkörper ersetzt, der im Wasser zur Explosion gebracht wird. Dadurch werden auf dem Meeresboden kleine Erdbebenwellen erzeugt, die durch die Art und die Zeit ihres Echos Auskunft über die Zusammensetzung und Schichtung der Erdkruste geben.

Ewing vereint die Qualitäten eines hervorragenden Physikers und erfinderischen Bastlers in sich. Er ist geduldig bei seinen Experimenten, genial im Umgang mit mathematischen Formeln – doch genauso geschickt, wenn es heißt, eine Autopanne zu beheben. Sehr schnell erkennt er die Bedeutung der Sprengseismik für die Meeresbodenforschung. 1934 wird er von der *American Geophysical Union* mit der Untersuchung des amerikanischen Kontinentalschelfs beauftragt. Er soll mit Hilfe der Sprengseismik feststellen, ob dieser etwa 60 km breite, leicht abfallende Flachwasserbereich geologisch zum Festland oder zum Meer gehört. Das ist eine Aufgabe, die Ewing reizt. Zusammen mit Albert Crary und Homer Rutherford, zwei Studenten, die er als Mitarbeiter ausgewählt hat, macht er sich an die Vorbereitungsarbeiten. Der gefährlichste Teil ihres Unternehmens ist die Fahrt nach Norfolk, dem Ausgangspunkt ihrer Forschungsreise. Diese Wegstrecke legen sie noch im Auto zurück. Crary und Rutherford transportieren in ihrem alten Chrysler 100 kg Sprengstoff, den sie unter dem Rücksitz verstaut haben. Ewing folgt in einem Lieferwagen mit den Meßinstrumenten. Nach einiger Zeit bemerkt Crary, daß sein Reaktionsvermögen abnimmt. Er hat in der zurückliegenden Woche kaum geschlafen und ist völlig überarbeitet. Gegen Morgen schläft er am Steuer

ein. Das Auto kommt von der Straße ab, fährt in einen Graben, überschlägt sich zweimal und bleibt auf dem Dach liegen. Wie durch ein Wunder ist die hochexplosive Ladung TNT nicht in die Luft geflogen! Die beiden Studenten haben den Unfall unverletzt überstanden. Zitternd warten sie am Straßenrand auf ihren Chef. Als der Lieferwagen in Sichtweite ist, rufen und winken sie – doch der zerstreute Professor ist so sehr in seine geophysikalischen Probleme vertieft, daß er nichts hört und sieht und an seinen Schützlingen vorbeibraust. Erst am nächsten Tag trifft sich das Trio in Norfolk am Hafen.

Weltpremiere

Noch am gleichen Abend laufen sie aus. Auf der Höhe von Cap Henry, etwa dreißig Kilometer seeeinwärts, übernimmt Crary den gefährlichsten Teil des Unternehmens und zündet von einem kleinen Beiboot aus die Sprengladung. Ewing und Rutherford registrieren in respektvoller Entfernung an Bord des vor Anker liegenden Beobachtungsbootes die Wellen, die von der Detonation erzeugt und vom Meeresboden reflektiert werden. Sie benützen dazu Hydrophone – kleine Seismographen, die die Wellen in elektrische Ströme umwandeln.

Die Wellen, die durch die Explosion im Wasser verursacht werden, breiten sich in alle Richtungen in Form konzentrischer Kreise aus, wie Ringe im Wasser. Ein Teil der Wellen geht direkt vom Ort der Detonation zum Beobachtungsschiff zurück, wobei sie 1,5 km / sec zurücklegen. Andere Wellen pflanzen sich bis zum Meeresboden fort, dringen sogar in die verschiedenen Bodenschichten ein, bis sie reflektiert werden. Die Fortpflanzungsgeschwindigkeit der Wellen ändert sich mit der Dichte des Materials, das sie durchdringen. Im Wasser, das eine geringe Dichte hat, breiten sich die Wellen langsamer aus als im harten Gestein mit seiner größeren Dichte. Werfen wir einen Stein in einen Ölfleck, der auf dem Wasser schwimmt, können wir beobachten, daß sich die Ringe, die dabei entstehen, langsamer ausbreiten

Maurice Ewing, einer der bedeutendsten Ozeanographen unserer Zeit.

Folgende Anekdote, die Sir Edward Bullard erzählt, ist bezeichnend für seinen Humor:
Ewing: „Also ich glaube, daß für unsere Versuche TNT in fester Form geeigneter wäre als Pulver."
Bullard: „Schon möglich. Aber woher nehmen? Auf hoher See können wir uns keines beschaffen. Nehmen wir eben das Pulver!"
„Man könnte vielleicht …", sagt Ewing zögernd nach einer Weile. Er stürzt hinaus, kommt mit einem kleinen elektrischen Kocher zurück und verbringt den Rest des Abends damit, das TNT-Pulver vorsichtig zu einem Brei zu rühren und zwischen Papiertüten in Platten zu pressen. Als der Kapitän des Schiffes bei ihm hereinschaut und seine eben erloschene Pfeife an der TNT-Büchse ausklopft, meint Ewing seelenruhig: „An Ihrer Stelle würde ich meine Pfeife nicht gerade an dieser Büchse ausklopfen." Der Kapitän läßt sich nicht in seiner Beschäftigung stören und brummt: „Sie würden das also nicht tun, Dr. Ewing; und warum nicht, wenn ich fragen darf?" Nun hält es Bullard nicht mehr länger aus: „Mein Gott, die Büchse ist voller TNT!!!" Leichenblaß stürzt der Kapitän aus dem Schiffslabor.

als im reinen Wasser: denn Öl hat eine geringere Dichte als Wasser.

Mit dem Hydrophon werden infolgedessen diejenigen Wellen, die am tiefsten in den Meeresboden eingedrungen sind und das härteste (= dichteste) Gestein durchdrungen haben, zuerst registriert, da sie sich am schnellsten fortpflanzen. Es folgen die Wellen, die bereits vom weicheren Sedimentgestein reflektiert wurden. Die Wellen, die sich nur im Wasser fortpflanzen, werden als letzte aufgezeichnet.

Nach jeder Detonation werden die Wellen also in einer ganz bestimmten Reihenfolge von den Hydrophonen registriert. Für die Berechnung der Fortpflanzungsgeschwindigkeit der Wellen genügen Ewing zwei Angaben: der Zeitabstand zwischen Zündung und Ankunft der Wellen sowie die Entfernung zwischen der Explosionsstelle und dem Beobachtungsschiff. Die Fortpflanzungsgeschwindigkeit der Wellen gibt Hinweise auf das Medium, durch das sie ihren Weg nahmen. Man hatte bei vorbereitenden Laboruntersuchungen bereits festgestellt, daß die Fortpflanzungsgeschwindigkeit in Sedimenten 2 km/sec, im Granit 4 km/sec und im Basalt 7 km/sec beträgt. Ewing muß nun die Fortpflanzungsgeschwindigkeit seiner aufgefan-

genen Wellen mit diesen Werten vergleichen, um feststellen zu können, ob die Wellen auf dem Grund des Ozeans Hindernisse aus Sedimenten, Granit oder Basalt zu überwinden hatten. Was seinen Auftrag betrifft, so konnte Ewing mit dieser neuen Methode nachweisen, daß der Kontinentalschelf aus Sedimenten und Granit besteht und folglich einen Teil des Kontinents darstellt. Das Experiment ist geglückt. Zum erstenmal wurde vom Schiff aus die Beschaffenheit und Mächtigkeit der verschiedenen Gesteine, die den Meeresboden bilden, festgestellt. Die Weltpremiere hat stattgefunden!

Ewing, der vielseitige Ozeanograph

Ewing ist nun mit Leib und Seele Ozeanograph. Die Vielseitigkeit dieses Mannes ist einmalig: er ist Physiker, Techniker, Mathematiker, Ingenieur, Naturforscher und Seemann in einer Person. Das Wasser interessiert ihn dabei allerdings nur insofern, als es für ihn das Medium darstellt, in dem er sich auf dem Schiff fortbewegt, um seine Forschungen zu betreiben.

Im Jahre 1937 gelingt Ewing mit Hilfe der Sprengseismik der Nachweis mächtiger Sedimentschichten auf dem Kontinentalschelf. Mit der Bitte um finanzielle Unterstützung seines Forschungsprojekts wendet er sich an den Präsidenten einer großen Erdölgesellschaft. „Ich kann es vor meinen Aktionären nicht verantworten, auch nur fünf Cent für so etwas auszugeben", weist ihn der alte Herr ab. Hätte er damals geahnt, daß man einige Jahre später genau an dieser Stelle auf riesige Erdölvorkommen stoßen würde, denen mancher Amerikaner seinen Reichtum verdankt, wäre er wohl weniger zugeknöpft gewesen.

Die Mehrzahl der Geologen hielt noch bis nach dem Zweiten Weltkrieg – trotz der aufsehenerregenden Entdeckungen der *Challenger* – die Tiefseeböden für die ältesten Strukturformen der Erde, die sich seit ihrer Entstehung kaum verändert haben und die allmählich unter einer kilometerdicken Sedimentschicht, die aus Schlamm und

Bei der Sprengseismik wird eine Sprengladung im Wasser gezündet. Dabei entstehen seismische Wellen, die am Boden oder in den darunterliegenden Schichten reflektiert werden. Man unterscheidet zwei Verfahren: die Reflexionsmethode zur Erfassung kleinster Details und die Refraktionsmethode, die ein umfassenderes, aber gröberes Bild gibt.

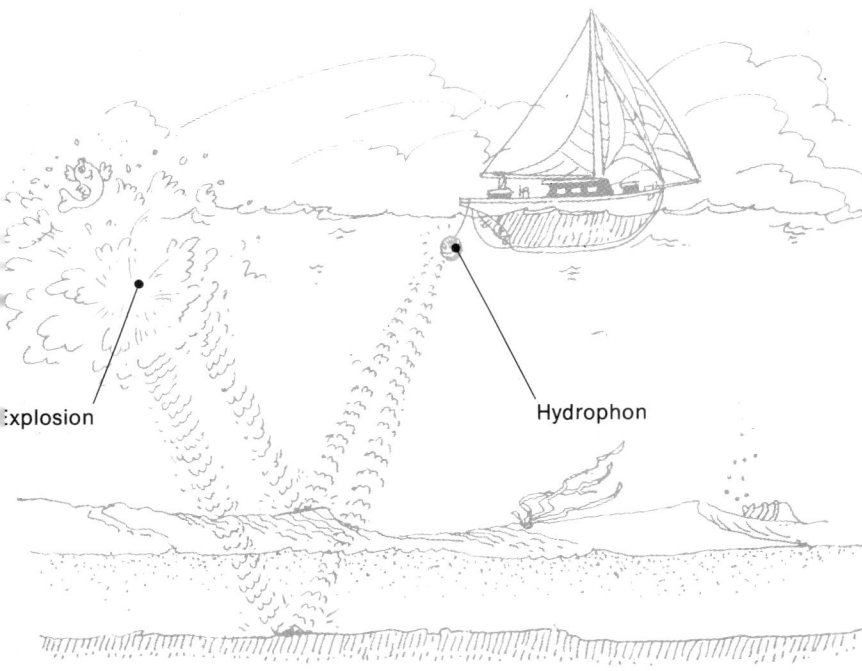

Explosion   Hydrophon

Skeletteilchen kleinster Lebewesen besteht, versinken.

Mit dieser falschen Vorstellung räumt Ewing – eigentlich ganz zufällig – auf. Dabei kommen ihm seine guten Beziehungen zu den höchsten Kreisen der amerikanischen Marine zu Hilfe, die er seiner neuesten Erfindung verdankt: einer Unterwasserkamera, die in große Tiefen reicht. Er hat damit der US Navy einen großen Dienst erwiesen, denn nun ist man endlich in der Lage, die auf dem Meeresgrund liegenden Wracks versenkter Schiffe zu fotografieren. Kein Wunder also, daß Ewing, der schon wieder große Pläne hat, von dieser Seite finanzielle Unterstützung erhält. Das Ozeanographische Institut in Woods Hole stellt ihm außerdem die *Atlantis* und die *Caryn* zur Verfügung. Nun kann er sein jüngstes Forschungsprojekt in Angriff nehmen: mit Hilfe der Sprengseismik wird er ein Profil zwischen New York und den Bermuda-Inseln erstellen und die Zusammensetzung und Mächtigkeit der Erdkruste unter den Ozeanen erforschen.

Eine revolutionäre Theorie

Schon nach kurzer Zeit berichtet Ewing von Untersuchungsergebnissen, die in der Fachwelt wie eine Bombe einschlagen:
Die Sedimentschicht in den Tiefseebecken ist nur an wenigen Stellen mächtiger als 500 m. Entweder irren sich die Geologen hinsichtlich der Ablagerungsmengen, die hier anfallen, oder der Ozeanboden ist noch sehr jung. (Die letztere Annahme wird sich als richtig erweisen.)
Die Erdkruste besteht auf dem Meeresboden vorwiegend aus basaltischen Laven und zeigt damit eine völlig andersartige Zusammensetzung als die vorwiegend aus Granit bestehende Erdkruste unter den Kontinenten. Die Ozeanbecken sind folglich nicht untergetauchte Teile ehemaliger Kontinente, wie bisher angenommen.
Zu diesem Zeitpunkt gründet Ewing in der Nähe von New York das *Lamont Observatory,* das er in einem herrlichen Landsitz am Hudson River einrichtet. Das Landhaus im viktorianischen Stil,

inmitten eines großen Parks, wird zum Mekka der geologischen Meeresforschung. Wissenschaftler aus allen Teilen der Vereinigten Staaten treffen sich hier. Ewing, von seinen Studenten „Doc" genannt, richtet seinen Arbeitsraum im Schlafzimmer des ehemaligen Besitzers, Mr. Lamont, ein, der sein Vermögen der Wissenschaft vermacht hatte. Im Speisezimmer sind Bohrkerne von Sedimentgesteinen aufgestapelt, in der Küche haben sich die Geochemiker häuslich niedergelassen. Alle Räume dieses großen Hauses werden bis zum letzten Winkel genutzt, sogar der Swimmingpool und die Gewächshäuser – ja selbst die Toiletten! Trotzdem herrscht so großer Platzmangel, daß Ewing einen Teil seiner Mitarbeiter abwechselnd auf die ozeanographischen Forschungsschiffe *Verna* und *Conrad* ausquartiert, die 300 Tage im Jahr auf See sind.

Eine kleine Kartographin entdeckt die größte Gebirgskette der Welt

Der junge Geologe Bruce Heezen, ein Mitarbeiter des „Doc", hat die Aufgabe, Erdbebenzentren im Atlantik zu lokalisieren. Für seine Untersuchungsergebnisse interessiert sich wegen der häufig auftretenden Schäden an Unterwasserkabeln vor allem die Telefongesellschaft Bell. Heezen arbeitet mit der kleinen, zierlichen Marie Tharp zusammen, die sich auf die Kartierung der Meeresbecken spezialisiert hat. 1952 ist sie dabei, ein Meeresbodenrelief des Atlantischen Ozeans zu konstruieren. Dafür stehen ihr nur sechs Profile zur Verfügung, die „Doc" an Bord der *Atlantis* mit Hilfe von Echolotungen aufgezeichnet hat. Es handelt sich dabei um sechs Querschnitte, die in verschiedenen geographischen Breiten die Topographie des Meeresbodens zwischen Amerika und Europa bzw. Afrika wiedergeben. Diese Unterlagen sind aber leider sehr lückenhaft und ungenau, denn man hatte während der Vermessungen auf der *Atlantis* das Echolot an das allgemeine Stromnetz des Schiffes angeschlossen. Infolgedessen begann das empfindliche Registriergerät zu stot-

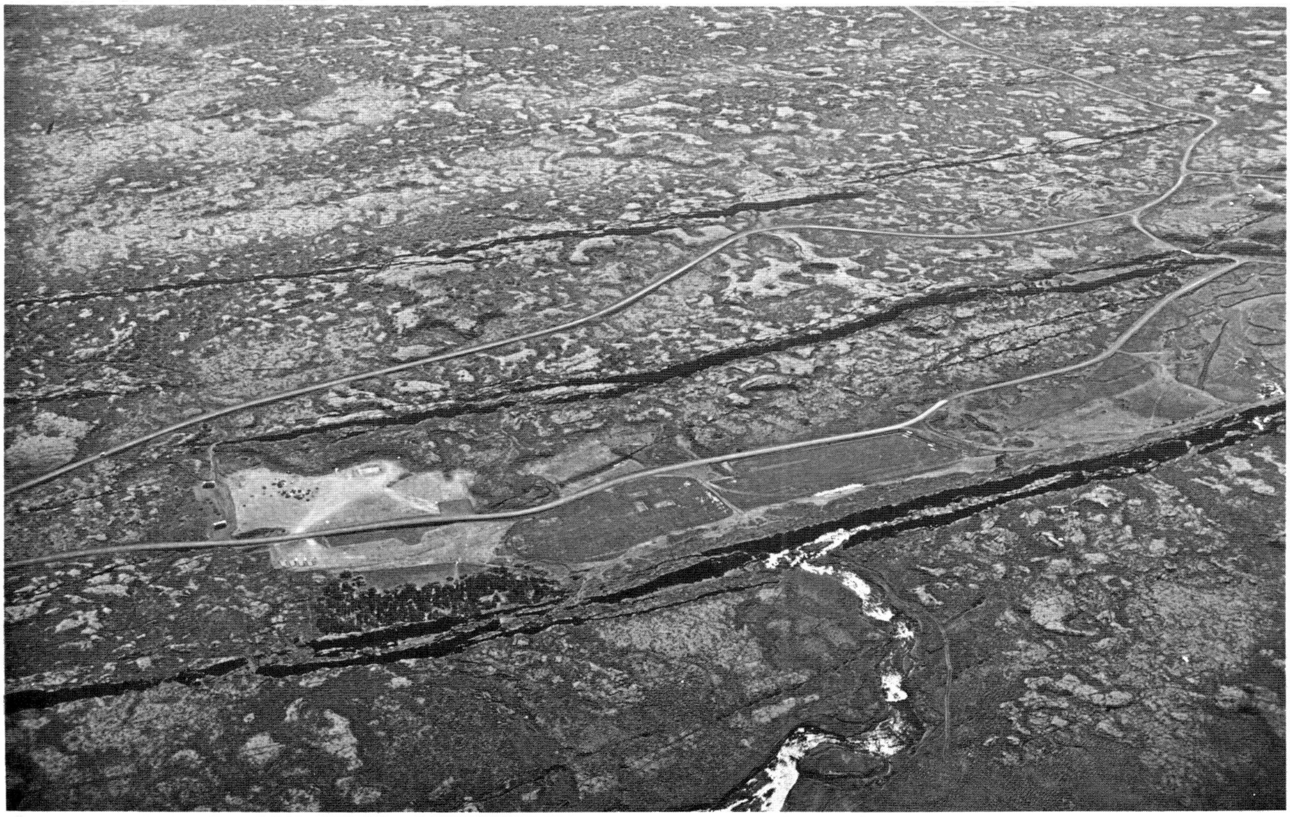

Oben: Nur an zwei Stellen auf der Erde taucht der Mittelozeanische Rücken wie eine riesige Wasserschlange aus dem Meer auf: In der Afar-Region in Ost-Afrika sowie in Island. An diesen geologisch hochinteressanten Punkten kann man Vorgänge verfolgen, die – zumindest teilweise – für jene typisch sind, die sich tief unter dem Meeresspiegel vollziehen. Enge Risse, die parallel zur Grabenachse verlaufen in der Afar-Region.
Unten: Grabenbruch von Thingvellir. Auch in Island kommen Ansammlungen enger Spalten vor. Man nennt sie dort: „Gja".

tern, sobald der Kühlschrankmotor ansprang! Auf der Papierrolle erschien dann ein senkrechter Strich, der fälschlicherweise als Bruchzone im untermeerischen Relief interpretiert werden konnte.

Trotz dieser Mängel war aber ganz deutlich zu erkennen, daß sich mitten durch den Atlantik ein mächtiger Gebirgszug zieht: der Mittelatlantische Rücken. Hier macht Marie Tharp eine überraschende Entdeckung: dieser Gebirgsrücken ist in seinem ganzen Verlauf gespalten; genau über seinem Gipfelgrat verläuft ein tiefer Riß. Sie weist Heeze auf diese interessante Beobachtung hin, der diese „Auswüchse weiblicher Phantasie" jedoch nicht ernst nimmt. Einige Monate später muß er allerdings verblüfft feststellen, daß die Erdbebenherde im Atlantik genau auf dieser Zentralspalte liegen, die Marie Tharp entdeckt hat, und daß in dieser Zone auch alle Kabelbrüche aufgetreten sind.

Was bedeutet „Rift"?

Mit einer ganz ähnlichen Entdeckung erweckt der Straßburger Geophysiker Jean-Pierre Rothé das Interesse seiner europäischen Kollegen. Er kann nachweisen, daß sich die Erdbebenhäufigkeit auf eine schmale Zone konzentriert, die mitten durch die Ozeane verläuft. Dieser Gürtel reicht von Island bis Tristan da Cunha, zieht in einem Bogen um Afrika in den Indischen Ozean, verläuft durch den Golf von Aden und findet schließlich Anschluß an den Ostafrikanischen Graben.

Dieses „Afrikanische Rift Valley", wie es von den Geologen auch bezeichnet wird, ist ein über 3500 km langer Riß in der Erdkruste, der von Mozambique bis Äthiopien reicht und im Roten Meer seine Fortsetzung findet. Der Ostafrikanische Graben, der sich durch die Plateaulandschaft Ostafrikas zieht, wobei eine Reihe von Seen seinen Weg kennzeichnet, weist drei charakteristische Merkmale auf:

Er hat die typische Form eines engen Grabenbruchs (Rift).

Auf seinem Talboden erheben sich tätige und erloschene Vulkane.

Die Erdbebenhäufigkeit ist sehr groß.

Kein Zweifel – hier setzt sich der untermeerische Erdbebengürtel, den Rothé entdeckt hat, auf dem Kontinent fort. Man könnte aber genausogut sagen: Die tiefe Erdspalte, die den Mittelatlantischen Rücken durchzieht, ist nichts anderes als ein Grabenbruch von unvorstellbarer Länge, eine Schwächezone der Erde mit starker Erdbebentätigkeit und Vulkanismus. Diese neuen Erkenntnisse haben, nach den Worten von Harry Hess, die Grundlagen der Geologie ins Wanken gebracht.

Durch Echolotaufzeichnungen des britischen Forschungsschiffs *Discovery II* wird noch im gleichen Jahr endgültig bestätigt, daß der Mittelatlantische Rücken südlich der Azoren tatsächlich einen Grabenbruch aufweist. An dieser Stelle muß die Arbeit englischer Ozeanographen gewürdigt werden, die im Grunde diese Entdeckung bereits vorweggenommen haben. An Bord der *Murray* hatten sie bereits im Jahre 1930 entdeckt, daß der Carlsbergrücken (ein Ausläufer des Indischen Rückens kurz vor dem Golf von Aden) in seinem Kammverlauf eine tiefe Spalte aufweist. Sie sahen schon damals einen Zusammenhang mit dem Ostafrikanischen Graben und dem Mittelatlantischen Rücken.

Ein Gebirgszug von 65 000 km Länge

1959 beschließt der „Doc", dieser Sache auf den Grund zu gehen. An Bord des amerikanischen Forschungsschiffes *Vema* sollen seine besten Geophysiker den Untergrund der Ozeane erforschen und dabei durch Echolotung und Sprengseismik feststellen, ob es sich bei diesen submarinen Gebirgszügen tatsächlich um große Grabenbrüche handelt, die den Umrißlinien der Kontinente folgen und sich mit den Erdbebengürteln decken. Nach monatelanger Forschungsarbeit finden sich alle Vermutungen bestätigt: Der Mittelozeanische Rücken bildet eine einzige Gebirgskette von 65 000 km Länge; „wie die Nähte auf einem Tennisball" zieht er sich durch alle Weltmeere. Er verläuft vom Nördlichen Eismeer durch den Nord- und Südatlantik (Mittelat-

Der Mittelatlantische Rücken setzt sich auf Island in der 25 km langen Lakispalte fort, die von 115 Kratern gebildet wird. Als sich diese Spalte 1783 öffnete, ergossen sich zwölf Kubikkilometer Basalt auf eine Fläche von 565 Quadratkilometer. Die Eruption und ihre Folgen (Hungersnot, giftige Dämpfe) hatten den Tod von 10 521 Menschen, 11 000 Rindern, 200 000 Schafen und 28 000 Pferden zur Folge.

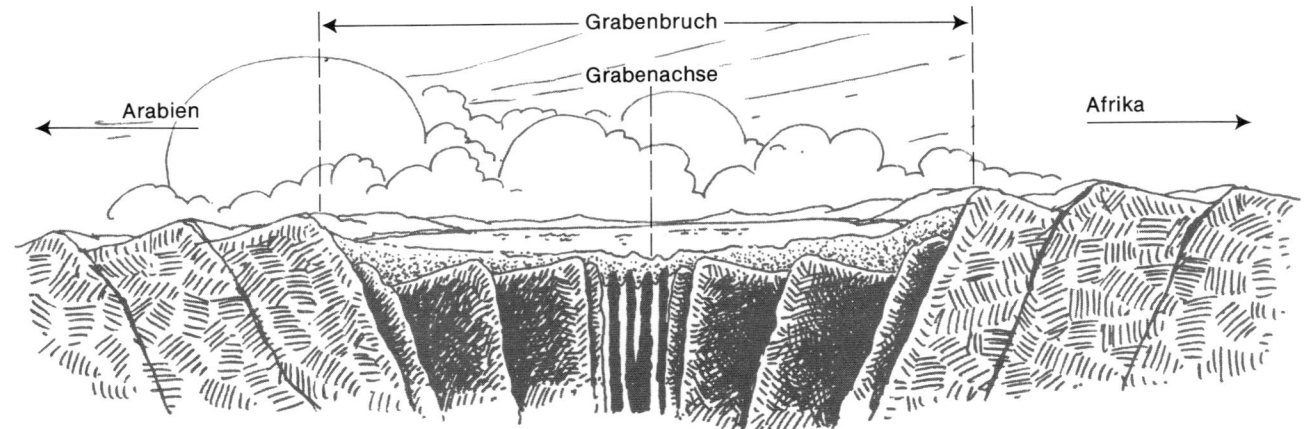

lantischer Rücken), macht einen Bogen um das Kap der Guten Hoffnung, setzt sich im Indischen Ozean fort (Westlicher Indischer Rücken) und teilt sich dann in einen nördlichen Zweig (Carlsbergrücken), der Anschluß an den Golf von Aden und das Rote Meer hat – und einen süd-östlich verlaufenden Ast (Östlicher Indischer Rücken). Im Bogen zieht er nun von hier nach Australien und Neuseeland (Antarktischer Rücken), erreicht den südöstlichen Pazifik (Ostpazifischer Rücken) und stößt bei Niederkalifornien schließlich ans Festland.

Fast auf seinem ganzen Verlauf – mit Ausnahme des pazifischen Abschnitts – ist der gewaltige Gebirgszug am Scheitel durch einen Grabenbruch von 20–50 km Breite und 1000 bis 2000 m Tiefe gespalten; es handelt sich um ein kompliziertes Grabensystem mit zahlreichen Längs- und Querspalten, begleitet von jungem Vulkanismus. Die durchschnittliche Breite des Gebirgszugs beträgt 1500 km, die

Ost-West-Schnitt durch den Afar-Graben auf der Höhe des Assal-Sees (Djibuti). Deutlich erkennbar das treppenförmige Einbruchgebiet, der axialsymmetrische Aufbau, das Aufsteigen jungen Magmas im Zentrum des Grabens sowie eine leichte Aufwölbung des gesamten Gebietes.

Der Grabenbruch, vom Assal-See aus aufgenommen.

Der Kilimandscharo (5896 m) ist ein gewaltiger, junger Schichtvulkan in Ostafrika. Seine Entstehung außerhalb der ostafrikanischen Grabenzone stellt die Geologen vor eine Reihe noch ungelöster Fragen.

Das gleiche Problem stellt sich auch bei dem ebenfalls in Ostafrika gelegenen Mt. Kenia. Dieser wesentlich ältere Vulkan ist bereits stark abgetragen. Eines Tages wird auch der Kilimandscharo ähnlich wie er aussehen.

57

Höhen liegen zwischen 1000 und 3000 m, sein Kamm verläuft 1000 bis 3000 m unter dem Meeresspiegel. Schlagartig ist nun das Interesse für diese neusten Erkenntnisse bei den Ozeanographen erwacht; sie stürzen sich förmlich auf dieses neue Arbeitsfeld. Daß man erst jetzt – im Atomzeitalter – auf die Existenz eines riesigen submarinen Gebirgszugs gestoßen ist, bedeutete für alle Geophysiker und Geologen eine Sensation.

Jacques Piccard im Marianengraben

Am 26. Januar 1960 um 8 Uhr 33 beginnt die Tauchexpedition des Bathyscaph *Trieste*. Jacques Piccard und der amerikanische Marineleutnant Don Walsh befinden sich an Bord dieses modernen Tiefseetauchboots, das mit einer Sinkgeschwindigkeit von 1 m/sec taucht. Schon bald hüllt das Dunkel der Tiefsee die beiden Männer in ihrem stählernen Gefängnis ein. Um 11 Uhr 30 zeigt der Tiefenmesser 8250 m unter dem Meeresspiegel an. Bei 8800 m kommt Piccard der Gedanke, daß er jetzt die Höhe des Mount Everest erreicht hat – allerdings in entgegengesetzter Richtung, nicht über, sondern unter dem Meeresspiegel!
Sie sinken immer noch. Inzwischen lastet ein Druck von 150 000 t auf dem Bathyscaph. Endlich, um 13 Uhr 06, setzt die *Trieste* auf dem Boden des „Challenger-Tiefs" im Marianengraben auf. Minus 10 916 m – ein neuer Tiefenrekord! Piccard und Walsh richten ihre starken Scheinwerfer auf die unberührte Unterwasserlandschaft, die vor ihnen noch keines Menschen Auge gesehen hat.
Feiner, schneeweißer Sand bedeckt den Meeresboden, ein kugeläugiger Fisch glotzt die Eindringlinge erstaunt an und schwimmt friedlich weiter. Nur eine knappe halbe Stunde halten sich die beiden Männer auf dem tiefsten Punkt dieses bogenförmig verlaufenden Tiefseegrabens auf, der 2500 km lang, über 10 000 m tief, aber nur wenige Kilometer breit ist. Dann treten sie den nicht minder gefährlichen Rückweg zur Wasseroberfläche an. Sie können es kaum erwarten, dort oben mit ihren Mitarbeitern die Freude über

Vulkankegel des Ol Doinyo Lengai in Tansania.
Die Lava, die er 1966 ausspie, bestand zu 70% aus Natriumkarbonat.

Geysire im Bogoria-See/Kenia, Begleiterscheinungen des Vulkanismus.

58

Im Laufe von 20 Millionen Jahren haben sich die Ränder des Ostafrikanischen Grabens zehn Kilometer voneinander entfernt. Gegenwärtig wird der Graben im Jahr um 2 mm breiter. Auf der Grabensohle erheben sich zahlreiche Vulkane.

Die isländische Insel Heimaey, 110 km südöstlich von Reykjavik, war 1973 Schauplatz einer besonders heftigen Eruption. Der neu entstandene Eldfell-Vulkan liegt genau auf der Verlängerung des Mittelatlantischen Rückens. Da die 1000° C heiße Lava immer wieder in Kontakt mit dem Meerwasser kam, waren die Explosionen äußerst heftig.

Glühende Lava ergießt sich ins Meer.

das gelungene Experiment zu teilen und mit den Matrosen auf den Begleitschiffen ihren Tiefenrekord zu feiern.

Wenn man bedenkt, daß es noch im Jahre 1950 nur drei ozeanographische Forschungsschiffe gab – die schwedische *Galathea,* die amerikanische *Spencer F. Baird* und die russische *Vitiaz* –, die mit ausreichend langen Kabeln (12 000 m) und den dazugehörigen starken Kabelwinden ausgerüstet waren, um Bodenproben aus der

Tiefsee bergen zu können, war man nun seit den ersten richtungsweisenden Tiefseeforschungen der *Challenger* im Pazifik ein ganzes Stück weitergekommen. Schließlich hatten die Ozeanographen erst knapp 10 Jahre vor dieser spektakulären Tauchexpedition der *Trieste* die große Bedeutung der Tiefseegräben überhaupt erkannt.

Bei allen Tiefseegräben ist eine Reihe gemeinsamer charakteristischer Merkmale festzustellen:

sie befinden sich stets in unmittelbarer Nähe einer Kette von Explosivvulkanen (Beispiel: Neue Hebriden) oder junger Faltengebirge (Beispiel: Andenkette);

sie sind sehr tief (einige tausend Meter), sie sind stets eng (selten breiter als 50–60 km) und außerordentlich lang – (Tausende von Kilometern);

sie verlaufen bogenförmig;

sie bestehen aus Basalt und tragen eine Sedimentdecke;

sie stimmen mit den Zonen überein, in denen häufig Erdbeben registriert werden, die oft besonders heftig sind und sich in großer Tiefe vollziehen.

Auffallend ist die Häufung der Tiefseegräben entlang des „pazifischen Feuerkreises". Nennt man nur die wichtigsten, so sind es, im Uhrzeigersinn gesehen: der Kermadec-Graben – Tongagraben – Neue-Hebriden-Graben – Bougainville-Graben – Sundagraben – Philippinengraben – Marianengraben – Japangraben – Kurilengraben – Alëutengraben – Mittelamerikanischer Graben – Peru- und Atacamagraben.

Der bekannteste Tiefseegraben im Atlantischen Ozean ist der Puerto-Rico-Graben.

Zwei hochinteressante Oberflächenformen prägen also das untermeerische Landschaftsbild:

die mittelozeanischen Rücken, die sich durch alle Weltmeere ziehen – und die Tiefseegräben, tiefe Spalten am Rand der Ozeane.

Doch wie sind sie entstanden? Mit geradezu kriminalistischem Scharfsinn verfolgen die Geophysiker alle Spuren, die sie bei der Lösung dieses Rätsels weiterbringen können. Oft kommt ihnen dabei der Zufall zu Hilfe.

Bei dem Erdbeben, das am 14. Juli 1976 den Nordwesten der Insel Bali erschütterte, kamen 5000 Menschen ums Leben; 20 000 Häuser wurden zerstört. Nach dem Glauben der hinduistischen Bevölkerung Balis war das Erdbeben die Strafe ihrer Götter für zu geringe Opfergaben. Die Geophysiker sind allerdings anderer Meinung: sie konnten nachweisen, daß sich südlich von Bali ein Tiefseegraben befindet, in den der Boden des Indischen Ozeans stoßweise untertaucht.

Jacques Piccard und Leutnant Don Walsh an Bord des Bathyscaph *Trieste,* unmittelbar über dem Challenger-Tief.

Die Tiefseegräben befinden sich immer in unmittelbarer Nähe von Vulkanreihen, die explosives Eruptionsverhalten zeigen und zähflüssige Lava fördern. Der Mandiri auf der indonesischen Insel Flores ist solch ein typischer Schichtvulkan.

Beim Ausbruch des Semeru (3670 m), des höchsten Vulkans auf Java, entstand diese „Blumenkohlwolke". Hier führte der Verfasser 1971 als Leiter der *Équipe vulcain* Untersuchungen durch.

„Dick"

Im Jahre 1938 treffen sich in der amerikanischen Stadt Providence zwei Wissenschaftler: der englische Bierbrauersohn Edward Bullard, ein junger Geophysiker, der bei dem berühmten Physiker der Vorkriegszeit, Rutherford, studierte, und Richard Field, Geologieprofessor an der Universität Princeton. Field, der von seinen Mitarbeitern nur „Dick" genannt wird, ist ein Original. Jeden Sommer leiht er sich für seine geologischen Exkursionen einen Speisewagen, den er für 30 Studenten zum Hör- und Schlafsaal umfunktioniert. So reist er mit seinem *Klassenzimmer auf Rädern* durch die USA, von einem geologisch interessanten Punkt zum anderen.

Field, der seinen jungen Kollegen mit dem Auto abgeholt hat, unterhält sich während der Heimfahrt angeregt mit Bullard. Mitten im wissenschaftlichen Gespräch unterbricht er plötzlich seinen Gast: „Hören Sie, Bullard, mit den Engländern hat man oft Scherereien. Sie würden mir einen großen Gefallen tun, wenn Sie meinen drei Töchtern nicht den Kopf verdrehen würden." Nach diesem offenen Wort von Mann zu Mann besteht bestes Einverständnis zwischen den beiden. Dick führt seinen jungen Kollegen durch die Appalachen und erläutert ihm die Grundzüge der Geologie. Vor allem aber überzeugt er den jungen Geophysiker davon, daß man die Vorgänge auf dem Festland nicht verstehen kann, solange die Rätsel, die der Meeresboden aufgibt, nicht gelöst sind.

Unter dem Einfluß seines amerikanischen Freundes spezialisiert sich Bullard auf die Ozeanographie. Er tut sich in Cambridge mit einem jungen Bibliothekar zusammen, der sich als technisches Genie erweist. Gemeinsam entwickeln sie Gravimeter, Seismographen und eine Reihe anderer Instrumente, die vorwiegend für den Gebrauch im Meer bestimmt sind. Kurz vor Ausbruch des Zweiten Weltkriegs erhält „Teddy" Bullard einen staatlichen Forschungsauftrag: in den tiefliegenden Schächten der südafrikanischen Goldminen, wo Temperaturen bis 54° C herrschen, soll er Untersuchungen über den Wärmefluß anstellen. (Unter Wärmefluß versteht man die durch 1 cm² in 1 sec hindurchgehende Wärmemenge.) Die Beschäftigung mit dem Wärmeaustausch in größeren Tiefen bringt ihn auf einen neuen Gedanken: „Der Wärmefluß auf dem Festland ist bekannt, aber bis jetzt hat noch niemand Untersuchungen dieser Art auf dem Meeresboden unternommen. Das wäre etwas für mich!"

Die Instrumente, mit denen man auf dem Festland arbeitet, eignen sich allerdings nicht für Messungen im Meer. Wieder heißt es, zunächst ein neues Meßgerät zu entwickeln.

Sir Edward Bullards „Spritze"

Von Cambridge aus kann Bullard seine Pläne nicht verwirklichen, da er dort nicht die notwendige finanzielle Unterstützung findet. Er nimmt deshalb das Angebot der *Scripps Institution of Oceanography* in Kalifornien an, die ihm einen Arbeitsraum, ein Schiff und einen Assistenten, Arthur Maxwell, zur Verfügung stellt. Nach kurzer Zeit hat er bereits eine Sonde entwickelt, mit der er den Wärmefluß auf dem Meeresboden messen kann. Sie sieht aus wie eine riesige Spritze. In der „Nadel", einem vier Meter langen Metallrohr mit wenigen Zentimetern Durchmesser, sind im Abstand von zwei Metern zwei Thermometer untergebracht. Der „Kolben" enthält ein Registriergerät, das die gemessenen Temperaturen selbsttätig aufzeichnet.

Diese „Spritze" wird im Meer versenkt; hat sich das Metallrohr in die Sedimentdecke gebohrt, muß man eine halbe Stunde warten, bis sich die Temperatur stabilisiert hat. Erst dann erfolgt die Temperaturmessung. Bodenproben, die an derselben Stelle entnommen werden müssen, werden im Labor auf ihre Wärmeleitfähigkeit untersucht. Mit Hilfe dieses Wertes und der gemessenen Temperaturen kann man nun den Wärmefluß berechnen.

Bei den ersten Messungen dieser Art, die 1950 im Pazifik vorgenommen werden, stößt man auf überraschend hohe Werte für den Wärmefluß. Man

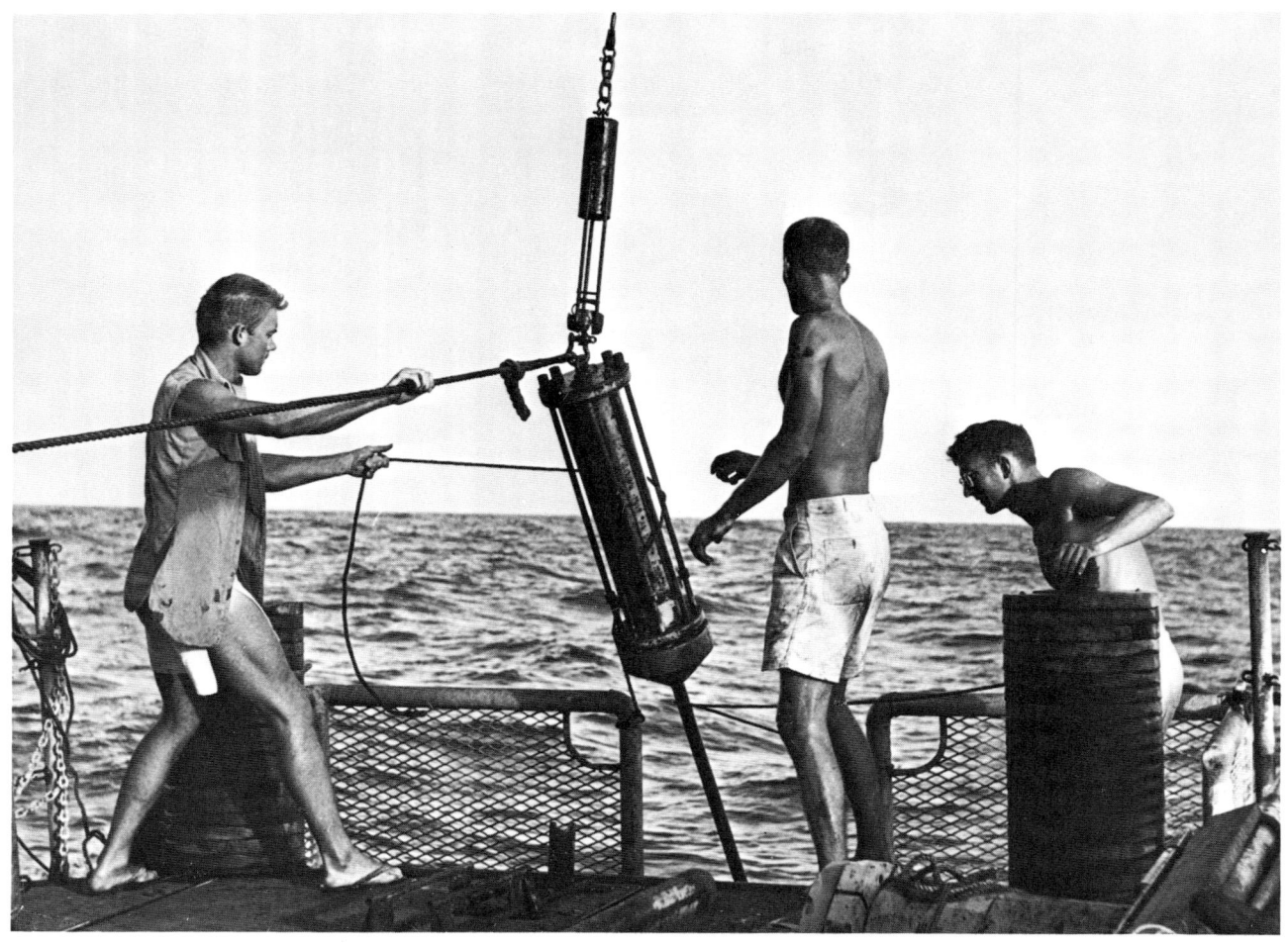

hatte erwartet, auf den Tiefseeböden wesentlich geringere Werte zu ermitteln. Denn im Gegensatz zu den Kontinenten, die hauptsächlich aus Granitgestein bestehen, das eine hohe Radioaktivität besitzt und infolgedessen viel Wärme abgibt, sind die Meeresböden aus Basalt, dessen Radioaktivität geringer ist. Und trotzdem besteht kaum ein Unterschied im gemessenen Wärmefluß.

Darüber hinaus ergeben sich im Verlauf der weiteren Untersuchungen neue, interessante Aspekte: in den Zentralgräben der mittelozeanischen Rücken ist der Wärmefluß acht- bis zehnmal größer als auf dem übrigen Meeresboden, dagegen liegt er in den Tiefseegräben unter dem Durchschnittswert. Warum wohl?

Sir Edward Bullard – für seine großen Verdienste, die er der britischen Wissenschaft erwiesen hat, wurde er inzwischen geadelt – findet auch auf diese Frage eine Antwort. Seiner Ansicht nach kann nur eine sehr heiße Zone unterhalb der ozeanischen Kruste eine Erklärung dafür abgeben, daß der Wärmefluß im basaltischen Tiefseeboden ungefähr die gleichen Werte aufweist wie auf den Kontinenten, die aus Granit bestehen. Er denkt an die Konvektionsströme des holländischen Geophysikers Vening Meinesz, der vom U-Boot aus Schweremessungen auf dem Meeresboden vorgenommen hatte. „Es wäre doch denkbar", überlegt Sir Bullard, „daß unter der Basaltschicht, vor allem unter den mittelozeanischen Rücken, überhitztes Magma aufsteigt und nach erfolgter Abkühlung in den Tiefseegräben mit ihrem nachgewiesenen geringen Wärmefluß wieder ins Erdinnere zurückfließt."

Bullard war damit der Lösung des Rätsels schon sehr nahe gekommen. Eine endgültige Antwort wird uns etwas später der Geophysiker Harry Hess geben.

Erster Versuch mit Bullards „Spritze" zur Messung des Wärmeflusses auf dem Meeresboden.

Alter, Körperbau und Lebenserwartung unseres Planeten

Nach einer fünf Monate langen Reise, die er größtenteils mit der Transsibirischen Eisenbahn zurückgelegt hat, trifft der Engländer John Milne im Jahre 1875 in Tokio ein. Er wird hier die Professur für Ingenieurwesen übernehmen, eine Aufgabe, der er erwartungsvoll entgegensieht. Aber zunächst ist er erst einmal erleichtert, endlich wieder festen Boden unter den Füßen zu spüren.

Ist dieser japanische Boden jedoch wirklich so fest? Gleich am ersten Tag wird Tokio von einem heftigen Erdbeben erschüttert. Milne, bis dahin noch Laie auf dem Gebiet der Seismologie, verbringt von diesem Tag an seine gesamte freie Zeit mit dem Studium der Erdbeben. „Wie soll man sich in diesem Land nicht für Beben interessieren", sagt er später, „wenn man sie regelmäßig zum Frühstück, zum Mittagessen und kurz vor dem Einschlafen serviert bekommt?"

Als im Februar 1880 Yokohama von einem sehr starken Beben heimgesucht wird, ist Milne vom Fatalismus der Opfer tief erschüttert. Er gründet die Japanische Seismologische Gesellschaft, die während der folgenden zwölf Jahre die Erdbebenforschung mächtig vorantreibt. In der Fachzeitschrift dieser Gesellschaft werden auf über 3000 Seiten Beobachtungen in den heimgesuchten Gebieten und Berichte von Überlebenden veröffentlicht sowie die Auswertung von Umfragen bei der japanischen Bevölkerung über alle von ihr wahrgenommenen Erderschütterungen. Um die Bebenherde bestimmen zu können, läßt Milne Tausende steinerner Laternen in den Gärten der Japaner aufstellen, die während eines Erdbebens in der Richtung zum Erdbebenherd hin umfallen. Diese einfache Methode befriedigt Milne jedoch nicht; er entwickelt ein Instrument, mit dem er den genauen Zeitpunkt, die Anzahl der Erschütterungen, ihre Stärke und den Herd des Bebens ermitteln kann.

Kurzer historischer Rückblick

Schon die Chinesen benutzten einfache seismische Instrumente. Das erste erfand Chang Heng 136 n. Chr.; er brachte in einem drei Meter hohen flaschenförmigen Behälter einen schweren, nach allen Seiten beweglichen, senkrecht stehenden Körper an. Den Behälter durchbohrte er auf halber Höhe an acht Stellen, die den Himmelsrichtungen entsprachen. Diese Löcher verzierte er mit Drachenköpfen und legte in deren Rachen eine Kugel. Zu Füßen eines jeden Drachen saß eine Kröte mit weitgeöffnetem Maul. Wurde der im Behälter befindliche Körper während

Das „Seismoskop" des Chinesen Chang Hen (78–139) ist das älteste Instrument, das der Feststellung eines Erdbebens dient.

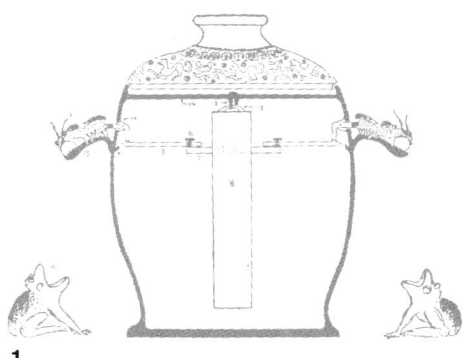

1

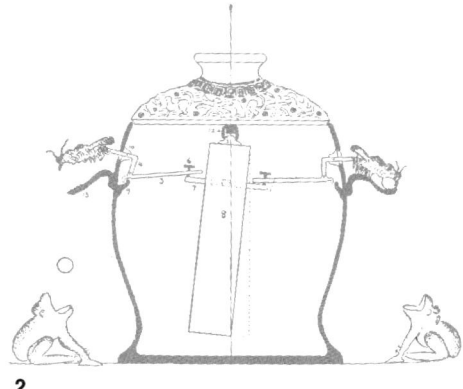

2

Die beiden Zeichnungen
zeigen, wie das Seismoskop
von Chang Heng arbeitet:
1 die Erde ist ruhig,
2 während eines Erdbebens.

eines Erdbebens aus dem Gleichgewicht gebracht, öffnete sich einer der
durch ein Hebelsystem verbundenen
Drachenrachen, so daß die Kugel ins
Maul der darunterliegenden Kröte fallen mußte. Auf diese Weise konnte
Chang Heng feststellen, in welcher
Richtung der Herd des Bebens lag.
Jean de Hautefeuille entwickelte zu
Beginn des 18. Jahrhunderts ein ganz
anderes Gerät. Er füllte ein Gefäß, das
rundum mit Ausgußröhrchen versehen
war, mit Quecksilber und stellte unter
jede Ausgußöffnung ein kleines Näpf-
chen. Bei jeder Erschütterung floß
Quecksilber durch eine dieser Tüllen
in das darunterliegende Schälchen und
gab damit einen Hinweis auf die Richtung, in der der Erdbebenherd lag.
Darüber hinaus konnte Hautefeuille
aus der Menge des aufgefangenen
Quecksilbers auf die Stärke des Erdbebens schließen.
Quecksilber war auch für Robert Mallet das Ausgangsmaterial, mit dem er
um die Mitte des 19. Jahrhunderts
seine Experimente durchführte. Ihn
interessierte vor allem die Geschwindigkeit, mit der sich die Erdstöße fortpflanzen. Da er als Ire kaum Gelegenheit hatte, Erdbeben zu erleben, löste
er sie künstlich aus. Er zündete unter
dem Granitsockel der Insel Dalkey
Schießpulver, was zu leichten Erderschütterungen führte. 800 m von der
Explosionsstelle entfernt stellte er ein
mit Quecksilber gefülltes Gefäß auf,
und beobachtete, mit welcher Geschwindigkeit sich die durch die Explosion an der Oberfläche des Quecksilbers entstandenen Kreise bewegten.
Mögen uns seine Versuche heute auch
sehr unbeholfen erscheinen – Mallet
hatte damals eine entscheidende Entdeckung gemacht: Er erkannte als

erster, daß sich die Erdbeben wellen-
förmig ausbreiten. Auf ihn gehen auch
die Begriffe *Seismik, Seismologie*
(griechisch: seismós = Erschütterung)
und *Erdbebenherd* zurück.

John Milne
erfindet den Seismographen

Doch erst die Erfindung von John
Milne ermöglicht deutlich erkennbare
Fortschritte in der Erdbebenfor-

Das Erdbeben, das 1948
die japanische Stadt Fukui
heimsuchte, verursachte eine
Panik.

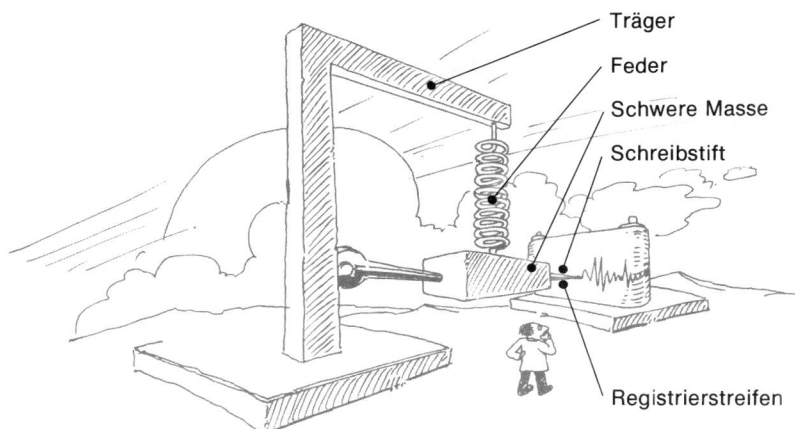

Träger
Feder
Schwere Masse
Schreibstift
Registrierstreifen

Der Seismograph arbeitet nach einem ganz einfachen Prinzip: Eine schwere Masse, die an einem Träger aufgehängt ist, wird mit einem Schreibstift verbunden; dieser berührt eine Papierrolle, die die Bewegungen des Bodens mitmacht.

Bei den modernen elektromagnetischen Seismographen wurde das schwere Pendel durch eine kleine Kupferspule ersetzt, die sich in einem Zylinder aus Magneteisen befindet. Bei der geringsten Erschütterung bewegt sich der Zylinder relativ zur Spule; dabei entstehen Veränderungen im elektrischen Feld, die das Instrument sofort erfaßt.

schung. „Um ein Erdbeben aufzeichnen zu können, braucht man einen Gegenstand, der völlig unbeweglich bleibt, während die Erde bebt", überlegt Milne. „Diesen Gegenstand muß man mit einem Stift verbinden, welcher auf einem Papierstreifen, der die Erschütterungen der Erde mitmacht, ganz charakteristische Zeichen aufschreibt."

Die Schwierigkeit besteht nun aber darin, daß sich im Augenblick eines Erdbebens kein Gegenstand, der sich auf der Erde befindet, völlig ruhig verhält: der Boden, die Häuser, die Wände, die Möbel – alles zittert. Ja, wäre man der „kleine Prinz" von Saint-Exupéry und könnte eine Schreibfeder an einem anderen Stern aufhängen..., dann hätte man diesen Gegenstand, der die Erschütterung der Erde nicht mitmacht!

Milne erinnert sich daran, daß ein Pendel – vor allem wenn es ein großes Gewicht hat – noch am wenigsten von Erschütterungen beeinflußt wird. Jeder, der in der Nähe einer vielbefahrenen Straße wohnt, kann feststellen, daß die Lampe an der Decke nur ganz leicht schwankt, wenn draußen ein Lastwagen vorbeifährt, während der Fußboden, die Schränke, die Gläser und Tassen erzittern: die hängende Lampe besitzt von all diesen Gegenständen die größte Trägheit.

Milne verbindet eine schwere Masse durch eine Feder mit einem Träger. An der Masse befestigt er einen Schreibstift, der sich auf einer Papierrolle bewegt. Bei jedem Erdstoß erscheint auf dem Registrierstreifen eine charakteristische Zickzacklinie. Ein Arzt zieht aus den Linien eines Elektrokardiogrammes Schlüsse auf die Herztätigkeit – Milne erkennt auf seinen Seismogrammen jede noch so schwache Erschütterung der Erdkruste.

In Japan wird seine Erfindung mit großer Begeisterung aufgenommen, doch findet sie nur begrenzte Anwendung, da die Empfindlichkeit dieses Instrumentes noch nicht ausreicht, Erdbeben, die sich in größerer Entfernung ereignen, zu registrieren.

Zu diesem Zeitpunkt bemüht sich der Deutsche Ernst von Rebeur Paschwitz nachzuweisen, daß die Anziehungskraft des Mondes zu Gezeitenbewegungen führt, die sich nicht nur im Meer, sondern auch auf dem Festland auswirken. Er benutzt für seine Untersuchungen eine Pendelwaage, deren Registrierstift sich über einen langsam abrollenden Papierstreifen bewegt. Am 17. April 1889 beobachtet er ein ungewöhnliches, zwei Stunden anhaltendes Gekritzel. „Wahrscheinlich hat sich eine Spinne auf dem hochempfindlichen Gerät ausgetobt", lacht von Rebeur Paschwitz und schenkt dem Vorfall keine weitere Beachtung. Doch einige Tage später liest er in der Zeitung, daß am 17. April ein schweres Erdbeben das 15 000 km entfernt liegende Japan heimgesucht hat. Als die Presse am 28. Juli erneut ein Erdbeben meldet und von Rebeur Paschwitz bei der Durchsicht der letzten Aufzeichnungen feststellt, daß sein Meßinstrument zu der fraglichen Zeit wieder

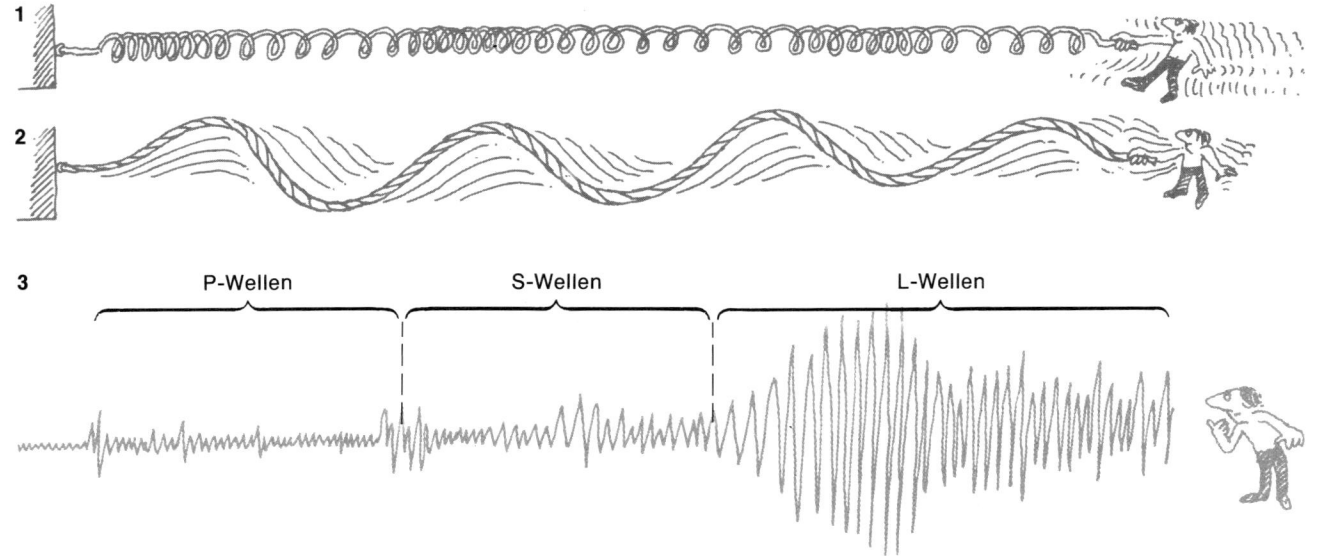

3 P-Wellen   S-Wellen   L-Wellen

"verrückt gespielt" hat, wird er hellhörig. Er stellt sein Instrument so ein, daß sich die Papierrolle schneller dreht und erhält nun ein deutlicheres Bild. Es besteht kein Zweifel, daß er mit seinem Seismographen Erderschütterungen aufgezeichnet hat, die in einer Entfernung von mehreren Tausend Kilometern stattgefunden haben.

Wissenschaftliche Kritzelei

Die Entdeckung von Rebeur Paschwitz fand allgemeine Anerkennung – doch niemand hätte damals gedacht, daß das Gekritzel auf den Seismogrammen schon einige Jahre später zu einer völlig neuen Auffassung über die Zusammensetzung der Erde führen würde.

Der britische Geophysiker Richard Oldham beschäftigt sich intensiv mit den Aufzeichnungen der Seismographen. Sobald der Schreibstift in Bewegung gerät, weicht Oldham nicht mehr von dem Gerät und verbringt Tage und Nächte damit, die verschlüsselte Botschaft, die von der Erde ausgesandt wird, mitzuverfolgen. Dabei stellt er bald eine gewisse Gesetzmäßigkeit fest:

Zuerst werden die P-Wellen (primae undae) oder erste Vorläufer aufgezeichnet; sie sind kurz und breiten sich schnell aus, wobei die Materialteilchen in der Fortpflanzungsrichtung

schwingen. Verdichtungen und Verdünnungen lösen einander ab. (Als Vergleich könnte man ein Akkordeon heranziehen, das auseinandergezogen und zusammengepreßt wird, oder auch eine einseitig befestigte Spiralfeder, die man abwechselnd anzieht und losläßt.) Einige Minuten später erkennt das geübte Auge des Seismologen eine Veränderung auf dem Seismogramm: die Zickzacklinien werden deutlicher und ausgeprägter. Jetzt erscheinen die S-Wellen (secundae undae) oder zweite Vorläufer, die senkrecht zur Fortpflanzungsrichtung schwingen und dabei Sinuskurven bilden (wie die Wellen im Meer oder ein einseitig befestigtes Seil, das man mit der Hand in Schwingungen versetzen kann). Schließlich erscheint ein weiteres charakteristisches Schriftbild auf dem Seismogramm: jetzt treffen die L-Wellen (longae undae) ein, die große Amplituden und lange Schwingungszeiten aufweisen. Während sich die P- und S-Wellen in großer Tiefe fortpflanzen und die Erdkugel in bestimmten Fällen innerhalb von zwanzig Minuten zu durchqueren vermögen, bewegen sich die L-Wellen an der Oberfläche und versetzen Land und Meer in Schwingungen. Diese L-Wellen sind unter anderem für die zerstörerische Kraft großer Erdbeben verantwortlich.

Oldham, der mit diesen Erkenntnissen die moderne Erdbebenforschung begründet hat, kann im Verlauf seiner

1 Die P-Wellen dehnen sich aus und verdichten sich in der Fortpflanzungsrichtung – wie diese Feder.
2 Die S-Wellen schwingen senkrecht zur Fortpflanzungsrichtung – wie dieses Seil.
3 Ein typisches Seismogramm mit P-, S- und L-Wellen.

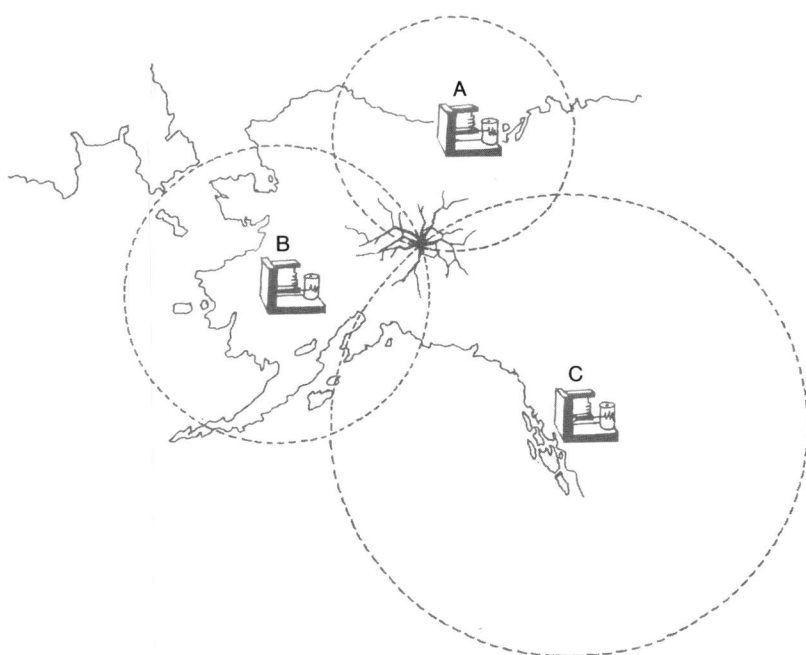

Wie bestimmt man das Epizentrum eines Erdbebens? A, B und C sind die Standorte der Seismographen. Aus dem Zeitabstand zwischen der Ankunft der P- und S-Wellen kann man für jede einzelne Station den Umkreis berechnen, auf dem das Epizentrum liegt. Der Schnittpunkt der drei Kreise ergibt das Epizentrum.

weiteren Forschungen feststellen, daß sich die P-Wellen wesentlich schneller ausbreiten als die S-Wellen und daß die L-Wellen äußerst langsam sind.

Wo liegt der Erdbebenherd?

Der Herd eines Bebens läßt sich nach einer einfachen Methode bestimmen. Denken wir an ein Gewitter: jeder weiß, daß der Zeitabstand zwischen Blitz und Donner genügt, um die Entfernung zu berechnen, in der der Blitz eingeschlagen hat. Unser Auge erfaßt den Blitz dank der Lichtwellen, die sich sehr schnell fortpflanzen. Ihnen entsprechen in der Seismik die P-Wellen. Das Donnergeräusch wird uns über Schallwellen vermittelt, die sich – wie die S-Wellen – langsamer fortpflanzen. Kennt man die Fortpflanzungsgeschwindigkeiten dieser beiden Wellentypen sowie die Zeitdifferenz, die zwischen ihrer Registrierung liegt, kann man ausrechnen, in welcher Entfernung das Beben stattgefunden hat. Je mehr Zeit zwischen der Ankunft der P- und S-Wellen verstreicht, um so größer ist die Entfernung des Erdbebenherdes. Kommen die S-Wellen 400 Sekunden nach den P-Wellen an, liegt das Epizentrum 5000 km vom Seismographen entfernt; bei einer Zeitdifferenz von 750 Sekunden beträgt die Entfernung 9000 km. Doch im Gegensatz zum Blitz kann man das Erdbeben

nicht sehen, man hat also keinen Hinweis, in welcher Richtung der Erdbebenherd liegt. Man weiß nur, daß er in einem bestimmten Umkreis um den Seismographen zu suchen ist.

Da aber mindestens drei Kreise notwendig sind, um einen gemeinsamen Schnittpunkt zu erhalten, benötigt man die Aufzeichnungen von drei an verschiedenen Punkten der Erde aufgestellten Seismographen, um den Erdbebenherd lokalisieren zu können.

Oldham ist es zu verdanken, daß sich inzwischen ein ganzes Netz von Erdbebenwarten über die Erde spannt. Sie befinden sich in Paris – Straßburg – Tokio – Moskau – Washington – Wellington – Santiago – Mexiko – Djakarta – es würde zu weit führen, alle 500 aufzuzählen!

Die Seismographen werden immer perfekter. Bereits 1906 entwickelt Prinz Boris Galitzine ein elektromagnetisches Instrument. Er ersetzt die schwere Masse der herkömmlichen Seismographen durch eine Spule, die sich in einem kleinen Zylinder aus Magneteisen befindet. Dieses Instrument wurde inzwischen immer weiter verfeinert und arbeitet heute mit größter Präzision; mit ihm können Bewegungen der Erde von einem Zehnmillionstel Millimeter erfaßt werden. Neugierige dürfen diesem hochempfindlichen Gerät allerdings nicht zu nahe treten – ihre Schritte würden bewirken, daß es völlig „durchdreht".

Die Mohorovičić-Diskontinuität

Zu Beginn unseres Jahrhunderts wird Andrija Mohorovičić zum Leiter der neugegründeten Zagreber Erdbebenwarte ernannt. Der sehr fähige Geophysikers – Sohn eines kroatischen Schmiedes – verfügt über ein außergewöhnliches Organisationstalent. Er setzt durch, daß ein Netz von 89 seismologischen Observatorien über ganz Jugoslawien gespannt wird, deren Aufzeichnungen täglich in seinem Institut ausgewertet werden. Während eines Erdbebens im Jahre 1909 verfolgt er nervös die Aufzeichnungen des Seismographen. Solch ein Gekritzel ist bis jetzt noch nie auf der Schreibrolle erschienen – der reinste Wellensalat:

69

S-Wellen folgen auf P-Wellen – das ist normal –, aber nun erscheinen, völlig regelwidrig, erneut P-Wellen und wieder S-Wellen! Die P-S-Wellenfolge stellt sich zweimal hintereinander ein. Mohorovičić läßt zunächst einmal den Herd dieses Bebens lokalisieren; er liegt südlich von Zagreb, unter der kroatischen Stadt Pokupsko, in 40 km Tiefe. Dann sitzt er wieder grübelnd über den Aufzeichnungen. Warum wiederholen sich die beiden Vorläuferwellen wie ein Echo? Sollte es an den Seismographen liegen? Diesen Punkt kann Mohorovičić ausschließen, denn als peinlich genauer Wissenschaftler läßt er die Instrumente täglich überprüfen. Auch zwei möglicherweise kurz hintereinander aufgetretene Erderschütterungen scheiden als Ursache aus. Dann muß es am Verhalten der seismischen Wellen liegen, überlegt der Forscher, und plötzlich hat er die Eingebung: Beide Wellen haben sich gleichzeitig vom Erdbebenzentrum aus fortgepflanzt. Sie sind aber nacheinander angekommen, weil sie den Seismographen auf verschiedenen Wegen erreicht haben.

Da Mohorovičić in diesem Fall die Entfernung des Epizentrums vom Seismographen kennt, kann er berechnen, daß die erste Gruppe der P- und S-Wellen, die das Gerät aufgezeichnet hat, den direkten Weg genommen haben, und zwar mit der vorgesehenen Geschwindigkeit, die der Ausbreitung dieser Wellen in der Erdkruste entspricht. Die zweite Gruppe muß dagegen auf eine Schicht gestoßen sein, die eine andere Dichte als die Erdkruste aufweist. Hier wurden die Wellen abgelenkt, ihre Geschwindigkeit wurde beeinflußt. Dieses Verhalten der Wellen ist im Grunde nichts Neues. Das Phänomen der Reflexion – wenn Lichtwellen auf einen Spiegel treffen – oder der Brechung – ein im Wasser stehender Stab scheint einen Knick aufzuweisen – ist aus dem Bereich der Optik hinlänglich bekannt. Die Hypothese von Mohorovičić, daß auch seismische Wellen gebrochen oder reflektiert werden, wenn sie Schichten mit stofflich unterschiedlicher Zusammensetzung durchlaufen, wird durch umfangreiche mathematische Berechnungen bestätigt. Das bedeutet, daß die Erdkugel keinen homogenen Aufbau besitzt, daß es eine tiefe Schicht gibt, die weder die gleiche Dichte noch die gleichen physikalischen Eigenschaften wie die Erdkruste aufweist. Mohorovičić nennt diese Übergangszone, die die äußere Schale von den tieferen Teilen der Erde trennt und in etwa 40 km Tiefe verläuft, „Diskontinuität". In der Fachsprache heißt diese Schicht heute Mohorovičić-Diskontinuität oder kurz Moho-Schicht.

Röntgenbilder der Erde – dank seismischer Wellen

Die Seismographen, die bis zu diesem Zeitpunkt nur Unheil und Katastrophen registriert haben, können jetzt dankbarere Aufgaben erfüllen. Sie ermöglichen den Wissenschaftlern, das Innere der Erde zu untersuchen, die „Eingeweide" unseres Planeten zu durchleuchten. Wie Röntgenstrahlen das Knochengerüst eines Patienten sichtbar machen, erhellen seismische Wellen das Bild von der Struktur des Erdballs. Bei jedem größeren Erdbeben durchlaufen sie die ganze Erde, durchdringen alle Schichten in ihrem Inneren, werden reflektiert oder gebrochen, verändern ihre Geschwindigkeit oder werden einfach verschluckt. Ein über die ganze Welt gespanntes Netz von Erdbebenwarten registriert die Ankunftszeiten der Wellen und berechnet den Zeitabstand ihres Eintreffens sowie ihre Geschwindigkeit. Die wissenschaftliche Auswertung dieser Daten hat ergeben, daß das Erdinnere aus mehreren übereinanderliegenden Schalen aufgebaut ist, die sich in ihrer Dichte und Festigkeit wesentlich voneinander unterscheiden. Das hört sich alles recht einfach an, aber in der Praxis ist es für die Seismologen außerordentlich schwierig, Ordnung in das verwirrende Bild der aufgezeichneten Wellen zu bringen.

Große Verdienste auf diesem Gebiet hat sich Richard Oldham erworben, der sich auf das Studium der seismischen Wellen spezialisiert und sehr bald eine bemerkenswerte Entdeckung gemacht hat: bei jedem großen Erdbeben werden die P-Wellen in den Antipoden-Warten nur schwach empfangen, die S-Wellen bleiben sogar völlig aus. Ein Beben, das sich in Guatemala ereignet, wird also in Bombay – auf der gegenüberliegenden Seite der Erdkugel – nur ganz schwach vermerkt, während es in Paris deutlich registriert wird. Irgendeine undurchlässige Schicht im Inneren der Erde muß die seismischen Wellen bremsen. Oldham verfolgt diese rätselhafte Erscheinung und kommt zu dem Schluß, daß die Wellen im Erdkern gebrochen und aufgeschluckt werden. Demnach muß dieser Kern flüssig sein, denn nur so ist der Ausfall der S-Wellen zu erklären, die sich, im Gegensatz zu den P-Wellen, nur in einem festen Medium fortpflanzen können.

Die seismologischen Forschungen gehen weiter...

Bei einer groben Tiefengliederung des Erdkörpers unterscheidet man Kruste, Mantel und Kern. Der Kern hat einen Durchmesser von 3500 km, seine obere Grenze liegt in 2900 km Tiefe.

1 Wenn das Erdinnere einen homogenen Aufbau besäße, würden sich die seismischen Wellen gradlinig fortpflanzen. Sie würden weder gebrochen noch reflektiert und stets die gleiche Geschwindigkeit beibehalten.
2 Versuche haben ergeben, daß sich die seismischen Wellen brechen, daß sie reflektiert werden und daß sich ihre Fortpflanzungsgeschwindigkeit in bestimmten Zonen schlagartig ändert. Das ist der Beweis für den Schalenbau der Erde.

Erdbeben

S-Wellen
P-Wellen

Kern

1   2

Diese Werte wurden 1913 von dem jungen deutschen Geophysiker Beno Gutenberg ermittelt, der einige Jahre später einen Ruf an das berühmte *California Institute of Technology* erhält. Gutenberg ist trotz seiner großen wissenschaftlichen Erfolge nicht frei von Komplexen – die man übrigens häufig bei Seismologen beobachten kann: er hat noch kein einziges Erdbeben miterlebt! Während eines gemeinsamen Spaziergangs durch das Universitätsgelände unterhält sich Gutenberg am 10. März 1933 angeregt mit Albert Einstein über seismische Wellen. „Achtung – ein Erdbeben!" warnt sie plötzlich einer ihrer Mitarbeiter. „Was für ein Erdbeben?" fragen Gutenberg und Einstein verwundert. Sie haben im Eifer der Diskussion keine Erschütterung wahrgenommen. Und dies passiert einem Seismologen!

Der Forschungsauftrag, den Gutenberg zusammen mit seinem Kollegen Charles Richter übernommen hat, besteht vorwiegend aus zeitraubender Kleinarbeit. An Hand Tausender von Seismogrammen aus allen Teilen der Welt erstellen sie Tabellen, aus denen ersichtlich wird, mit welcher Geschwindigkeit sich die Wellen in den verschiedenen Schalen des Erdinnern fortpflanzen. Gleichzeitig mit ihnen stellen in Europa Harold Jeffreys und sein Assistent Edward Bullen ähnliche Berechnungen, jedoch auf rein mathematischer Basis, an. Jeffreys gilt als Universalgenie und genießt auf den Gebieten der Astronomie, Geophysik und Mathematik Weltruf. Sein Interesse gehört vor allem dem Ursprung der Himmelskörper – doch da der blaue Planet das für ihn einzig erreichbare Gestirn ist, beschließt er, wenigstens dieses gründlich zu untersuchen und mit Hilfe seismischer Wellen zu durchleuchten. Bullen – ebenfalls ein vielversprechender Mathematiker – hat sich der Erdbebenforschung verschrieben, nachdem er in seiner Heimat Neuseeland Zeuge des großen Bebens von 1931 geworden war. Die amerikanische und die europäische Forschungsgruppe kamen nach zehnjähriger Arbeit auf völlig verschiedenen Wegen zu Ergebnissen, die sich kaum voneinander unterscheiden.

Nach ihren Berechnungen beträgt die Fortpflanzungsgeschwindigkeit der P-Wellen in der Kruste 3 km/sec. Sie nimmt aber plötzlich zu, sobald diese Wellen den Mantel erreichen. Innerhalb des Mantels wächst die Geschwindigkeit ständig, bis die Wellen an den Kern stoßen.

Hier wird nun ein Großteil der Wellen gebrochen. Diejenigen Wellen, die in den Kern eindringen können, werden plötzlich in dem flüssigen Medium deutlich langsamer und pflanzen sich nur noch mit einer Geschwindigkeit von 8 bis 14 km/sec fort. Erreichen sie eine noch größere Tiefe, so treffen die seismischen Wellen – nach wissenschaftlichen Untersuchungen der Dänin Inge Lehmann – erneut auf eine härtere Schicht, von der sie abgelenkt werden.

Sie sind jetzt in den inneren Kern vorgedrungen, der einen Durchmesser von 1200 km hat.

Gutenbergs Berechnungen ergeben schließlich, daß die Geschwindigkeit der Erdbebenwellen in der äußeren Zone der Erdkugel – zwischen der Erdoberfläche und etwa 70 km Tiefe – auf ein hartes, starres Material schließen läßt, daß aber die leichte Verlangsamung der Wellen in einem Bereich zwischen 70 und 250 km Tiefe, im äußeren Mantel also, auf eine weichere, plastische Schicht hinweist. Auf dieser „Schmierschicht", der Asthenosphäre (griech.: asthenos = schwach), kann die darüberliegende starre Schicht gleiten. Dreißig Jahre lang glaubt kein Wissenschaftler ernsthaft an diese „weiche Schicht" Gutenbergs. Erst in dessen Todesjahr, als Chile am 22. Mai 1960 von einem der furchtbarsten Erdbeben unseres Jahrhunderts heimgesucht wird, ist die Fachwelt von der Existenz der Asthenosphäre überzeugt.

Nach diesem Erdstoß bebt die Erde noch wochenlang nach – die Erschütterungen pflanzen sich innerhalb einer Stunde von einem Ende der Welt zum anderen fort. Die beiden amerikanischen Seismologen Frank Press und Don Anderson analysieren die Seismogramme dieses Bebens und kommen zu dem Schluß, daß ihre Ergebnisse am besten mit dem Vorhandensein von weichen Schichten erklärt werden können.

Wie der Klang eines Glockenspiels von

Elektromagnetische Seismographen sind außerordentlich empfindlich. Ihre Präzision kann sich aber auch nachteilig auswirken: 1967 stellte der Geophysiker Claude Blot einige dieser Instrumente auf der Liparischen Insel Vulcano auf. Außer den „echten" Erdbeben zeigten sie leider auch die Ankunft der großen Linienschiffe und die Erschütterungen an, die durch ein Stromerzeugungsaggregat ausgelöst wurden, das ein 1000 m entfernt liegendes Hotel mit Energie versorgte; sie schlugen ebenfalls aus, wenn Touristen den Vulkan bestiegen oder Ziegen in der Nähe weideten.
Die Seismographen auf Guadeloupe registrieren sogar ganz deutlich die Stoßwelle der Concorde, die auf ihrem Flug nach Caracas die Insel in einigen tausend Metern Höhe überfliegt.
Die hochempfindlichen Seismographen, die auf dem Mond aufgestellt wurden, registrieren noch nicht einmal 1000 Gramm schwerer Meteoriten auf der gesamten Mondoberfläche.

dessen Form und Zusammenstellung abhängt, so lassen die Schwingungen der Erde während eines starken Bebens Rückschlüsse auf ihre innere Struktur zu. Der berühmte Ozeanograph Ewing, den wir schon an anderer Stelle zitierten, drückt das gleiche etwas drastischer aus: „Wirf ein Klavier die Treppe hinunter, und du kannst seinem Klang entnehmen, aus welchen Teilen es besteht!"

Spektakuläre Laborversuche: Blick ins Erdinnere

Nachdem Aufbau und physikalische Eigenschaften des Erdinneren in groben Zügen bekannt sind, drängt es die Erdwissenschaftler, Näheres über die Zusammensetzung der einzelnen Schalen zu erfahren. Zu diesem Zweck simulieren Francis Bird in Harvard (USA) und Edward Ringwood in Canberra (Australien) die Druck- und Temperaturbedingungen, die im Erdinneren herrschen, im Labor. Unter diesen Bedingungen setzen sie verschiedene Gesteinsproben künstlich ausgelösten seismischen Wellen aus und vergleichen die Geschwindigkeit der im Labor erzeugten P- und S-Wellen mit der Fortpflanzungsgeschwindigkeit der Erdbebenwellen, die sich unter gleichen Druck- und Temperaturbedingungen im Erdinnern ausbreiten. Sobald die Werte übereinstimmen, bedeutet dies, daß das Erdinnere in dieser Zone die gleiche Zusammensetzung aufweist wie die zum Experiment herangezogene Gesteinsart. In mühevoller Kleinarbeit testen Bird und Ringwood nacheinander alle Gesteine und erhalten schließlich ein lückenloses Bild vom Aufbau der Erde. Lange Zeit bestand die Hauptschwierigkeit dieses Verfahrens darin, daß man nur Drücke von höchstens 200 000 Atmosphären erzeugen konnte, während man in größeren Tiefen der Erde mit weitaus höheren Drücken rechnen muß. Mit Hilfe einer neuen Technik hat man aber auch dieses Problem gelöst. Man bringt Gesteinsproben unter Verschluß zur Explosion und erzielt auf diese Weise – für Millionstel Bruchteile einer Sekunde – ähnliche Druckwerte wie im Erdkern. Während dieser winzigen Zeitspanne zwischen der Zündung und dem Zerfall der Gesteinsproben erfassen hochempfindliche elektronische Geräte Dichte, Druck und die Fortpflanzungsgeschwindigkeit der P- und S-Wellen.

Die Erde sieht wie ein Pfirsich aus.

Die Forschungen über die Zusammensetzung der Erde sind noch in vollem Gang, und unsere Kenntnisse ändern sich je nach dem Forschungsstand sehr rasch. Doch in großen Zügen können wir uns ein zutreffendes Bild von der stofflichen Zusammensetzung unseres Planeten machen.

Die Erde läßt sich mit einem Pfirsich vergleichen: sie hat eine *Haut, Fleisch* und einen *Kern.* Ihre *Haut* – die Lithosphäre (griech.: lithos = Stein) – ist 70 km dick und von fester Beschaffenheit. Sie besteht aus Basalt, hat eine Dichte von 3,5 (Wasser hat die Dichte 1) und ist Drücken zwischen 1 bis 10 000 Atmosphären ausgesetzt. Die Temperaturen schwanken zwischen 0° und 150° C. In den oberen Teil der Lithosphäre sind die kontinentalen Krusten eingebettet, die bis zu 40 km dick sind und aus granitischem Material bestehen. Auf den Ozeanböden liegt der Basalt der Lithosphäre bloß und bildet die ozeanische Kruste.

Das *Fleisch* – der Mantel – ist 2800 km dick, bis in eine Tiefe von 250 km von weicher Beschaffenheit, darunter wieder hart. Er besteht aus Peridotit, einem Gestein, das reich an Silizium, Eisen und Magnesium ist. Seine Dichte schwankt zwischen 5,5 und 9,5. Im Mantel herrschen Drücke zwischen 10 000 und einer Million Atmosphären, die Temperaturen liegen zwischen 150° und 3500° C. Der weiche Teil des Mantels, die Asthenosphäre, ist der Sitz von Konvektionsströmen. Den Begriff „weich" darf man nicht wörtlich nehmen. Die Asthenosphäre ist ebensowenig weich wie ein Gletscher, kann sich aber wie dieser – langfristig gesehen – verformen und fließen.

Der *Kern* hat einen Radius von 3471 km. Seine äußere Zone ist weich, das Innere hart. Er besteht aus Eisen, Nickel und Schwefel, hat eine Dichte zwischen 11,5 und 13 und ist Drücken zwischen 1 und 4 Millionen Atmosphären unterworfen. Im Kern herrschen Temperaturen zwischen 3500° und 5000° C. Den „weichen" Teil des Kerns bezeichnet man als „äußeren Kern", den „harten" Teil, mit einem Radius von 1200 km, nennt man „inneren Kern".

Das Eisen sinkt ins Erdinnere

Wie kann man sich diesen komplizierten Aufbau der Erde erklären? Es gibt eine Fülle wissenschaftlicher Theorien, die von der Konzentration gasartiger Nebel über den Zusammenprall der Sonne mit einem Himmelskörper bis zur Explosion eines Sterns reichen. All diese Vorstellungen – mit einer Ausnahme – gehen davon aus, daß bei der Entstehung der Erde hohe Temperaturen geherrscht haben. Die jüngsten Forschungen deuten aber darauf hin, daß unser Planet „kalt" geboren wurde. Die Begründung ist einfach: wäre die Erde bei ihrer Geburt glutflüssig gewesen, gäbe es hier heute weder Gase noch Wasser; diese Stoffe hätten sich ins Weltall verflüchtigt. Nur eine Hypothese hält dieser Kritik stand. Sie stammt von dem Nobelpreisträger für Chemie Professor Harold Urey, der sie 1950 aufgestellt hat. Seiner Meinung nach liegt die Geburtsstunde der Erde 5 Milliarden Jahre zurück. Aus kosmischem Staub und kalten Gasen kommt es in einer leeren Zone unseres Milchstraßensystems zur Bildung einer gigantischen sphärischen Wolke, die sich langsam zu drehen beginnt, sich allmählich immer stärker verdichtet und zur Entstehung eines Protosterns führt. Dieses Gebilde zieht sich immer mehr zusammen und dreht sich immer schneller, bis sich 99,9% seiner Masse zu einem Stern zusammenballen. Dieser Stern, der aus Wasserstoff und Helium besteht, ist nichts anderes als unsere Sonne. Ihre Temperatur steigt sehr schnell auf 15 Millionen ° C, da durch thermonukleare Reaktionen gewaltige Energiemengen freigesetzt werden. Während dieses erregenden Schöpfungsvorgangs ordnen sich die restlichen 0,1% der ursprünglichen Masse zu einer Reihe konzentrischer Ringe um die Sonne an. Diese Ringe lösen sich im Laufe der folgenden 10 Milliarden Jahre auf, der kosmische Staub und die Gase, aus denen sie zusammengesetzt sind, wirbeln durcheinander und verdichten sich. Diesem Vorgang verdanken nicht nur die Erde, sondern auch alle anderen Planeten unseres Sonnensystems ihre Entstehung. Sämtliche Elemente, die wir heute auf der Erde vorfinden und

Dem Vulkanismus verdanken wir zwei wichtige Voraussetzungen für das Leben auf der Erde: Die Atmosphäre, die sie umgibt, und das Wasser. 20 Millionen Tonnen Kohlendioxid und mindestens die zehnfache Menge Wasserdampf wurden von dem isländischen Vulkan Laki bei seinem großen Ausbruch im Jahre 1783 ausgestoßen.

Die Dampfwolke, die sich nach der Eruption des Eldfell (Island) 1973 gebildet hat.

ginnt. Es „fällt" in den Mittelpunkt der Kugel und bildet dort den „Kern". Auch bei diesem Vorgang wird Energie abgegeben (vergleichbar mit der Kraft herabstürzender Wassermassen). Energie bedeutet Wärme – also erhöht sich die Temperatur im Erdinneren abermals, und zwar um 2000°C. Ein großer Teil der Erde wird schmelzflüssig. Die leichten Elemente wie Silizium, Aluminium, Kalzium, Kalium und Natrium steigen an die Oberfläche und bilden dort eine erste Kruste. Die schweren Elemente wie Eisen, Nickel, Gold und Platin sinken in den Kern. Zwischen diesen beiden Zonen bildet sich der Mantel. Ein Teil der radioaktiven Elemente sind Verbindungen mit den leichten Elementen eingegangen und mit diesen in höhere Schichten aufgestiegen, wo sie die Wärme, die sie freisetzen, leichter abgeben können. Diese Konzentration radioaktiven Materials in der oberflächennahen Zone der Erdkugel hat wichtige Konsequenzen: durch die freiwerdende Energie schmilzt der obere Teil des Mantels und wird damit zum Sitz gewaltiger Konvektionsströme. In dieser Entwicklungsphase unserer Erde begann möglicherweise die Drift der Kontinente.

Auf der Erde läßt es sich leben

Schließlich ist noch ein weiteres Ereignis zu erwähnen, das für uns als Lebewesen von großer Bedeutung ist: die „Entgasung der Erde". Als sich in der Erdkugel Kern, Mantel und Kruste bildeten, spuckten Vulkane Wasser, Stickstoff, Wasserstoff und Kohlendioxid aus und ermöglichten die Entstehung der lebensnotwendigen Atmosphäre und Ozeane. Dann wird von den ersten Pflanzen, die sich auf der Erde ansiedeln, Sauerstoff produziert. Nun kann sich Leben auf der Erde einstellen, die Landschaft und die Lebensbedingungen sind geschaffen. Doch nur durch eine Reihe glücklicher Zufälle ist das Leben auf der Erde Wirklichkeit geworden. Der Geburtsort unseres Planeten liegt in der günstigsten Entfernung von der Sonne; weder zu nah noch zu fern. Die Atmosphäre, die den Erdball umgibt, ist

die 90% ihres Gewichtes ausmachen, sind in diesem Stadium bereits vorhanden, insbesondere Eisen, Sauerstoff, Silizium und Magnesium. Durch die weitere Verdichtung dieser ursprünglich kalten Partikel steigt die Temperatur im Inneren des Erdballs an. (Auch die in der Luftpumpe zusammengepreßte Luft erwärmt sich!) Im Erdinneren herrschen bald Temperaturen von 1000°C – doch die einzelnen Elemente sind noch gleichmäßig in der Erdkugel verteilt.
Nun beginnt ein entscheidender Prozeß: die radioaktiven Elemente, die in den irdischen Gesteinen enthalten sind, arbeiten wie Millionen kleinster Kernkraftwerke und setzen Energie, d.h. Wärme, frei. Die Folge davon ist, daß eine Milliarde Jahre später die Temperaturen in einer Tiefe zwischen 400 und 800 km so weit angestiegen sind, daß das Eisen zu schmelzen be-

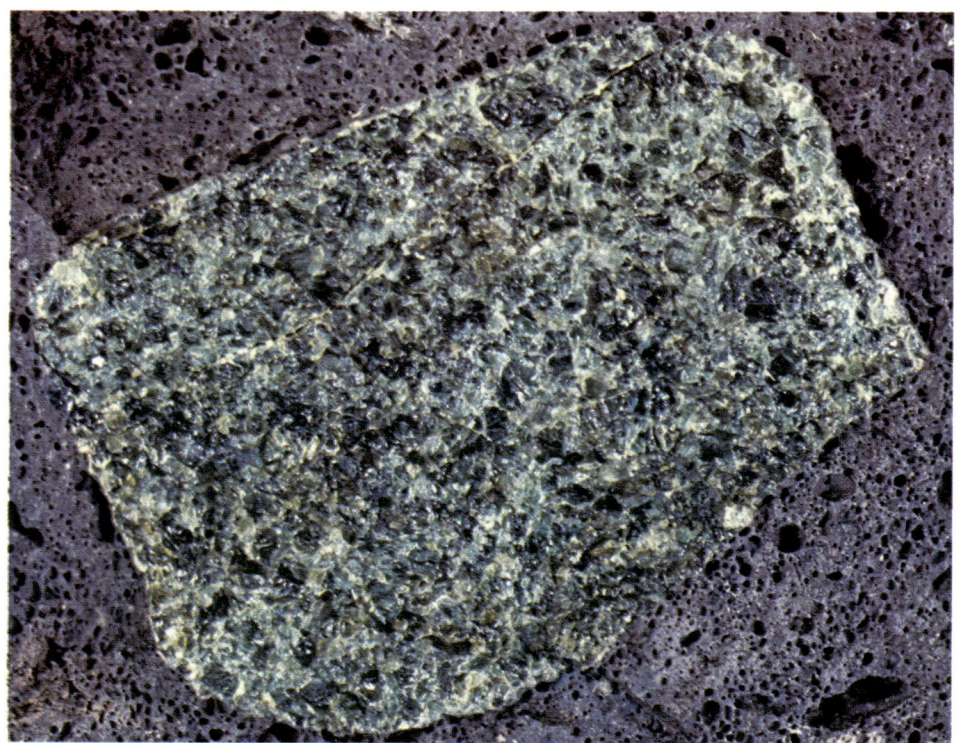

Im Basalt eingeschlossener Peridotitknollen (Velay/Frankreich). Deutlich zu erkennen sind die gelbgrünen Olivinkristalle, die dunkelgrünen Pyroxene und der schwarze Spinell.

nicht zu dicht, aber auch nicht zu dünn, sondern gerade richtig beschaffen, um die lebensbedrohenden Strahlen aus dem All abzuschirmen. Außerdem hat die Erde genau die richtige Größe. Wäre sie kleiner, würde ihre Schwerkraft nicht ausreichen, sich eine Atmosphäre zu schaffen. Wäre sie größer, hätte sie zu viele für das Leben schädliche Gase festgehalten. Die Temperaturen an ihrer Oberfläche liegen weder zu tief noch zu hoch. Sie bewegen sich zwischen 0° und 100° C, in einer für das Leben idealen Spanne. Wenn wir bedenken, daß die Temperaturen im Weltraum zwischen dem absoluten Nullpunkt und einigen Millionen Hitzegraden liegen, können wir nur sagen: die Natur hat es gut mit uns gemeint. Ohne das glückliche Zusammentreffen dieser für uns wichtigen Umstände wäre die Erde ein öder, von gähnenden Kratern übersäter Stern.

Doch wie lange wird unsere Erde noch

Rechte Seite unten:
An der Nordflanke des Ätna hat sich 1976 ein kleiner Kegel gebildet, aus dem zwei Lavaströme fließen; Gasexplosionen schleudern Bomben und Lapilli aus dem Krater. Bei den Gasen handelt es sich vorwiegend um Wasserdampf, dazu kommen Kohlendioxid, Kohlenmonoxid, Wasserstoff, Schwefeldioxid und Halogenwasserstoffsäuren.

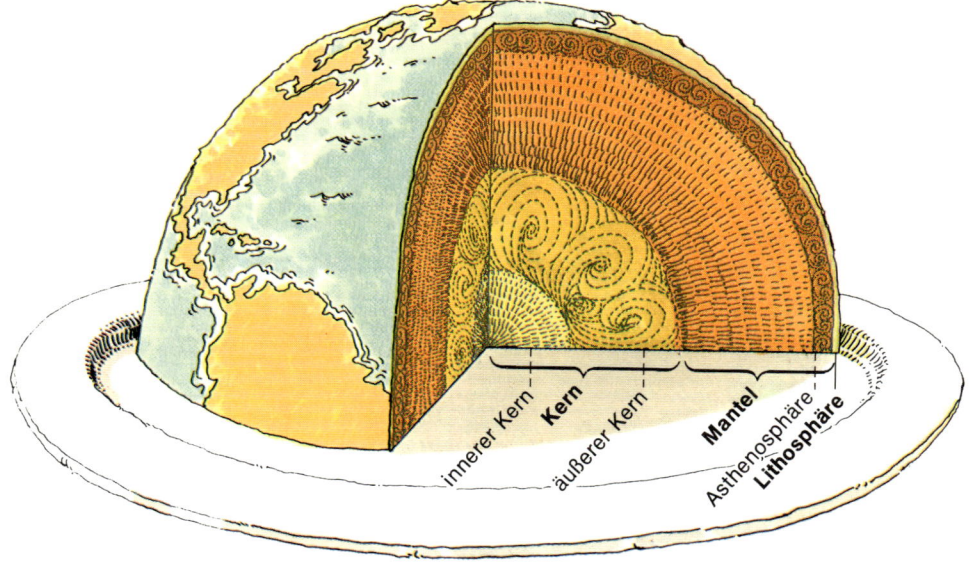

Dieser schematische Schnitt durch die Erdkugel zeigt die konzentrisch angeordneten Schalen.

Links: Ein Basaltstrom ergießt sich über die Hänge des Piton de la Fournaise (Insel Réunion). Diese Lava ist nichts anderes als entgastes Magma aus 70 km Tiefe; sie ermöglicht die Untersuchung magmatischen Gesteins aus großen Tiefen. *Rechts:* An dieser Fumarole haben sich Schwefelblüten gebildet (Merapi/Java). Diese Erscheinung findet man bei vielen Vulkanen; dabei ist jedoch noch nicht geklärt, woher der Schwefel stammt. Man nimmt an, daß er in der Form von Sulfiden in großen Mengen im Erdkern vorkommt.

bestehen? Seit wann existiert sie eigentlich? Mit diesen Fragen beschäftigen sich die Wissenschaftler schon seit Jahrhunderten.

Widersprüchliche Auffassungen über das Alter der Erde

Nach einer alten indischen Prophezeiung soll die Erde ein Alter von 4320 Millionen Jahren erreichen – was der Länge eines Tages im Leben Brahmas entspricht. Nach dieser Zeitrechnung war im Jahre 1978 etwa die Hälfte der Zeit – genau 1 972 942 079 Jahre! – verstrichen, so daß die Erde noch eine Lebenserwartung von nur 2,3 Milliarden (2 347 057 921) Jahren hätte. Natürlich entbehrt diese präzise Voraussage jeder wissenschaftlichen Grundlage. Sie ist aber insofern bemerkenswert, als sie das Alter der Erde bereits zehnmal höher veranschlagt als alle wissenschaftlichen Spekulationen, die in den letzten Jahrhunderten über diese Frage aufgestellt wurden, und das Alter der Erde, das man heute auf 4,7 Milliarden Jahre schätzt, nur um etwa 50% verfehlt.

Der französische Naturforscher Comte de Buffon war wohl der erste, der im 18. Jahrhundert das Alter der Erde mit wissenschaftlichen Methoden zu bestimmen versuchte: „Wir können unseren Planeten mit einer Eisenkugel vergleichen, die sich langsam abkühlt." In einem Modellversuch stellt er den Wärmeverlust bei einer solchen Kugel fest und bestimmt danach den Abkühlungsbetrag der Erdkugel. Nach seinen Berechnungen müßte die Erde ein Alter von 75 000 Jahren haben. Ein Jahrhundert später kommt der englische Geologe Charles Lyell auf ein Alter von 240 Millionen Jahren – doch die Mehrzahl der Geologen einigt sich auf ein ungefähres Alter von 100 Millionen Jahren und schließt sich damit der Meinung von Lord Kelvin an, dessen wissenschaftliche Autorität zu jener Zeit unantastbar ist. Lord Kelvin beeindruckt seine Kollegen durch eine Reihe von Argumenten, verschont sie aber mit langen mathematischen Formeln. Auch seine Beweisführung fußt auf dem Wärmeverlust der Erde. Er geht davon aus, daß sich die Erde ur-

sprünglich in einem glutflüssigen Zustand befand und sich während des Abkühlungsprozesses immer mehr zusammenzog. Dabei bildeten sich auf ihrer Haut Runzeln wie bei einem Apfel, der gekocht wird. Diese Runzeln sind die Gebirge und Gräben, die die Erdoberfläche durchziehen. Kelvin rechnet sich aus, daß der Abkühlungsvorgang frühestens vor 100 Millionen Jahren habe beginnen können – fügt aber einschränkend hinzu, daß seine Schätzung nur dann gültig sein könne, wenn außer der Schwerkraft und dem hohen Druck keine weitere Energiequelle im Erdinneren wirksam sei.

Das Ende der Welt naht

Der dunkle Verdacht Lord Kelvins bestätigt sich sehr bald: es gibt tatsächlich eine weitere, bisher unbekannte Energiequelle!

Sieben Jahre nach der Entdeckung der Radioaktivität durch Henri Becquerel überrascht am 6. März 1903 Pierre Curie die wissenschaftliche Welt mit seiner Entdeckung, daß das radioaktive Element Radium laufend Wärme freigibt. Zur gleichen Zeit erbringt der junge neuseeländische Physiker Ernest Rutherford, Professor an der McGill-Universität in Montreal, den Nachweis, daß alle auf der Erde vorkommenden Gesteine einen bestimmten Anteil radioaktiver Substanzen enthalten, die sich nach ganz bestimmten Gesetzen in andere, stabilere Stoffe verwandeln und dabei große Energiemengen freisetzen. Während eines Kongresses über Probleme der Radioaktivität legt Rutherford im Frühjahr 1904 seine Forschungsergebnisse der *Royal Institution* in England vor. In dem folgenden Bericht erinnert er sich an seinen denkwürdigen Vortrag: „Obwohl es im Hörsaal fast dunkel war, erkannte ich doch Kelvin schon beim Eintreten an seinem langen, weißen Bart. Da saß er nun, der berühmte Wissenschaftler, der für seine großen Verdienste um die Verlegung des ersten transatlantischen Kabels sogar in den Adelsstand erhoben worden war. Ganz bestimmt würde es gegen Ende meines Vortrags, wenn ich über das Alter der Erde sprechen würde, großen

Lord Kelvin, einer der großen Physiker. Mit zunehmendem Alter wurde er leider unerträglich autoritär. In wissenschaftlichen Dingen duldete er keinen Widerspruch.

90°C heiße Schlammpfütze auf Celebes. Erscheinungen dieser Art sind Beweise für die hohen Temperaturen im Erdinneren.

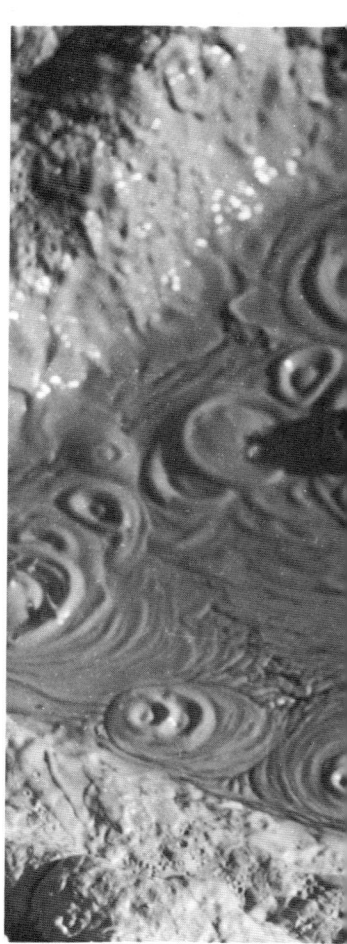

Ärger geben. Meine Vorstellungen wichen in diesem Punkt völlig von Kelvins Auffassung ab, und nichts haßte der inzwischen Achtzigjährige mehr als den Widerspruch eines Kollegen. Zunächst verlief alles gut, denn der alte Herr war eingenickt. Als ich jedoch das heikle Thema anschnitt, war der ‚Alte' plötzlich hellwach und warf mir einen düsteren Blick zu. Eine glückliche Eingebung rettete mich: ‚Lord Kelvin', improvisierte ich, ‚hat seine Berechnungen über das Alter der Erde dahingehend eingeschränkt, als sie nur dann Gültigkeit haben, wenn jede weitere Energiequelle im Erdinneren ausgeschlossen werden kann. Mit seherischem Blick hat er die Radioaktivität des Radiums schon damals vorausgesehen.' – Das Gesicht des ‚Alten' erhellte sich."

Rutherford hatte keinen leichten Stand, seine Hörer davon zu überzeugen, daß man Kelvins Theorie, die Erde werde immer kälter, nicht mehr aufrechterhalten könne, da die laufende Wärmeabgabe beim Zerfall radioaktiver Elemente den Abkühlungsprozeß beträchtlich verzögere. Ein Sensationsblatt kommentierte Rutherfords Vortrag am folgenden Tag mit den Schlagzeilen: „Das Ende der Welt ist in Sicht!"

Im gleichen Jahr, in dem Lord Kelvin stirbt, erhält Rutherford den Nobelpreis und wird ein Jahr später geadelt. In einem Brief an seine Eltern schreibt er: „Trotz dieser Ehrungen bleibe ich der Alte."

Eine magische Uhr

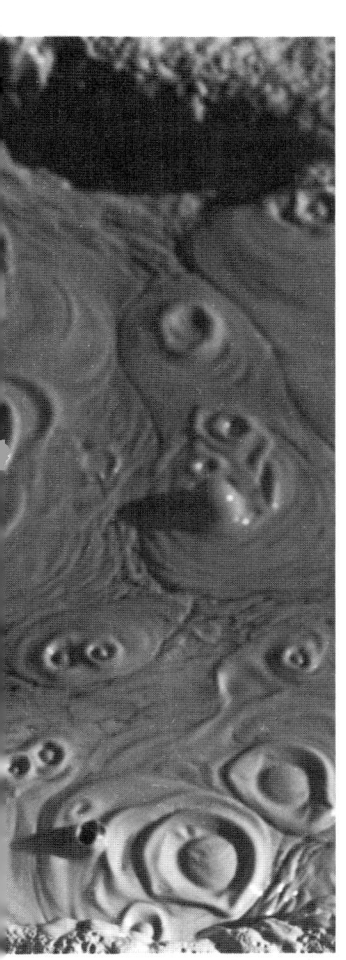

Von nun an überstürzen sich die Entdeckungen. Sie reichen von der Identifizierung zahlreicher radioaktiver Elemente bis zur Entwicklung verschiedenartiger Methoden für die Altersbestimmung der Gesteine. Man hat erkannt, daß man in der natürlichen Radioaktivität die Zauberuhr gefunden hat, mit der man die gewaltigen Zeiträume messen kann, in denen die Entwicklungsgeschichte unseres Planeten gesehen werden muß. Jedes radioaktive Atom verwandelt sich beim Zerfall in ein anderes Atom. Auch dieses neu entstandene Atom ist wieder radioaktiv und zerfällt seinerseits, wobei ein drittes radioaktives Atom entsteht. So geht es kettenartig weiter, bis als Endprodukt das Element Blei entsteht, das stabil ist, also nicht mehr zerfällt.

Bei seiner Entstehung enthält jedes Gestein eine bestimmte Menge des radioaktiven Elementes A. Allmählich nimmt der Anteil von A ab, während ein neuer Anteil des radioaktiven Elements B hinzukommt. Aus dem Verhältnis der A- und B-Anteile im Gestein kann man dessen Alter bestimmen. So einfach, wie es sich hier darstellt, ist das Verfahren jedoch nicht. Ein Stückchen Basalt, das etwa eine Million Jahre alt ist und 10 Gramm wiegt, enthält beispielsweise weniger als ein Tausendstel Milligramm radioaktiver Substanzen. Diese winzigen Mengen sind nur mit Hilfe eines hochempfindlichen Instruments – des Massenspektrographen – quantitativ bestimmbar.

Die radioaktiven Uhren laufen unterschiedlich schnell, da die Halbwertszeit der einzelnen radioaktiven Stoffe verschieden groß ist. Unter Halbwertszeit versteht man die Zeit, die nötig ist, die Hälfte der vorhandenen radioaktiven Substanz in ein neues stabileres Element umzuwandeln. Bei Radium beträgt die Halbwertszeit 1622 Jahre. Enthält ein Stein bei seiner Entstehung 10 Gramm Radium, beträgt sein Radiumanteil nach 1622 Jahren noch 5 Gramm und nach weiteren 1622 Jahren noch 2,5 Gramm. Die ursprünglich vorhandene Menge halbiert sich also bei diesem Beispiel alle 1622 Jahre.

Folgende sechs radioaktiven Elemente sind für die Gesteinsdatierung besonders geeignet:

zwei Uranisotope, die beide in Blei zerfallen (das eine hat eine Halbwertszeit von 4,5 Milliarden Jahren, das andere von 700 Millionen Jahren),

Thorium, das in Blei zerfällt (Halbwertszeit 15 Milliarden Jahre),

Rubidium mit dem Zerfallsprodukt Strontium (Halbwertszeit 47 Milliarden Jahre),

ein Kaliumisotop, das in Argon zerfällt (Halbwertszeit 12 Milliarden Jahre),

das Kohlenstoffisotop ^{14}C mit dem Zerfallsprodukt Stickstoff (Halbwertszeit 5570 Jahre).

Jede dieser sechs radioaktiven Uhren erfüllt ihre besondere Aufgabe innerhalb eines bestimmten zeitlichen Bereichs. Schon die ersten Berechnungen des Chemikers Bertram Boltwood aus dem Jahre 1906 lassen erkennen, daß das Alter der Erde in einer Größenordnung von Jahrmilliarden gemessen werden muß. Auf der ganzen Welt schießen Institute, die die „radioaktive Geochronologie" anwenden, wie Pilze aus der Erde. Jetzt lassen sich endlich die verschiedenen Erdzeitalter, die geologischen Schichten und die kleinsten Unterteilungen der Erdgeschichte, die von den Paläontologen aufgestellt wurden, exakt datieren. Das Alter der Fossilien, der Ablagerungen, der Gebirgsketten, der Granitintrusionen und der Lavadecken kann genau bestimmt werden. Doch wer findet das älteste Gestein, das Rückschlüsse auf das Alter der Erde zuläßt? Bei der grönländischen Stadt Godthab stößt man 1966 am Amitsogfjord auf die älteste bis dahin gefundene Gesteinsprobe: sie ist 3,9 Milliarden Jahre alt!

Doch neben irdischen Gesteinen testet man auch das Alter von Meteoriten und Mondgestein. Dabei stößt man auf die überraschende Tatsache, daß alle Meteoriten das gleiche Alter wie die ältesten Mondgesteine aufweisen – nämlich 4,7 Milliarden Jahre.

Claire Patterson vom *California Institute of Technology* schließt daraus, daß unser Planet gleichzeitig mit den Meteoriten im Sonnensystem entstanden ist und sein Alter zwischen 4,55 und 4,8 Milliarden Jahre beträgt.

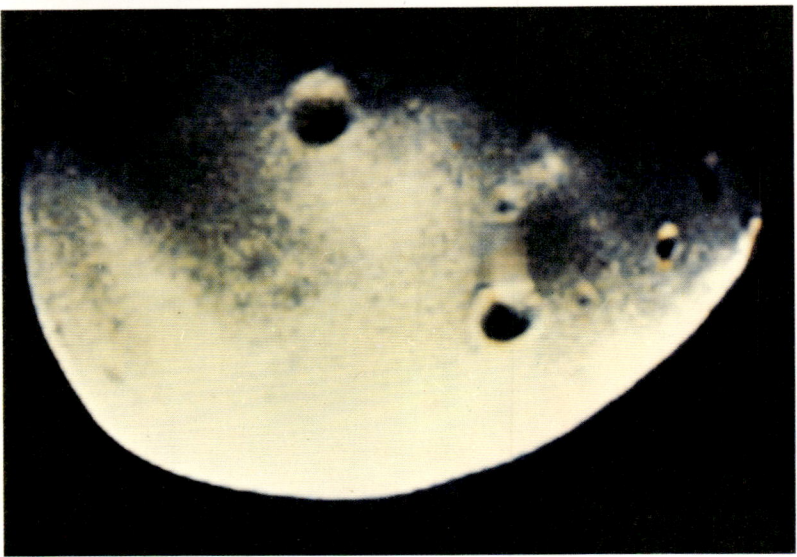

Kühlt sich die Erde ab?

Eine letzte Frage bleibt noch offen: was geschieht mit der Wärme, die beim Zerfall radioaktiver Stoffe frei wird? Sie treibt den gewaltigen Motor im Inneren der Erde an und versorgt ihn laufend mit ungeheuren Energiemengen, die in allen Schichten der Erdkugel gespeichert sind. Die wichtigsten Erzeuger radioaktiver Wärme sind dabei: Uran, Thorium und das radioaktive Kalium. Bei seiner Entstehung enthält eine Tonne Granit 4 g Uran, 13 g Thorium, 4 g radioaktives Kalium, während die gleiche Menge Basalt nur 0,5 g Uran, 2 g Thorium und 1,5 g radioaktives Kalium enthält. Ein Kubikzentimeter Granit braucht 500 Millionen Jahre, bis er genügend Energie freigesetzt hat, um ein Glas Wasser zum Kochen zu bringen. Auf den ersten Blick scheint es sich also um sehr geringe Energiemengen zu handeln, die bei dem radioaktiven Zerfall frei werden. Man muß sich jedoch die ungeheuren Dimensionen unseres Planeten vor Augen halten und bedenken, daß die radioaktiven Anteile in einer Tonne Gestein zwar wenig „bringen", daß aber die gewaltige Masse unserer Erde ($5,98 \cdot 10^{21}$ Ton-

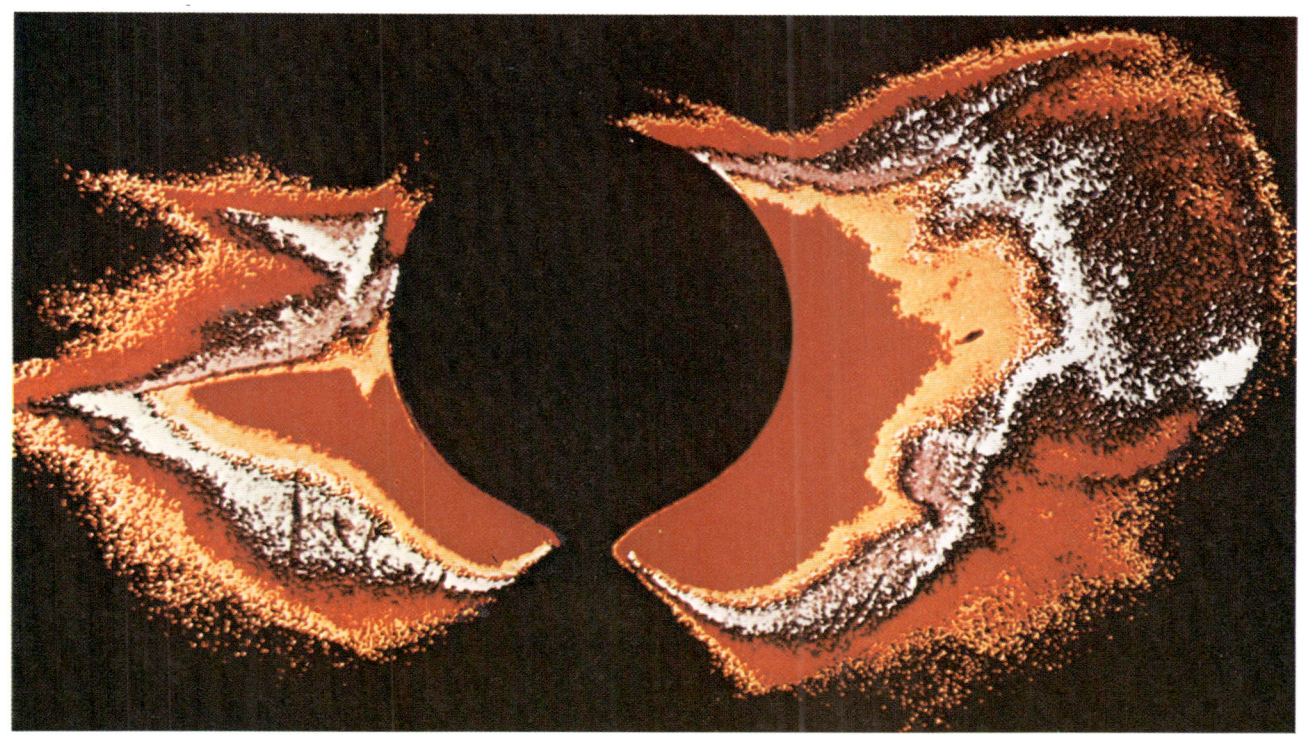

Die Atmosphäre der Sonne (Korona) durch eines der acht Teleskope des Raumschiffs Skylab gesehen. Jede Farbe entspricht einer bestimmten Temperatur.

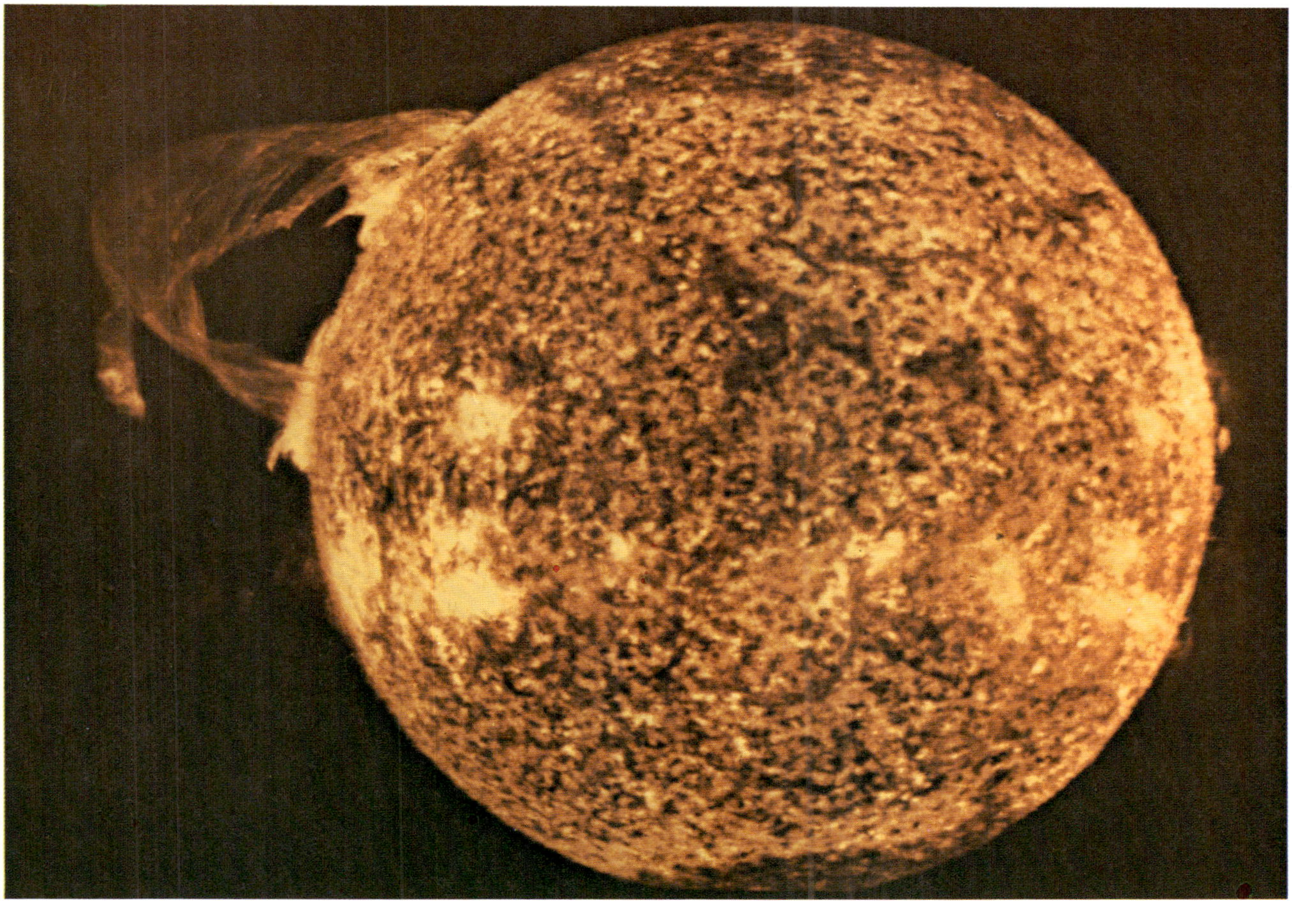

Eine Sonneneruption mit dem Ultraviolettfilter aufgenommen. Der glühende Gasbogen wölbt sich 400000 km hoch.

Man kann mit Sicherheit sagen, daß die geothermische Energie nach menschlichem Ermessen unerschöpflich ist. Die Erde wird ihre Wärme noch einige Jahrmilliarden bewahren.
Links: Larderello (Toskana) ist das erste und immer noch produktivste geothermische Zentrum der Welt. Der Dampf, der hier unter hohem Druck aus den Bohrlöchern strömt, wird in Rohre gefaßt und über Turbinen geleitet.
In 13 Staaten wird die geothermische Energie schon wirtschaftlich genutzt.
Indonesien scheint neben der Afar-Region über die größten geothermischen Energievorräte zu verfügen. Schon heute strömt dort der Dampf aus zahlreichen Probebohrstellen.
Rechts:
Kawah Kamodjang/Java.

Diese Zeichnung veranschaulicht die drei verschiedenen Arten der Wärmeabgabe.

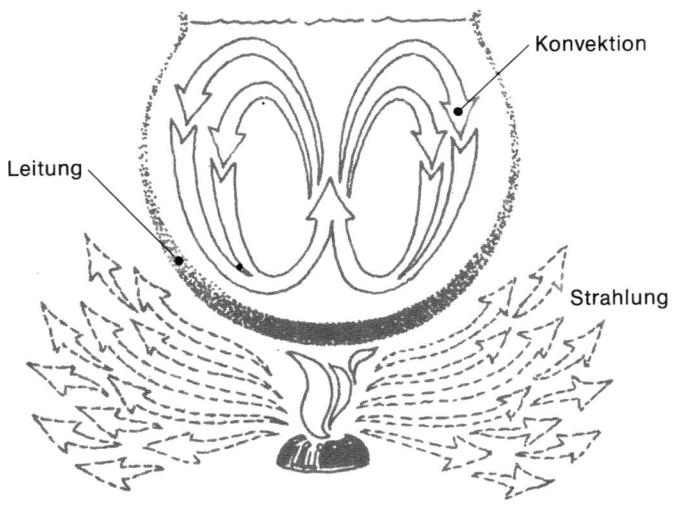

nen!) unvorstellbare Energiemengen freisetzt.

Die Wärmemenge, die jährlich an der Erdoberfläche abgegeben wird, entspricht 250 000 Kernexplosionen von je einer Megatonne; sie ist zehnmal größer als die gesamte Energiemenge, die die Menschheit pro Jahr verbraucht; sie beträgt das Tausendfache der Energie, die bei allen Erdbeben während eines Jahres frei wird. Doch die Energiemenge, die wir von der Sonne empfangen, ist 5000mal größer als die Wärmeabgabe der Erde.

Beim Zerfall radioaktiver Stoffe steht am Ende der Kette ein stabiles Element, das sich nicht mehr spaltet, folglich keine weitere Energie freisetzt. Langsam, aber sicher verringert sich demnach der Anteil radioaktiver Substanzen in der Erde. Vor 3 Milliarden Jahren wurde im Inneren der Erde noch doppelt so viel radioaktive Energie erzeugt wie heute. Die Gesteine, die aus dieser Zeit stammen, haben schon ein Drittel ihres Urans und drei Viertel ihres radioaktiven Kaliums verbrannt. Wann wird der radioaktive Vorrat aufgebraucht und unsere Erde ausgekühlt sein? Wir haben noch ein paar Milliarden Jahre Zeit! Auch wenn der radioaktive Ofen ausgegangen ist, bleibt es noch eine Weile warm, denn die Steine sind schlechte Wärmeleiter. Ein Lavastrom von 100 m Dicke braucht 300 Jahre, bis er völlig erkaltet ist. Wenn die Wärme aus dem Erdinneren nur durch Leitung (Konduktion) übertragen würde – wie bei der Heizplatte eines Elektroherdes –, bräuchte sie 60 Milliarden Jahre, bis sie an die Erdoberfläche gelangte. Ein Wärmetransport erfolgt jedoch auch durch Konvektion – auf- und absteigende Ströme in erhitzten Flüssigkeiten – und durch Strahlung – denken wir an die Sonneneinstrahlung! Durch das Zu-

sammenwirken dieser zwei Prozesse wird die Abkühlung der Erde beträchtlich beschleunigt.

Die Zukunft unseres Planeten

Das einzige Risiko für unsere Nachkommen – in etwa zwei Milliarden Jahren! – könnte darin bestehen, daß die Konvektionsströme im äußeren Mantel zum Stillstand kommen, da sich das Gesteinsmaterial verfestigt, sobald die radioaktiven Vorräte nicht mehr ausreichen, um genügend Wärme zu erzeugen. Dann wird es weder Vulkanausbrüche noch Erdbeben geben, keine Gebirgsbildung und keine Kontinentaldrift – denn die Kraft, die dies alles bewirkt hat, ist erloschen! Innerhalb von wenigen Zehnmillionen Jahren werden die Kontinente durch die Erosion so weit abgetragen sein, daß sie vom Meer überspült werden. Dann ist die Erde endgültig zum „Blauen Planeten" des Sonnensystems geworden. Doch davon sind wir glücklicherweise noch weit entfernt.

Jeder, der die Gelegenheit hat, ein Bergwerk zu besichtigen, kann sich selbst davon überzeugen, daß unser „Stern" noch große Wärmevorräte besitzt. Je tiefer er hinabsteigt, um so wärmer wird es. Alle 30 m nimmt die Temperatur um $1°C$ zu. Das ergibt eine Temperatur von $1000°C$ in 30 km und von $2000°C$ in 60 km Tiefe. Setzte man die Rechnung fort, käme man auf $200000°C$ im Erdinneren, einen Wert, der viel zu hoch liegt, denn man rechnet in dieser Region mit Temperaturen von höchstens $5000°C$. Die Temperaturzunahme um $1°C$ pro 30 m erfolgt nur bis zu einer Tiefe von etwa 100 km. Unterhalb dieser Marke nimmt die Temperatur sehr viel langsamer zu.

Und nun zur letzten Frage: befindet sich unser Planet zum gegenwärtigen Zeitpunkt noch im Stadium der Erwärmung oder bereits in der Phase der Abkühlung? Viele Wissenschaftler vertreten die Ansicht, daß sich die Erde zur Zeit in einem Gleichgewichtszustand befindet und weder wärmer noch kälter wird.

„Doch heute ist es hier still geworden. Die Ruhe dieser Landschaft, deren tausend Vulkane ausgedient haben, erfüllt uns mit Staunen. Verstummt ist das Brausen ihrer im Inneren verborgenen Orgeln, mit dem sie sich einst untereinander verständigt haben, erloschen sind ihre Feuergarben." (Antoine de Saint-Exupéry: Terre des hommes; deutsch: Wind, Sand und Sterne)

Oben:
Folgen der Erosion am Batok/Java: der erloschene Vulkankegel erinnert von weitem an einen Sonnenschirm.

Fließbänder auf dem Meeresgrund

Die kleine „Inse des Teufels" im Golf von Tadjura (Republik Djibuti) entstanc vor mehreren tausend Jahren als submariner Vulkan, der sich – im Gegensatz zu den vulkanischen Inseln im Pazifik – seit seiner Geburt ständig hebt und inzwischen aus dem Meer aufgetaucht ist. Man nimmt an, daß sich das aufgewölbte Rift, auf dem die Insel liegt, jährlich um 2–4 cm hebt. Die Ursache könnte ein Magmavorkommen in geringer Tiefe sein.

Charles Darwin und die Atolle

Man schreibt das Jahr 1831. Auf der *Beagle*, einem Dreimaster der britischen Admiralität, werden die Segel gesetzt. Es geht auf große Fahrt rund um die Welt. Die Hauptaufgabe dieser Expedition besteht darin, Längenbestimmungen rund um die Erde vorzunehmen, ein Auftrag, der vier Jahre und neun Monate beanspruchen wird. Au-

ßer den 73 Mann Besatzung befindet sich ein freundlicher junger Mann an Bord, der als zahlender Wissenschaftler an dieser Weltumseglung teilnehmen wird. Von den Matrosen wird er allerdings nicht ganz ernst genommen; sie kennen ihn als Fossiliensammler und meisterhaften Vogelpräparator und nennen ihn unter sich geringschätzig den „Mückenjäger". Damals ahnt noch niemand, daß Charles Darwin, so

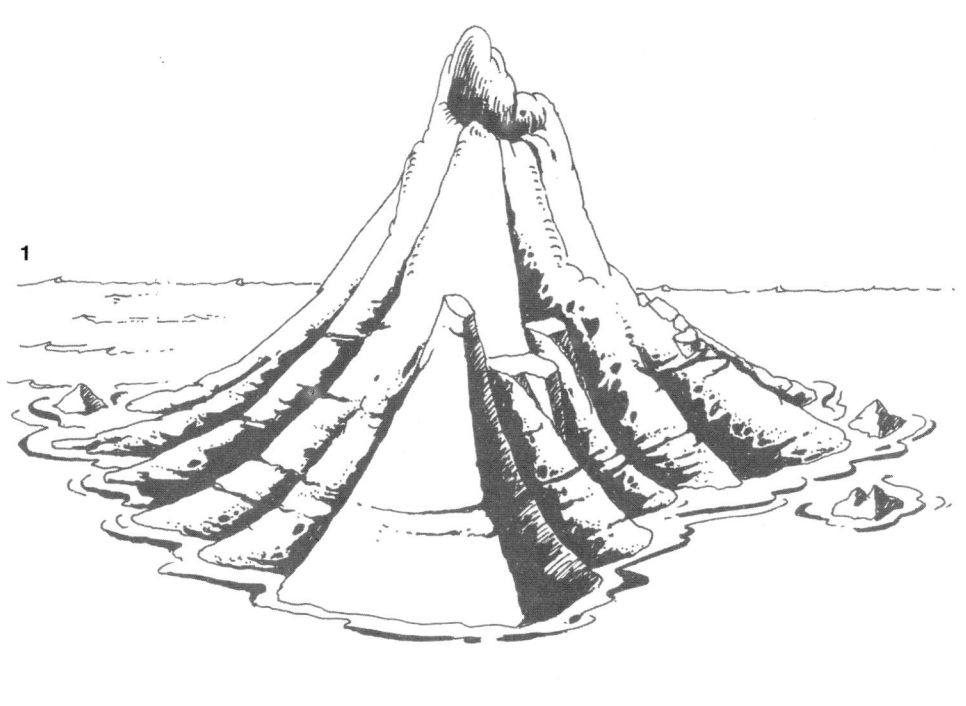

1

2

3

Die Entstehung eines Atolls:
1 Der junge Vulkan erhebt sich aus dem Meer.
2 Er sinkt ein – das Atoll, das sich kreisförmig um den Vulkan gebildet hat, bleibt bestehen.
3 Der Vulkan ist verschwunden – das Atoll umschließt eine zentrale Lagune.

heißt der junge Naturforscher, wenige Jahre später durch seine Erkenntnisse einen geistigen Aufruhr verursachen wird, der noch bis in unsere Tage nachklingt.

Für Darwin ist diese Schiffsreise kein reines Vergnügen; es vergeht kaum ein Tag, an dem er nicht unter den Folgen der Seekrankheit zu leiden hat. Um so erstaunlicher ist die Vielzahl seiner

86

wissenschaftlichen Entdeckungen, die Fülle von Beobachtungen, die er während dieser jahrelangen Expedition gewissenhaft aufzeichnet. Dabei gilt sein ganz besonderes Interesse den Atollen, deren Entstehung sich die Wissenschaftler zu jener Zeit noch nicht erklären konnten. Ihre kreisrunde Form und die Tatsache, daß sie alle eine zentrale Lagune umschließen, mußte einen bestimmten Grund haben. Aber welchen? Darwin sollte die Antwort finden, noch bevor er sein erstes Atoll zu Gesicht bekam.

„Die Atolle", überlegt er, „bilden sich um Inseln, die meist vulkanischen Ursprungs sind, und bestehen aus Korallen, die nur in der Flachwasserregion warmer Meere lebensfähig sind. Aus unbekannten Gründen senken sich diese Vulkaninseln im Lauf ihrer Geschichte und ziehen die Korallenriffe allmählich mit in die Tiefe. Glücklicherweise vollzieht sich der Senkungsvorgang so langsam, daß die Korallen genügend Zeit haben, sich auf den in der Tiefe absterbenden alten Kolonien neu anzusiedeln. Über Jahrmillionen hinweg kämpfen so die Korallen verzweifelt um ihren Lebensraum im oberflächennahen, lichtdurchfluteten Wasser, wo sie ausreichend mit Sauerstoff und Nahrung versorgt werden. Ist die ursprüngliche Vulkaninsel völlig im Meer verschwunden, bleibt der Korallenring bestehen; er umschließt einen seichten Lagunensee, der sich über der versunkenen Insel bildet."

Die endgültige Bestätigung fand Darwins brillante Theorie erst 120 Jahre später, als man bei Probebohrungen auf dem Eniwetok-Atoll, das zu den Marshall-Inseln gehört, in 1287 m Tiefe auf vulkanisches Gestein stieß. Nach den Berechnungen amerikanischer Geologen erhob sich an dieser Stelle vor 40 Millionen Jahren ein aktiver Vulkan aus dem Meer.

Ein Kriegsschiff wird zum Forschungsschiff

Auf die Frage, warum sich diese Vulkaninseln stetig senken, konnte Darwin noch keine Antwort geben. Erst etwa hundert Jahre später findet Harry Hess von der *Princeton University* eine Er-

klärung für dieses Phänomen. Das Spezialgebiet dieses jungen Geologen ist das Studium der Krustenbewegung auf der Erde. Da es für ihn feststeht, daß die Lösung zahlreicher Probleme nur auf dem Meeresboden zu finden ist, verlegt er seinen Arbeitsplatz von 1931 bis 1937 auf ein U-Boot. Während seiner Tauchfahrten führt er Schwerkraftmessungen im Karibischen Graben durch, erforscht den amerikanischen Festlandsockel und studiert die verschiedenen Formen der Unterwasservulkane. Dabei schwebt er ständig in Gefahr, eines Tages nicht mehr auftauchen zu können – so alt sind die U-Boote, die ihm von der amerikanischen Marine zur Verfügung gestellt wurden! Bei Ausbruch des Zweiten Weltkrieges meldet sich Hess freiwillig und wird 1943 in den Pazifik beordert. Dort überträgt man ihm das Kommando über die *Johnson*, einen 10 000-Tonner mit 300 Mann Besatzung. Dieses Schiff rüstet er zunächst einmal mit Echolotanlagen aus, die pausenlos in Betrieb sind. Von jetzt an wird das untermeerische Relief bei jedem Ortswechsel der *Johnson* automatisch aufgezeichnet. Und da Hess siebzehnmal den Pazifik durchquert, ist er schon sehr bald im Besitz wertvoller wissenschaftlicher Unterlagen: auf kilometerlangen Papierrollen sind die kleinsten Einzelheiten des Meeresbodens genauestens abgebildet. Hess hat das Kriegsschiff zum Forschungsschiff gemacht, mit dem nicht zu unterschätzenden Vorteil, keinerlei finanzielle Sorgen dabei zu haben. Unter den Matrosen findet er außerdem viele freiwillige Mitarbeiter; nicht selten wird er von der Wache geweckt, wenn der Echograph während der Nacht einen Tiefseegraben, einen hohen Gebirgsrücken oder einen kleinen Vulkankegel aufzeichnet.

Die geheimnisvollen Guyots

Als Hess eines Abends im Jahre 1944 südlich der Marshall-Inseln die neuesten Echogramme studiert, bemerkt er eine Oberflächenform, die er bis dahin noch nicht gesehen hat: einen steil aufragenden Berg, der einem Vulkan gleicht, dem man die Spitze abgeschnitten hat. Nach dieser Entdeckung stößt er auf eine ganze Reihe solcher Kegelstümpfe. Er nennt sie „Guyots" zu Ehren seines verstorbenen Vorgängers auf dem Lehrstuhl für Geologie an der *Princeton University* – Arnold Guyot. Diese seltsamen Kuppen, von denen er bis Kriegsende ungefähr 160 aufgezeichnet hat, sind alle zwischen 3000 und 4000 m hoch und haben eine völlig flache Gipfelebene, die selten mehr als 1000 m unter der Wasseroberfläche liegt. Besonders häufig treten diese submarinen Tafelberge zu beiden Seiten des Darwinrückens auf, der sich auf einer Länge von über 10 000 km vom Tuamotu-Archipel bis zu den Marianen-Inseln in nordwestlicher Richtung durch den Pazifik zieht.

Hess ist überzeugt davon, daß es sich bei den Guyots um ehemalige Vulkane handelt, die ihre Spitze durch die erodierende Kraft des Meeres eingebüßt haben und später im Meer ertrunken sind. Seine Hypothese wird tatsächlich bestätigt, als man 1956 Untersuchun-

so älter und liegen um so tiefer, je größer ihr Abstand von diesem submarinen Gebirgszug ist. Hess fragt sich, ob nicht äußerst starke Horizontalbewegungen des Meeresbodens als Erklärung für dieses rätselhafte Verhalten der Guyots herangezogen werden können, und begründet seine Vermutung mit einer Reihe von Argumenten.

Erstes Argument: Henry Menard und Robert Dietz haben auf dem Grund des Pazifiks ein parallel verlaufendes Spaltensystem von gewaltigem Ausmaß entdeckt. So entspricht die Clipperton-Bruchzone, um ein Beispiel herauszugreifen, in ihrer Länge etwa einem Viertel des Erdumfanges. Einige dieser Spalten haben sich ganz offensichtlich um mehr als 1000 km verschoben. Welche Folgen solche Verschiebungen haben können, sieht man ganz deutlich in Kalifornien und Schottland. Die berühmte San-Andreas-Spalte Kaliforniens ist beispielsweise über 1000 km lang; ihr Westrand hat sich im Verlauf von 40 Millionen

Laserstrahlen und Kontinentaldrift

Über ortsfeste Satelliten hoffen die Wissenschaftler genaue Werte von der Driftbewegung der Kontinente während der kommenden zehn Jahre ermitteln zu können. Zwei Laserkanonen, die jeweils auf einem Kontinent stationiert sind, sollen ihre Strahlen zu einem Satelliten schießen, der genau in der Mitte zwischen ihnen liegt und seine Position nicht ändert. Damit kann der Abstand zwischen den beiden Kontinenten auf einige Zentimeter genau berechnet werden. Wiederholt man die gleiche Vermessung nach einigen Jahren, kann man exakt feststellen, ob sich die Distanz verringert oder vergrößert hat, d. h., ob sich die Kontinente aufeinander zu- oder voneinander wegbewegen.

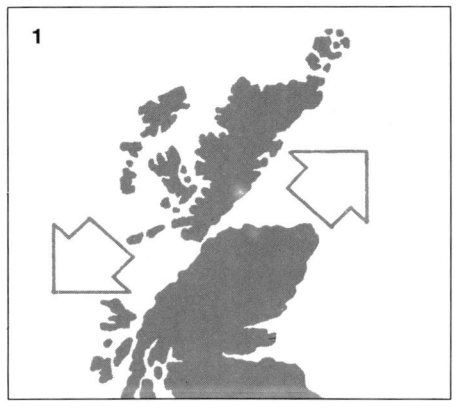

Die Glen-Verwerfung:
1 Schottland vor einigen Zehnmillionen Jahren,
2 heute.

gen an Sedimentproben anstellt, die von mehreren Guyots rund um den Darwinrücken stammen: sie enthalten Fossilien, die ausnahmslos von Tieren stammen, die nur in oberflächennahem Wasser gelebt haben können – und zwar in geologisch junger Vergangenheit, vor einigen Zehnmillionen Jahren.

Doch man macht noch eine weitere äußerst interessante Feststellung: das Alter der Guyots steht in einem ganz bestimmten Verhältnis zu ihrer Entfernung vom Darwinrücken. Sie sind um

Jahren bereits um 200 km nach Nordwesten verschoben. Dieser Prozeß setzt sich in einer Größenordnung von 5 cm pro Jahr bis heute fort.

Schottland wird durch die Glen-Verwerfung zweigeteilt. Im Verlauf von einigen Zehnmillionen Jahren ist Schottlands Westhälfte 105 km nach Südwesten gewandert. Noch heute wird dieses tektonisch außerordentlich unruhige Gebiet alle drei bis vier Jahre von Erdbeben erschüttert, die dann das berüchtigte Seeungeheuer von Loch Ness, das in der Nähe dieser Bruchzone

Die Ausbreitung der Meeresböden geht von den mittelozeanischen Rücken aus. Ein solcher Rücken, der sich durch den Indischen Ozean und den Golf von Aden zieht, taucht wie eine Seeschlange in der Afar-Region an die Oberfläche. Das Bild zeigt die Zentralspalte im Assal-Graben.

haust, aus dem Schlaf schrecken. Die Glen-Verwerfung setzt sich übrigens auf dem amerikanischen Kontinent in der Cabot-Verwerfung fort, wenn man Europa und Amerika nach den Vorstellungen Wegeners zusammenfügt.

Zweites Argument: Maurice Ewing hat nachgewiesen, daß die auf dem Meeresboden abgelagerte Sedimentschicht sehr dünn ist und im Bereich der mittelozeanischen Rücken völlig fehlt. Bis heute wurde in diesen Sedimenten kein Fossil gefunden, das älter als 200 Millionen Jahre ist. Die Meeresböden sind also jung, die Zeit für die Bildung einer mächtigen Sedimentdecke hat einfach nicht ausgereicht. Auffallend ist außerdem, daß die ältesten Laven der ozeanischen Kruste am weitesten von den mittelozeanischen Rücken entfernt sind, während die jüngsten in deren unmittelbarer Nähe liegen. Diese Beobachtung deckt sich auch mit der Verteilung der Sedimente.

Drittes Argument: Hess, der von 1930 an seine Untersuchungen auf die Tiefseegräben – insbesondere den Puerto-Rico-Graben – konzentriert hat, stellt dabei auffallend übereinstimmende Merkmale fest: Alle Gräben zeigen im Querschnitt die Form eines asymmetrischen „V“. Eine Flanke ist stets stärker geneigt als die andere, so daß man den Eindruck gewinnt, der Graben werde langsam in die Tiefe gezogen. Auch zahlreiche untermeerische Vulkane am Rand der Tiefseegräben zeigen diese sonderbare Kippstellung. Es scheint, als würden diese ursprünglich aufrecht stehenden Vulkane von einem unter ihnen durchlaufenden Fließband schräg in die Tiefe gezogen. Ganz besonders eindrucksvoll ist die Form eines 8200 m hohen submarinen Vulkans in der Nähe des Tonga-Kermadec-Grabens, der wie der Turm von Pisa um über 20° geneigt ist.

Als letztes Argument erwähnt Hess die Erdbebentätigkeit im Bereich der Tiefseegräben und der ihnen benachbarten Inseln. Schon 1950 hat der Geophysiker Hugo Benioff – dessen Name mit der Entwicklung neuer Seismographen und elektronischer Musikinstrumente (!) verbunden wird – erkannt, daß die Verteilung der Erdbe-

benherde einer bestimmten Gesetzmäßigkeit unterworfen ist: In den Gräben befinden sich die Zentren der Beben in etwa 60 km Tiefe, also relativ hoch. Im Bereich der Inselketten, der Vulkanbögen oder der Kontinente, die an die Tiefseeregionen grenzen, liegen sie zunehmend tiefer, bis 700 km unter der Erdoberfläche. Dies bedeutet, daß die Erdbebenherde auf einer imaginären Fläche angeordnet sind, die von den Gräben ausgeht und in einem Winkel von 45° unter den Kontinentalrand eintaucht. Der Gedanke liegt nahe, daß die sich langsam unter den Kontinentalblock schiebende ozeanische Kruste zu starken Reibungen führt, die Erdbeben auslösen können.

Als Hess nach einer Erklärung für die geringen Schwerkraftwerte im Bereich der Tiefseegräben suchte, äußerte er schon damals: „Man hat den Eindruck, die ozeanische Kruste krümme sich und werde in die Tiefe gezogen." Wenn nun aber in bestimmten Zonen andauernd Erdkruste verschluckt wird, dann muß diese Kruste doch irgendwo fehlen. Jeder entblößt schließlich seine Füße, wenn er sich die Decke über den Kopf zieht. Doch man hat auf dem Meeresboden noch keine Stelle entdeckt, die nicht mit ozeanischer Kruste bedeckt ist. Hess sieht in der Lage der mittelozeanischen Rücken des Rätsels Lösung: „Ich kann mir einfach nicht vorstellen, daß die mittelozeanischen Rücken rein zufällig genau in der Mitte der Ozeane entstanden sein sollen."

Die „Geopoesie" von Harry Hess

Auf die oben zitierten Argumente baut Harry Hess seine neue These auf. Doch sie erscheint ihm so kindlich einfach, daß er sie kaum mit seinen Kollegen zu diskutieren wagt. Er ist zu diesem Zeitpunkt, im Jahre 1961, einer der führenden Mitarbeiter der amerikanischen Weltraumforschung und kann sich in dieser Stellung verständlicherweise keinen wissenschaftlichen Irrtum leisten. Deshalb führt er seine neue Theorie vorsichtig unter der Bezeichnung „Geopoesie" ein.

Hess geht davon aus, daß die aus festem Material bestehende, etwa 70 km mächtige Lithosphäre auf der weicheren Asthenosphäre gleitet, in der starke Konvektionsströme auftreten. Erhitztes, leichter gewordenes Material steigt nach oben, wo es abkühlt, schwerer wird und infolgedessen wieder nach unten sinkt. Die Lithosphäre, die die ozeanische Kruste bildet, entstammt nach Hess' Ansicht den Zentralspalten der mittelozeanischen Rükken, wo durch aufsteigende Konvektionsströme unablässig flüssiges Magma aus der Asthenosphäre nach oben befördert wird. Die neugebildete ozeanische Kruste breitet sich symmetrisch nach beiden Seiten aus und trägt auf ihrem Rücken – wie zwei in verschiedene Richtungen laufende Fließbänder – die Kontinente mit sich. Am Rand der Ozeane taucht die erkaltete, schwerer gewordene und zusätzlich noch mit Sedimenten bedeckte Kruste in die Tiefseegräben ein, wo sie durch absteigende Konvektionsströme in die Asthenosphäre gedrückt wird. Sie gerät in große Tiefen, wo sie in einer gigantischen Steinmühle zerquetscht und im Glutofen der Erde aufgeschmolzen wird. Die Kontinente bestehen jedoch aus leichterem Material als die ozeanische Kruste, die sie trägt. Sie werden infolgedessen nicht mit in die Tiefe gezogen. Wie Seifenschaum, der sich über dem Abfluß sammelt, wenn man den Stöpsel aus dem Waschbecken zieht, bleiben sie an der Oberfläche, wo sie zu Gebirgsketten zusammengepreßt und aufgefaltet werden.

Damit bestätigen sich auch die Untersuchungsergebnisse von Bullard, der in den zentralen Regionen der mittelozeanischen Rücken hohe Wärmeflußwerte ermittelte, die kontinuierlich abnahmen, je mehr man sich den Tiefseegräben näherte.

Da man nicht annehmen kann, daß sich die Erde immer weiter ausdehnt, muß jegliches Material, das auf dem Meeresgrund aufs Fließband gerät, irgendwo wieder entfernt werden. Die Tiefseegräben müssen das verschlukken, was die mittelozeanischen Rücken produzieren. Dieser Ausgleich findet tatsächlich statt: der Atlantische Ozean, der zwar einen mittelozeanischen Rücken, aber keine Tiefseegräben besitzt, wächst beständig nach beiden Seiten. Er dehnt sich auf Kosten des Pazifischen Ozeans aus, dessen ozeanische Kruste in den Tiefseegräben langsam in die Tiefe gezogen wird. In allen Weltmeeren erneuert sich der gesamte Meeresboden im Verlauf von jeweils 300 Millionen Jahren. Entgegen der allgemein vertretenen Ansicht sind also nicht die Kontinente, sondern die Meeresböden vergänglich. Gewiß, auch die Kontinente werden von diesem „Ballett" der Ozeanböden beeinflußt; sie zerbrechen, falten sich auf und verbinden sich miteinander – aber sie bleiben bestehen, tauchen niemals in die Asthenosphäre ein. Die Kontinente sind unzerstörbar. Deshalb finden sich hier Zeugen ihrer mehrere Milliarden Jahre alten geologischen Geschichte – während wir auf dem Meeresboden nur in der Größenordnung von Jahrmillionen rechnen können.

Auch für das rätselhafte Verhalten der Guyots findet sich jetzt eine einleuchtende Erklärung: sie entstanden in der Scheitelzone der mittelozeanischen Rücken, ragten als Inseln über die Meeresoberfläche und wurden durch die marine Erosion abgetragen. Gleichzeitig bewegten sie sich auf dem Fließband der ozeanischen Kruste von ihrem Entstehungsort weg; sie wanderten in größere Meerestiefen, kippten und senkten sich im Verlauf von jeweils tausend Jahren um einige Zentimeter.

Je weiter die Guyots vom mittelozeanischen Rücken entfernt sind, um so älter sind sie, denn um so länger wurden sie auf dem Fließband mitgetragen. Aus dem geologischen Alter eines Guyots und seiner Distanz vom mittelozeanischen Rücken läßt sich folglich die Geschwindigkeit berechnen, mit der sich der Meeresboden ausbreitet. Hess errechnet einen mittleren Wert der Fortbewegungsgeschwindigkeit von 1 cm/Jahr.

Bei diesem Vorgang, den man in der Fachsprache als „Meeresbodenausbreitung" oder „sea-floor-spreading" bezeichnet, handelt es sich nicht um eine einfache Verschiebung der Kontinente, wie Wegener sie sich noch vorgestellt hat, sondern um eine Bewegung der Lithosphäre, d. h. der gesamten Erdkruste. Die Kontinente lassen sich nicht mehr mit Schiffen vergleichen, die den Meeresboden durchpflügen, sondern mit Passagieren, die auf sich mehr oder weniger schnell bewegenden Laufbändern befördert werden. Viele Wissenschaftler sind von dieser neuen Theorie fasziniert, doch einige bleiben skeptisch. „Sie werden doch nicht an diesen Unsinn glauben! So einfach sind die Verhältnisse auf dem Meeresboden nicht!", wandte Ewing noch lange ein, wenn die Rede auf die „Geopoesie" von Hess kam – bis auch er davon überzeugt war.

Die Theorie von der Ausbreitung der Meeresböden hatte auf die Erdforschung den gleichen revolutionären Einfluß wie Einsteins neue Erkenntnisse auf die Physik und Chemie.

Ein verkannter Vorläufer

In seinem Buch, das er unter dem Titel „Die Physik der Erdkruste" veröffentlichte, hatte tatsächlich schon 80 Jahre zuvor ein englischer Pastor – Osmond Fisher – die Theorie von Hess vorweggenommen. Leider schenkte damals niemand dem unbekannten Leiter eines College in der Nähe von Cambridge Beachtung. Wegener las das Buch, blieb aber skeptisch. Hätten die Wissenschaftler damals Osmond Fisher angehört, hätte der Umschwung in den Erdwissenschaften schon ein Jahrhundert früher stattgefunden. Viele falsche Theorien und unnötige Forschungsarbeiten hätte man sich dadurch ersparen können!

Fisher hatte alles richtig erkannt: daß Konvektionsströme in der Mitte der Ozeane aufsteigen, daß es fließbandähnliche Bewegungen des Meeresbodens gibt und daß Teile der Erdkruste wieder in der Tiefe versinken. Er vermutete schon damals Dehnungen im Bereich der mittelozeanischen Rücken und Einengungen am Rand der Ozeane. Mark Twains treffende Schilderung des inzwischen verschwundenen Kilauea-Lavasees brachte Fisher auf den Gedanken, das Material der Erdkruste könne sich ähnlich verhalten wie dieser kochende Lavabrei. Noch heute gilt dieser Vergleich als die beste Veranschaulichung für die Meeresbodenausbreitung.

Ronald Mason auf der *Pioneer*. Das Magnetometer wird in einem wasserdichten Zylinder versenkt.

Rätselhafte Zebrastreifen auf dem Meeresboden

Die Theorie der Meeresbodenausbreitung ist eine Herausforderung an die Wissenschaftler. Sie machen sich an die Arbeit und suchen nach Beweisen, mit denen sie die neue Lehre untermauern und bestätigen können.

Während des Zweiten Weltkriegs hatte das Problem, wie man U-Boote aus der Luft aufspüren könnte, zu der Entwicklung einer außergewöhnlich empfindlichen Anlage geführt. Man steckte ein höchst sensibles Magnetometer in eine Kapsel, die vom Aufklärungsflugzeug so weit herabgelassen wurde, daß man sie außerhalb der eigenen magnetischen Störbereiche unter und hinter dem Flugzeug herziehen konnte. Dieses Verfahren wendet der Geophysiker Victor Vanquier 1954 in veränderter Form an, indem er ein Magnetometer hinter dem Schiff herschleppt und auf diese Weise magnetische Messungen auf dem Meeresboden vornimmt. Zusammen mit Arthur Raff und Ronald Mason von der *Scripps Institution of Oceanography* kreuzt er auf der *Pioneer,* mit einem Magnetometer im Schlepptau, im nordöstlichen Pazifik. Die einzige Abwechslung während dieses eintönigen, monatelangen Hin- und Herfahrens ist das Spiel der Haie, die sich, in der Hoffnung auf eine fette Beute, immer wieder auf das Magnetometer stürzen.

Die Auswertung dieser magnetischen Aufzeichnungen führte zu überraschenden Erkenntnissen. Der Boden des Pazifik sieht auf dem Magnetprofil wie ein riesiges Zebrafell aus. Er wird in Nord-Süd-Richtung von langen Streifen mit abwechselnd starkem und schwachem Magnetismus durchzogen. Diese Bänder erreichen Längen von mehreren tausend Kilometern. Sie variieren in der Breite zwischen wenigen und höchstens 100 km.

Die Ozeanographen, die zum ersten Mal ein solches magnetisches Streifenmuster sehen, sind völlig ratlos. Erst 1963 gelingt es Fred Vine, diesem rätselhaften Zebramuster auf die Spur zu kommen. Dem jungen Cambridge-Studenten wird die Analyse der Magnetmessungen übertragen, die Drum-

mond Matthew an Bord des Forschungsschiffes *Owen* im Jahre 1962 über dem Carlsbergrücken im Indischen Ozean aufgezeichnet hat. Die Computerauswertung dieser Daten ergibt eine seltsame Streifenstruktur.

Vine erinnert sich an eine soeben erschienene Veröffentlichung, in welcher der Amerikaner Allan Cox eine mehrfache Umkehrung des erdmagnetischen Feldes nachweist. Er liest diese Arbeit mit großem Interesse und kommt zu folgendem Schluß: die Streifen mit überdurchschnittlicher magnetischer Intensität entsprechen solchen Basalten auf dem Meeresgrund, deren eingeschlossene Eisenpartikel Nord-Süd-orientiert sind; die Streifen mit schwacher magnetischer Intensität müssen den Basalten zugeordnet werden, die umgekehrt polarisiert sind. So kommt er zu der Unterscheidung von normalen und umgekehrten Streifen. Das Streifenmuster auf dem Meeresgrund ist ein weiterer Beweis für die wiederholt stattgefundene Umkehrung des erdmagnetischen Feldes, da jeder Streifen die magnetische Orientierung bewahrt hat, die während seiner Entstehung herrschte.

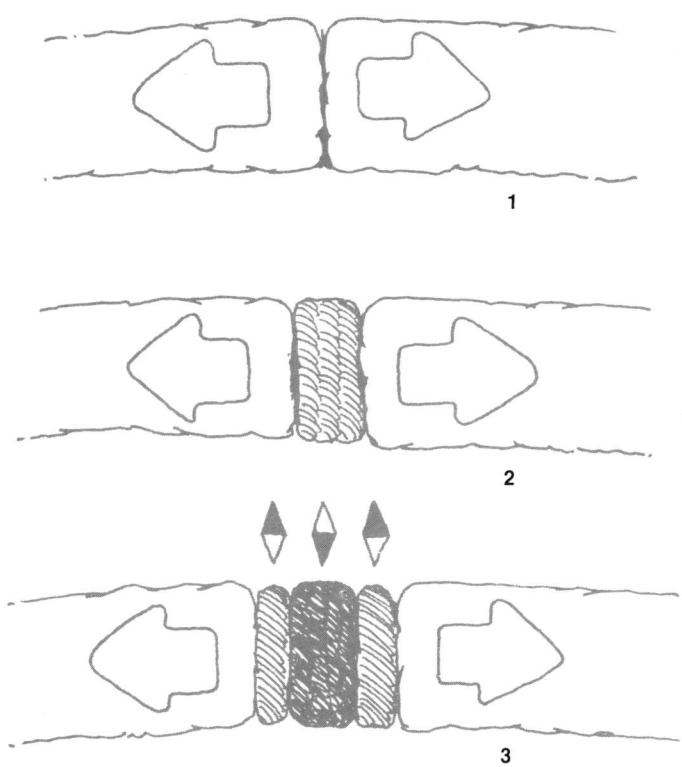

Schematischer Schnitt durch einen mittelozeanischen Rücken:
1 Die beiden Flanken des Rückens bewegen sich zur Seite.
2 Während einer normalen (Nord-Süd-gerichteten) magnetischen Periode steigt Lava in der entstandenen Spalte auf.
3 Durch Dehnungsbewegungen wird der Lavaerguß von einer Spalte geteilt. Das Magnetfeld der Erde hat sich inzwischen umgekehrt. Lava mit umgekehrtem Magnetismus befindet sich zwischen der verdrängten Lava mit normalem Magnetismus.

Des Rätsels Lösung

Den Verlauf der Magnetstreifen, die symmetrisch zu beiden Seiten der mittelozeanischen Rücken angeordnet sind, nimmt Vine als Beweis für die These, daß sich der Meeresboden ausgebreitet hat. Im Zentralgraben der Rücken entstehen häufig starke Spannungen, da Konvektionsströme im Mantel die ozeanische Kruste seitlich wegziehen. Daher bilden sich hier immer wieder Risse, durch die das Magma aus der Tiefe emporquillt, die Spalte schließt und die beiden Ränder der geplatzten Erdkruste wieder miteinander verschweißt.

Die aufsteigende Lava bewahrt die magnetische Polarität, die sie beim Erkalten erhalten hat. Aber auch diese neugebildete ozeanische Kruste hält

Kann man sich einen besseren Beweis für die Richtigkeit von Harry Hess' Geopoesie denken? Die Fließbänder existieren tatsächlich, sie sind sogar magnetisch. Sie bewegen sich wie zwei Magnetbänder zu beiden Seiten des Zentralgrabens und zeichnen die geringste Veränderung des erdmagnetischen Feldes auf.

Vine stellt Vergleiche zwischen dem horizontalen Streifenmuster auf dem Meeresboden und der vertikalen Skala an, die Cox für die magnetischen Umkehrungen in übereinanderliegenden Basaltdecken auf dem Kontinent aufgestellt hat. Die Übereinstimmung ist verblüffend und die Altersbestimmung des Meeresbodens ein Kinderspiel: man muß nur die Streifen abzählen – wie ein Förster die Jahresringe eines Baumes.

Magnetisches Zebramuster, das zu beiden Seiten eines mittelozeanischen Rückens symmetrisch angeordnet ist. Darüber die Skala der magnetischen Umkehrungen. Sie stimmt völlig mit dem magnetischen Streifenmuster der mittelozeanischen Rücken überein. (Die grauen oder schwarzen Streifen entsprechen Perioden mit normalem Magnetismus, die weißen Streifen deuten auf umgekehrten Magnetismus hin.)

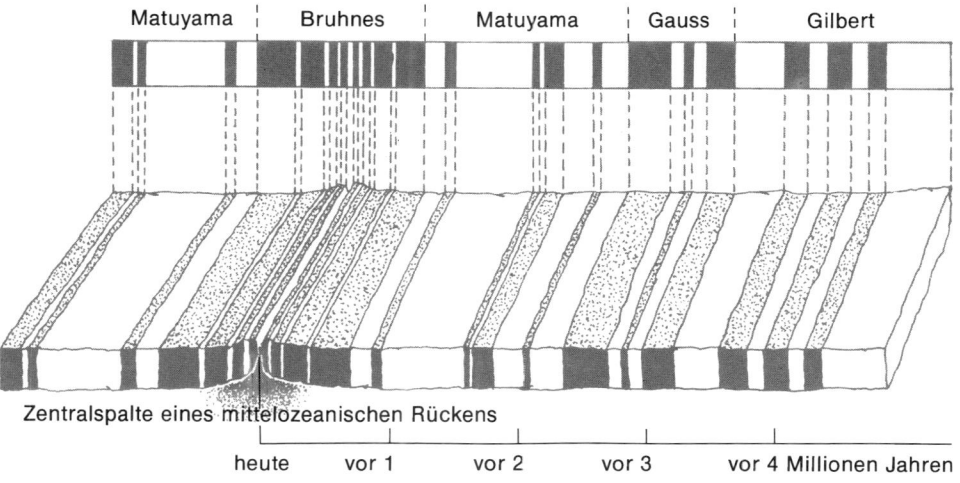

den Spannungen nicht stand. In der Mitte, wo sie noch am wenigsten abgekühlt und nicht ganz hart ist, öffnen sich erneut Risse, die den vorausgegangenen Erguß spalten. So werden zwei Bänder mit gleicher Magnetisierungsrichtung voneinander getrennt. Wieder steigt Lava hoch, wieder schließt sich die Spalte. Dieser Vorgang wiederholt sich dauernd. Wenn sich nun aber das Magnetfeld der Erde nach einigen Zehnmillionen Jahren umkehrt, zeigt die Lava, die aus der Zentralspalte ausfließt, inversen Magnetismus. Auf diese Weise entsteht mit der Zeit auf dem Meeresboden das Muster aus normalen und umgekehrten Magnetstreifen.

„Sea-floor-spreading" oder: „Die Ausbreitung des Meeresbodens"

Von der exakten Datierung der Magnetstreifen ist es nur ein kleiner Schritt zur Berechnung der Geschwindigkeit, mit der sich der Meeresboden von der Achse der mittelozeanischen Rücken entfernt. Die Ausbreitungsrate eines 60 km breiten Streifens, der sich während einer 2 Millionen Jahre dauernden magnetischen Umkehrperiode gebildet hat, kann nach einer einfachen Formel ermittelt werden: 60 km in 2 Millionen Jahren, das ergibt 3 cm pro Jahr.

Da dieser Streifen jedoch nur die

93

Hälfte der neugebildeten ozeanischen Kruste darstellt, müssen die 3 cm verdoppelt werden. Man kommt damit auf einen Dehnungsbetrag von 6 cm/Jahr. So einfach ist das also!

Unterdessen liegen im *Lamont Observatory* 50 Magnetprofile vor, die die US-Navy auf Betreiben von James Heirtzler über dem Reykjanesrücken aufgenommen hat. Der symmetrische Verlauf der Streifen im Bezug zur Achse des Rückens ist von solch unerhörter Gleichmäßigkeit, daß dafür nur Vines Theorie als Erklärung herangezogen werden kann. Im *Lamont Observatory* beginnt eine fieberhafte Tätigkeit. Man erinnert sich an das umfangreiche Datenmaterial, das sich während der letzten zwanzig Jahre angehäuft hat und das in den Schubladen zu verstauben beginnt. Die Auswertung dieser Magnetprofile bestätigt, daß Vines Theorie für alle Ozeane Gültigkeit hat. Darüber hinaus werden zahlreiche amerikanische Forschungsschiffe beauftragt, neue magnetische Messungen durchzuführen.

Eines dieser jüngsten Profile, das die *Eltanin* über dem Südpazifischen Rücken aufgezeichnet hat und dessen Vollständigkeit und Vollkommenheit nicht zu übertreffen ist, dient Heirtzler dazu, alle magnetischen Streifen des Meeresbodens zu bestimmen und zeitlich einzuordnen. Er kommt dabei zu dem Ergebnis, daß während eines Zeitraums von 76 Millionen Jahren 171 magnetische Umkehrungen stattgefunden haben und daß die Hälfte des heute vorhandenen Meeresbodens in den letzten 65 Millionen Jahren gebildet wurde.

Transform-Störungen

Der kanadische Geophysiker Tuzo Wilson, ein Wissenschaftler von Weltruf, erkennt, daß die Entdeckungen von Hess und Vine eine wissenschaftliche Revolution bedeuten: „Wir können alle Geologiebücher, die vor 1963 verfaßt wurden, wegwerfen oder verbrennen, denn sie beruhen auf völlig falschen Grundlagen." Mit zwei wesentlichen Beiträgen setzt Wilson die Reihe wissenschaftlicher Beweise für die Ausbreitung der Meeresböden fort.

Der erste betrifft die unzähligen Spalten von mehreren hundert bis zu einigen tausend Kilometern Länge, die die Achsen der mittelozeanischen Rücken in kleine Segmente zerstückeln, so daß hier charakteristische stufenförmige Linien entstehen. Wilson weist nach, daß es sich dabei um einen neuen Verwerfungstyp handelt, den er transform-fault – Verwandlungsverwerfung – nennt. Diese quer zum Rift verlaufenden Verwerfungen versteht er als Bewegungsspuren der ozeanischen Kruste und vergleicht sie mit den Bremsspuren eines in einen Unfall verwickelten Fahrzeuges. Sie sind der Beweis dafür, daß sich der Meeresboden bewegt und zeigen sogar die Bewegungsrichtung an. Die bekannteste Transform-Störung ist die San-Andreas-Spalte, die zwischen zwei Segmenten des auslaufenden Ostpazifischen Rückens verläuft.

Zwanzig „heiße Stellen"

Der zweite Punkt seiner Beweisführung bezieht sich auf die vulkanischen Inseln. Am Beispiel des Atlantischen Ozeans weist Wilson nach, daß das geologische Alter der Vulkaninseln mit

Die Insel Réunion im Indischen Ozean gehört wahrscheinlich zu den „heißen Stellen" unseres Planeten. Sie besteht aus zwei Vulkanen. Der Piton de la Fournaise ist der jüngere der beiden; er entstand vor 300 000 Jahren und ist noch aktiv. In diesem Jahrhundert hatte er schon nahezu siebzig Eruptionen. Er zeigt das Eruptionsverhalten der Hawaii-Vulkane. Dieser Typ ist gekennzeichnet durch lange Lavaströme, die aus Spalten austreten. Oft bilden sich spektakuläre, aber meist harmlose Lavafontänen.

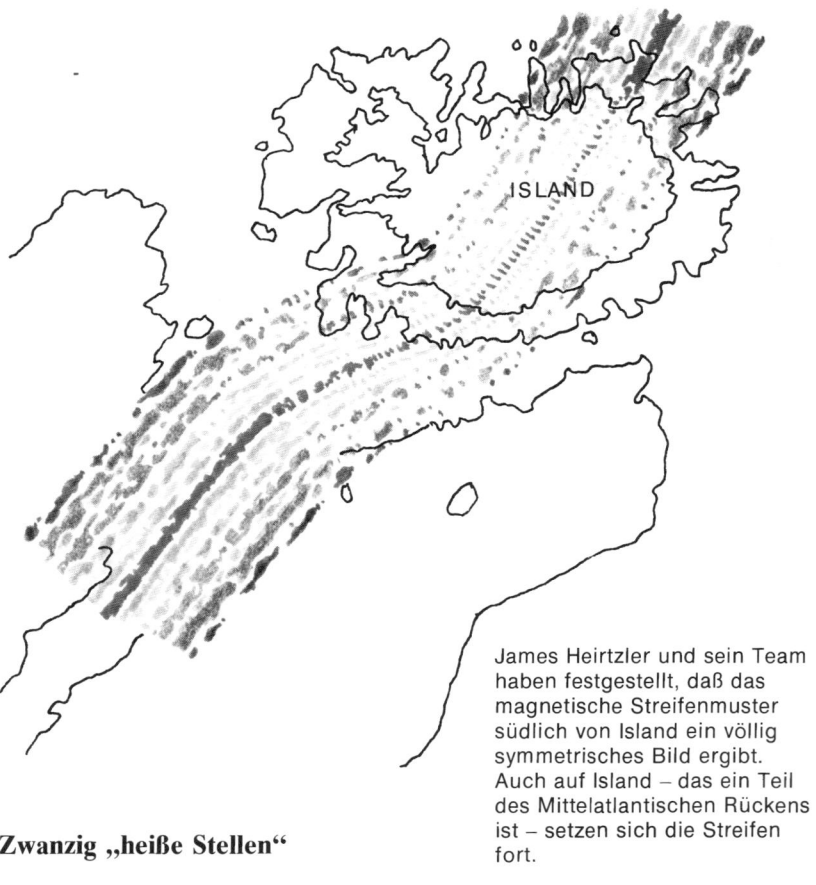

James Heirtzler und sein Team haben festgestellt, daß das magnetische Streifenmuster südlich von Island ein völlig symmetrisches Bild ergibt. Auch auf Island – das ein Teil des Mittelatlantischen Rückens ist – setzen sich die Streifen fort.

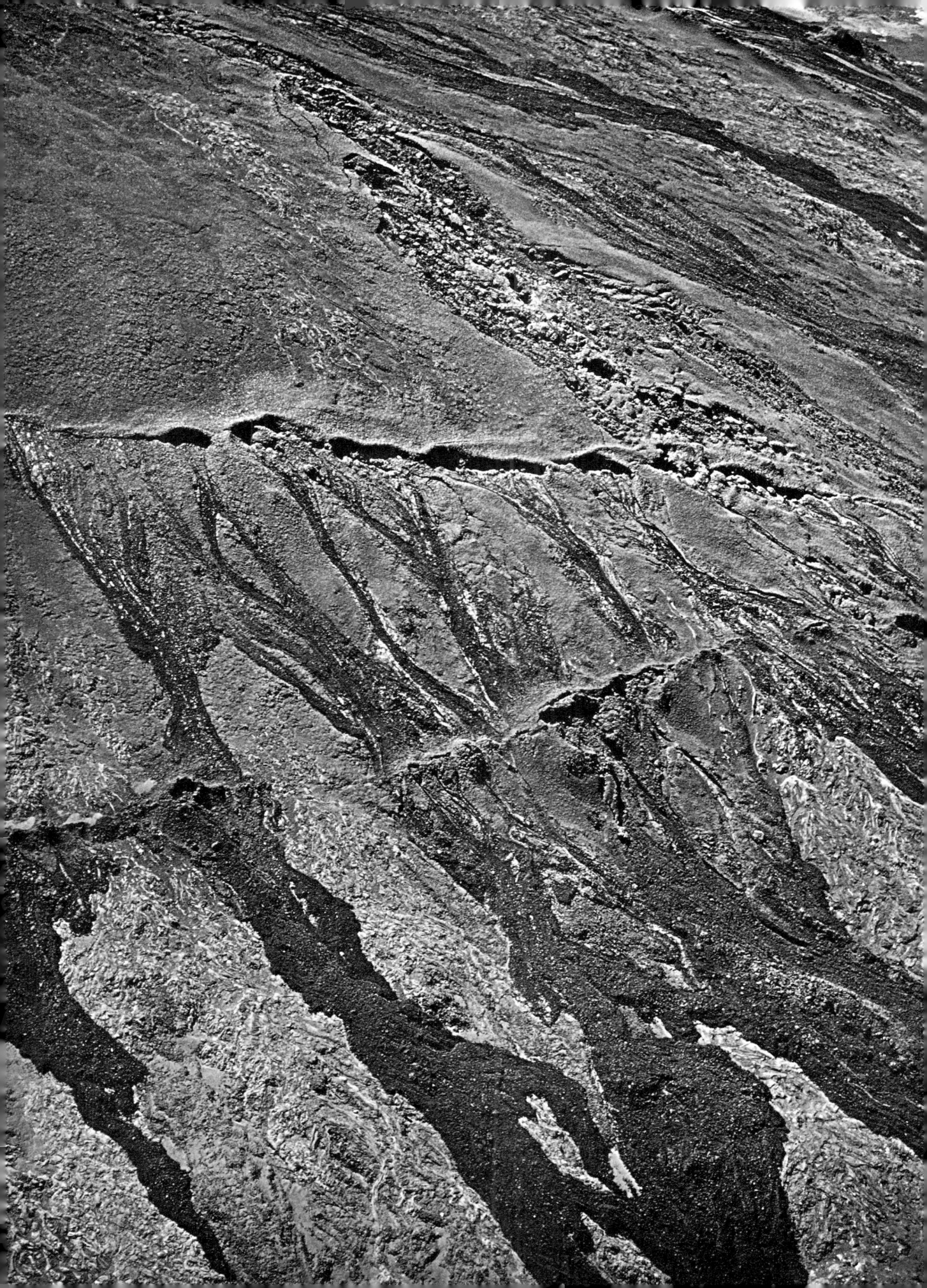

ihrer Entfernung vom Mittelozeanischen Rücken zunimmt. Sie sind ursprünglich im Bereich der Zentralgräben entstanden und durch die Bewegung des Meeresbodens von diesen weggezerrt worden.

Ganz besondere Beachtung schenkt Wilson den kettenförmig angeordneten Inselvulkanen, die an vielen Stellen den Meeresboden aufreißen. Dabei nimmt er vor allem die vulkanische Inselkette unter die Lupe, die sich von den Hawaii-Inseln über die submarinen Kaiserberge bis zu dem 2640 km weiter nordwestlich liegenden Unterwasservulkan Meiji erstreckt. Hawaii, mit seinen beiden aktiven Vulkanen, dem Kilauea und dem Mauna Loa, ist das jüngste Glied in dieser Kette; der älteste Vertreter liegt im äußersten Nordwesten dieses Vulkansystems: es ist der rund 70 Millionen Jahre alte Meiji.

Zwischen diesen Extremen liegt eine Reihe von Vulkanen, deren Alter zunimmt, je mehr man sich von Hawaii auf einer südost-nordwestlich verlaufenden Linie auf den Meiji zubewegt. Die vulkanische Aktivität scheint sich demnach allmählich nach Südosten verlagert zu haben, und es ist zu erwarten, daß der nächste Vulkan südöstlich der Hawaii-Inseln entstehen wird. Wilson beweist, daß die ozeanische Kruste, die im Ostpazifischen Rücken gebildet wird, jährlich um 9 cm nach Nordwesten wandert. Sie gleitet dabei über einen ortsfesten Schlot (er liegt unter der Insel Hawaii), durch den Magma emporquillt, wie eine Tischdecke (die ozeanische Kruste), die man über einen auf dem Tisch befestigten Gegenstand (aufsteigendes Magma) zieht. Die schmelzflüssige Masse aus der Tiefe durchstößt die ozeanische Kruste und bildet einen Vulkan. Wie bei einer Nähmaschine hinterläßt der „Stich" des aufsteigenden Magmas seine Spuren in dem unter der „Nadel"weggleitenden „Stoff" der ozeanischen Kruste. Auf diese Weise sind die Hawaii- und Kaiserbergvulkane entstanden, deren geologisches Alter zunimmt, je weiter sie im Nordwesten liegen. Die ortsfesten Schlote, durch die das Magma emporsteigt, nennt Wilson „heiße Stellen". Er entdeckt auf der Erde etwa zwanzig derartiger

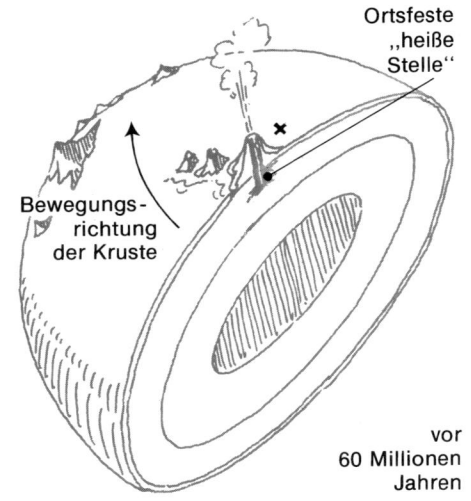

Ortsfeste „heiße Stelle"

Bewegungsrichtung der Kruste

vor
60 Millionen
Jahren

Eine Maschine, die Vulkane erzeugt!
Die ozeanische Kruste des Pazifik bewegt sich über eine „heiße Stelle", die ortsfest ist (hier auf Hawaii).
Eine geologische „Nähmaschine" die bei jedem Stich einen Vulkan erzeugt!

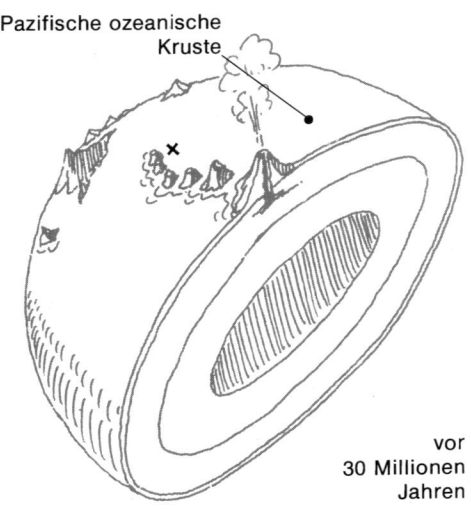

Pazifische ozeanische Kruste

vor
30 Millionen
Jahren

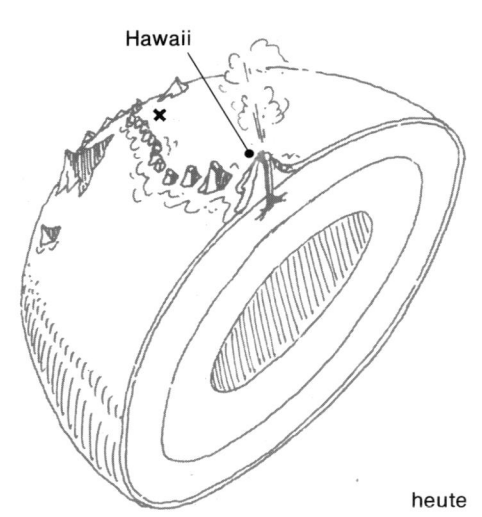

Hawaii

heute

Auf seiner ganzen Länge wird Kalifornien durch die San-Andreas-Verwerfung gespalten. (Rechts die Nordamerikanische Platte, links die Pazifische Platte.) Hier verstärken sich enorme Reibungskräfte, bis sie sich beim nächsten Erdbeben entladen. Der berühmte Geophysiker Richter warnt: „Demnächst wird Los Angeles von einem verheerenden Erdbeben heimgesucht werden."

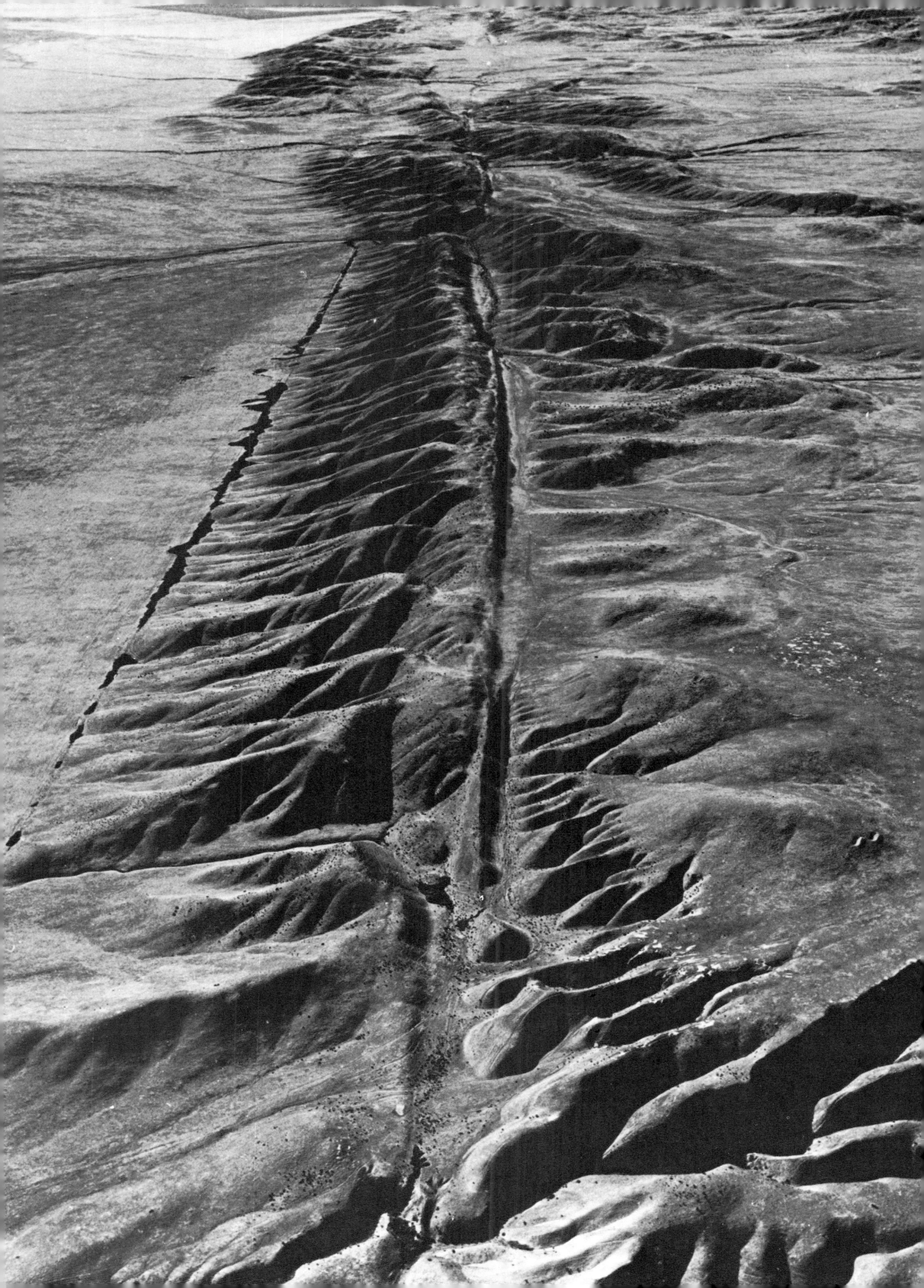

Punkte, die ausnahmslos unterhalb von Zonen mit heftiger vulkanischer Tätigkeit liegen: unter Island, den Kanarischen Inseln, den Azoren, unter der Insel Réunion, den Galapagosinseln und unter der Afar-Region. Aus dem Verlauf der Inselbögen, die von diesen „heißen Stellen" ausgehen, kann man die Bewegungsrichtung des Meeresbodens ablesen.

Ein Plattenmosaik auf der Erdoberfläche

Vor den Mitgliedern der Vereinigung Amerikanischer Geophysiker erörtert 1967 Jason Morgan, ein junger Wissenschaftler der *Princeton University*, seine kühne Theorie der „Platten". Betrachtet man eine Karte der Erdbebenhäufigkeit auf der Erde, stellt man fest, daß sich die seismische Aktivität auf lange, schmale Zonen konzentriert, die entweder mitten durch die Ozeane, entlang der Tiefseegräben oder parallel zu den Gebirgsketten verlaufen. Mit diesen Erdbebengürteln decken sich auch die Gebiete verstärkter vulkanischer Tätigkeit. Die Erdkruste zeigt also nur längs dieser „Nähte" Schwächezonen von starker seismischer und vulkanischer Aktivität und ist sonst überall relativ ruhig und stabil. Daraus kann man den Schluß ziehen, daß die Erdoberfläche aus etwa einem Dutzend dachziegelartig angeordneter Platten besteht, die, mit Ausnahme der Grenzzonen, an denen sie zusammenstoßen, mehr oder weniger starr sind. Diese Krustenplatten, die durchschnittlich 70 km dick sind, bilden die Lithosphäre und werden auf der fließfähigen Unterlage des äußeren Erdmantels – der Asthenosphäre – mitbewegt. Sie verschieben sich im Lauf der Jahrmillionen gegeneinander, prallen zusammen, überschieben sich oder verschweißen miteinander. Man unterscheidet sieben große Platten (die Nordamerikanische, die Südamerikanische, die Eurasiatische, die Afrikanische, die Australische, die Pazifische und die Antarktische Platte), denen fünf kleinere (die Arabische, die Karibische, die Philippinen-, die Kokos- und die Nazca-Platte) gegenüberstehen. Schließlich gibt es noch

Der Pico de Teide auf Teneriffa ist der schönste Vulkan der Kanarischen Inseln, die ebenfalls zu den „heißen Stellen" gehören. Im Vordergrund durch Erosion herausgearbeitete Phonolithnadeln.

einige „Plättchen", wie die Türkische und Iranische Platte. Die Umrißlinien von Kontinenten und Platten decken sich nicht; die Erdteile sind vielmehr wie im Eis eingefrorene Baumstämme in die Platten eingebettet. Jede Krustenplatte ist in sich vollkommen starr. Bewegt sich beispielsweise Paris nach Osten, machen London und Moskau genau die gleiche Richtungsänderung mit, da die drei Städte auf derselben Platte liegen. Dagegen wird der Abstand zwischen Paris und New York zunehmend größer, weil sich die Eurasiatische Platte, auf der Paris liegt, und die Nordamerikanische Platte, die New York trägt, voneinander wegbewegen. Paris und Dakar driften indessen aufeinander zu, denn die Afrikanische Platte mit Dakar zeigt die Tendenz, langsam nach Norden zu wandern und unter die Eurasiatische Platte zu tauchen.

Aktivität herrscht nur an den Nahtstellen zwischen den Platten, an den tiefen Narben, die der Erde im Verlauf ihres langen Lebens zugefügt worden sind: im Bereich der mittelozeanische Rücken, wo Dehnungs- und Zerrungsvorgänge stattfinden, und in den Tiefseegräben, wo Druck und Einengung herrscht. Das Rift der mittelozeanischen Rücken ist die Grenzlinie zweier Platten, die auseinanderstreben. Sie werden durch das Magma, das hier aufsteigt und sich an ihren Rändern festsetzt, ständig vergrößert. Im Bereich der Tiefseegräben und Vulkanbögen prallen dagegen zwei Platten aufeinander. In dieser Verengungszone falten sie sich, schieben sich unter die benachbarte Platte und versinken ruckweise im Erdmantel, wo sie wieder aufgeschmolzen werden. An den Verwandlungsverwerfungen verschieben sich die Platten gegeneinander, ohne sich jedoch zu vergrößern oder zu verkleinern.

Der Mittelozeanische Rücken, der sich von Jan Mayen über Island, die Azoren, St. Helena bis Tristan da Cunha erstreckt, ist die bekannteste Zerrungszone zwischen zwei Platten. Hier trennt eine gewaltige Kluft die Eurasiatische und Afrikanische Platte von der Nord- und der Südamerikanischen.

Die bekanntesten Einengungszonen an der Grenze zweier Platten sind der Pazifische Feuerring mit seinen großen Tiefseegräben und den benachbarten Vulkanbögen sowie die Alpenkette, die sich über den Himalaya bis nach Indonesien fortsetzt. Die starke seismische und vulkanische Tätigkeit im Bereich des Pazifischen Feuerrings findet ihre Erklärung im Abtauchen der Pazifischen Platte sowie der Kokos-

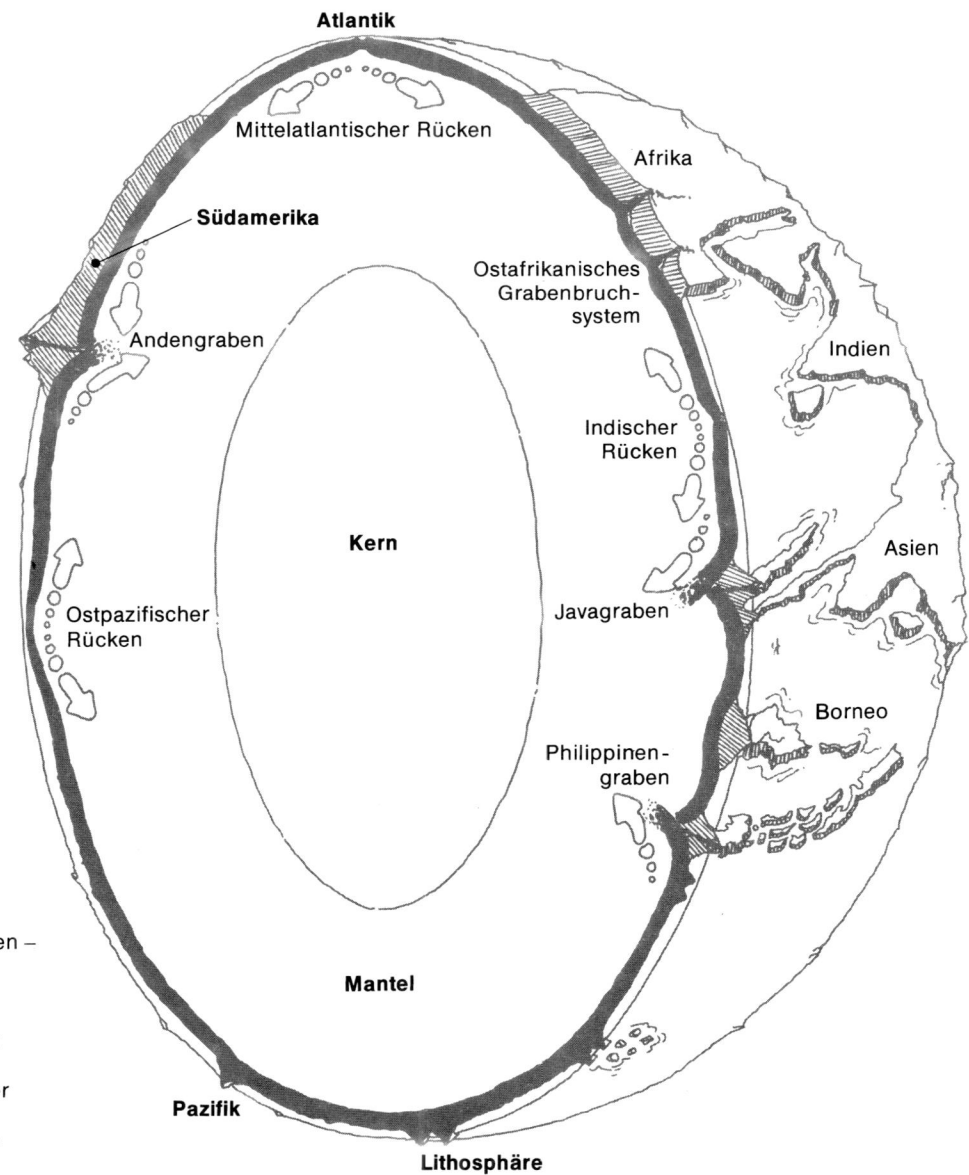

Schnitt durch den Äquator. Man erkennt die einzelnen Platten und ihre Ränder. (Ausdehnung in den mittelozeanischen Rücken und kontinentalen Grabenbruchzonen – Einengung im Bereich der Tiefseegräben.) Auf dieser schematischen Zeichnung ist die Lithosphäre 6fach überhöht dargestellt.
Eine umfassende Übersicht über die Anordnung der Platten befindet sich auf der Innenseite des hinteren Einbanddeckels.

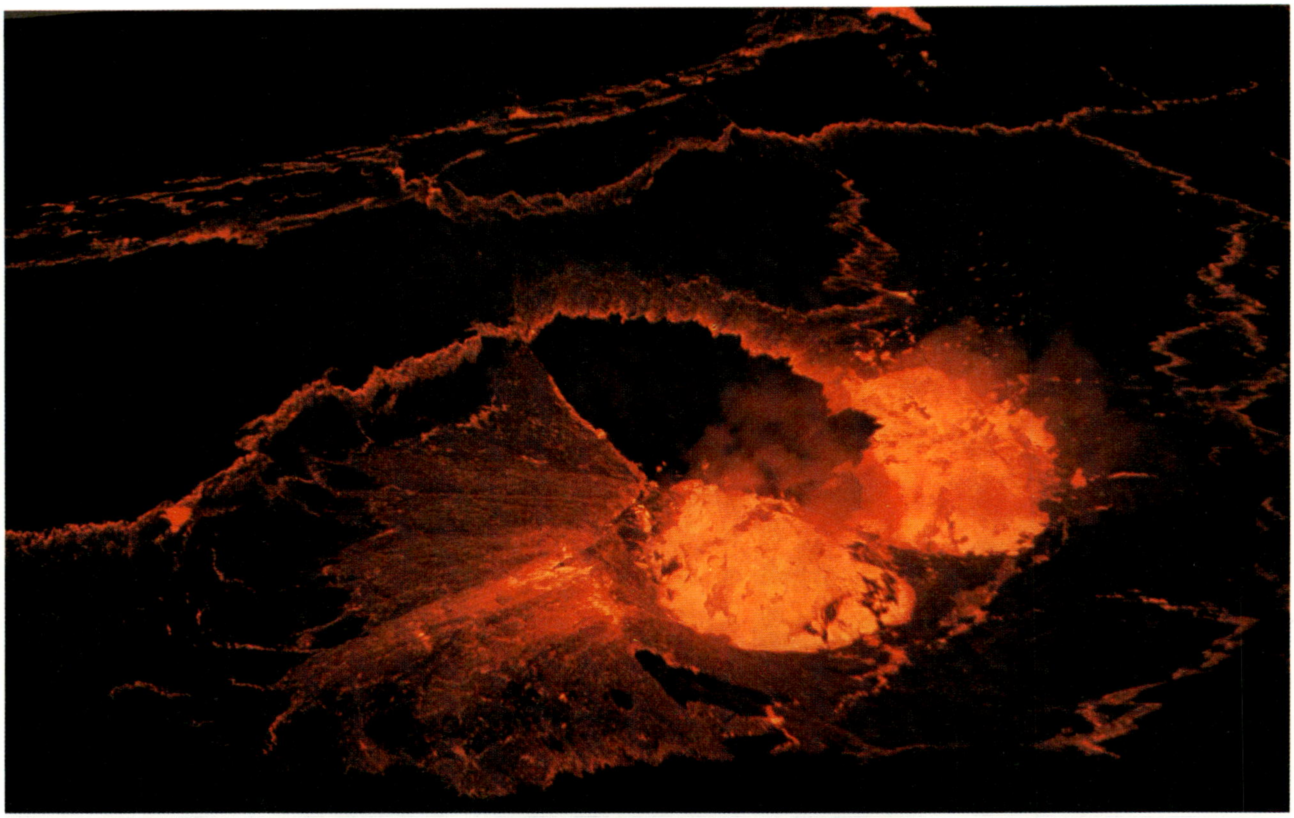

Oben: Eine senkrecht aufsteigende Magmasäule durchstößt die Oberfläche eines (inzwischen wieder verschwundenen) Lavasees am Nyiragongo/Zaire. Ähnlich, nur in sehr viel größerem Maßstab, muß man sich die Vorgänge in den „Plumes" vorstellen. *Unten:* Eindrucksvolles Plattenmuster auf dem Lavasee des Nyiragongo. *Rechts:* Lavafontäne in einem 1975 entstandenen Krater des Piton de la Fournaise auf der Insel Réunion. Dieser Basalt stammt möglicherweise unmittelbar aus dem äußeren Mantel.

und Nazca-Platte unter die Eurasiatische, die Australische und die Amerikanische Platte. Die Gebirgsbildung der Alpen und des Himalaya ist die Folge des Untertauchens der Afrikanischen und der Australischen Platte unter die Eurasiatische Platte.

In den mittelozeanischen Rücken werden jährlich 2,6 km² neuer ozeanischer Kruste produziert – die gleiche Menge ozeanischen Bodens verschwindet in den Tiefseegräben. Geht man von einer mittleren Krustendicke von 70 km aus, bedeutet dies, daß jedes Jahr 180 km³ basaltischer Lava in den Rifts gefördert und in den Tiefseegräben verschluckt werden.

Nachdem die Lehre von der Ausbreitung der Meeresböden die Kontinentalverschiebungstheorie verdrängt hat, muß nun diese ihrerseits der noch umfassenderen „Platten-Tektonik" wei-

chen. Unter dieser Bezeichnung wurde Morgans geniale Hypothese allgemein anerkannt.

Die „Plume-Theorie"

Morgan konnte überzeugend darstellen, daß sich die Platten bewegen, doch die Frage, welche Kräfte im Spiel sind, diese mächtigen Bausteine hin- und herzuschieben, beschäftigt ihn weiter. Gewiß fällt den Konvektionsströmen, die in den mittelozeanischen Rücken nach oben und in den Tiefseegräben nach unten gerichtet sind, eine entscheidende Rolle zu, aber nach Morgans Meinung müssen noch weitere Antriebskräfte beteiligt sein. Er vermutet, daß es im Erdinneren Kanäle von 100 km Durchmesser gibt, durch die heißes, leichtes Magma senkrecht

Eine der „heißen Stellen" befindet sich im Hoggar/Sahara. Landschaftlich besonders reizvoll sind diese Phonolithnadeln; sie entstanden innerhalb weniger Wochen vor etwa einer Million Jahren – als hätte eine Riesenfaust Paste aus einer unterirdischen Tube hochgepreßt (Atakor/Hoggar).

Die Entdeckung
und Beschreibung
der Meeresbodenausbreitung
durch Hess, Vine und Wilson
sowie die Entwicklung
quantitativer Untersuchungs-
methoden durch Morgan,
Le Pichon und McKenzie sind
Meilensteine in der Geschichte
der Plattentektonik. Le Pichon
ist einer der wenigen
französischen Wissenschaftler,
die sich mit diesem aktuellen
Problem beschäftigen.
Seine Beweisführung, daß die
Plattentektonik in weltweitem
Maßstab mit exakten Zahlen
belegt werden kann, ist
geradezu genial. Ihm ist auch
die Berechnung der
Schließungsbeträge in den
Eintauchzonen der Platten
zu verdanken.
(Siehe Gesamtübersicht
über die Platten am Schluß
des Buches.)

Oliver und Isacks bei der
Auswertung eines auf den
Fidschi-Inseln aufgenommenen
Seismogramms.

nach oben steigt. Diese Magmaströme (in der Fachsprache „Plumes") entspringen seiner Meinung nach in der Nähe des Erdkerns und steigen mit einer jährlichen Geschwindigkeit von 2 Metern zur Erdoberfläche.
Sie durchstoßen den Erdmantel und breiten sich unter den Platten nach allen Seiten aus, wie ein Springbrunnen, dessen geballter Wasserstrahl sich federbuschförmig ausbreitet, sobald er seinen höchsten Punkt erreicht hat. Morgan vergleicht seine „Plumes" mit Wolken, die aufgrund aufwärtsgerichteter Konvektionsströme säulenförmig hochsteigen und sich in größerer Höhe schirmartig entfalten. Diese nach allen Seiten gerichteten Ströme bewirken eine Aufwölbung der Platten und können zu deren Bersten führen, wenn die Plumes besonders stark sind.

Morgan hält es für durchaus denkbar, daß die vier Magmaschlote, die unter Island, den Azoren, St. Helena und Tristan da Cunha liegen, das Zerbrechen einer Riesenplatte verursacht haben, auf der vor 200 Millionen Jahren Europa, Afrika und Amerika vereinigt waren. Zur Veranschaulichung dieses Geschehens kann man die vier Plumes mit Metallkeilen vergleichen, die auf einer Linie in eine Holzplatte getrieben werden und diese entlang dieser Linie sprengen. Die Bruchstelle entspricht dem Mittelatlantischen Rücken, einer geologischen Schwächezone, wo das

Magma passiv nach oben dringt; Plumes dagegen sind die aktiven Stellen, wo durch einen ständig offenen Schlot Magma aufsteigen kann, sich nach allen Seiten ergießt, die Platten dadurch auseinanderdrückt und allmählich den Atlantik öffnet. Nicht alle Plumes, schränkt Morgan jedoch ein, sind stark genug, um eine Platte zu spalten.Die Kraft der „heißen Stellen" unter Hawaii, unter dem Hoggar in Afrika oder unter der Insel Réunion im Indischen Ozean reicht gerade dazu aus, die Platte, unter der sie sich befinden, aufzuwölben und zu durchstoßen und dabei einige Vulkane hervorzubringen.
Sind nun die Konvektionsströme oder die Plumes die treibende Kraft im Puzzlespiel der Platten? Möglicherweise keine von beiden, denn immer mehr neigen die Wissenschaftler zur Ansicht, daß der Schwerkraft die Hauptrolle bei der Verschiebung der Platten zufällt, die aufgrund ihres enormen Gewichtes in die Gräben gezogen werden und im Mantel untertauchen.
Im *Lamont Observatory,* dessen berühmten Direktor Professor Maurice Ewing wir bereits kennengelernt haben, arbeitet seit 1963 Xavier Le Pichon. Der junge französische Geophysiker ist von Morgans Theorie so gefesselt, daß er unmittelbar nach Beendigung seiner Doktorarbeit die gewaltige Aufgabe in Angriff nimmt, die Plattenverschiebungen auf weltweiter Ebene zu studieren. Diese Mammutarbeit läßt sich nur durch den Einsatz von Computern bewältigen. Als 1968 seine Forschungsergebnisse unter dem Titel „Die Ausbreitung der Meeresböden und die Verschiebung der Kontinente" erscheinen, horcht die Fachwelt auf. Dieser „Beitrag des Jahrhunderts" enthält die erste zusammenfassende Darstellung der Plattenbewegungen. Dabei sind Le Pichons exakte Angaben über die verschiedenen Dehnungsbeträge in den einzelnen mittelozeanischen Rücken besonders interessant. Er errechnet für den Mittelatlantischen Rücken eine mittlere Dehnungsrate von 3 cm pro Jahr; das bedeutet, daß während eines Menschenalters der Atlantik um eine Menschengröße breiter wird. Würde Ko-

lumbus heute zu seiner Entdeckungsfahrt aufbrechen, wäre seine Reise in die „Neue Welt" um die Länge eines Fußballplatzes weiter. Für den Indischen Rücken stellt Le Pichon einen Dehnungsbetrag von etwa 6 cm, für den Rücken im Roten Meer von 2 cm und für den Ostpazifischen Rücken die höchste Quote von 18 cm pro Jahr fest.

Kernexplosionen haben auch ihre guten Seiten

Die Theorien von der Plattentektonik, der Ausbreitung der Meeresböden und der Verschiebung der Kontinente wer-
den heute allgemein anerkannt. Doch immer neue Argumente werden in die Diskussion geworfen; sie kommen vor allem aus dem Bereich der Erdbebenforschung. Während Jack Oliver und Bryan Isacks 1965 die Erdbebentätigkeit im Grenzbereich zwischen der Pazifischen und der Australischen Platte mit Hilfe hochempfindlicher Instrumente untersuchen, machen sie eine merkwürdige Feststellung: sobald unter dem ostasiatischen Inselbogen ein Erdbeben in großer Tiefe stattfindet, stimmen die seismischen Wellen, die auf den Tonga-Inseln registriert werden, nicht mehr mit den auf den Fidschi-Inseln aufgezeichneten Wellen über-

Dieses Blockbild zeigt einen mittelozeanischen Rücken, einen vulkanischen Inselbogen und einen kontinentalen Grabenbruch sowie die drei Typen des Vulkanismus, die damit verbunden sind:
Vulkanismus
der mittelozeanischen Rücken,
Vulkanismus
der vulkanischen Inselbögen,
Vulkanismus
der kontinentalen Grabenbrüche

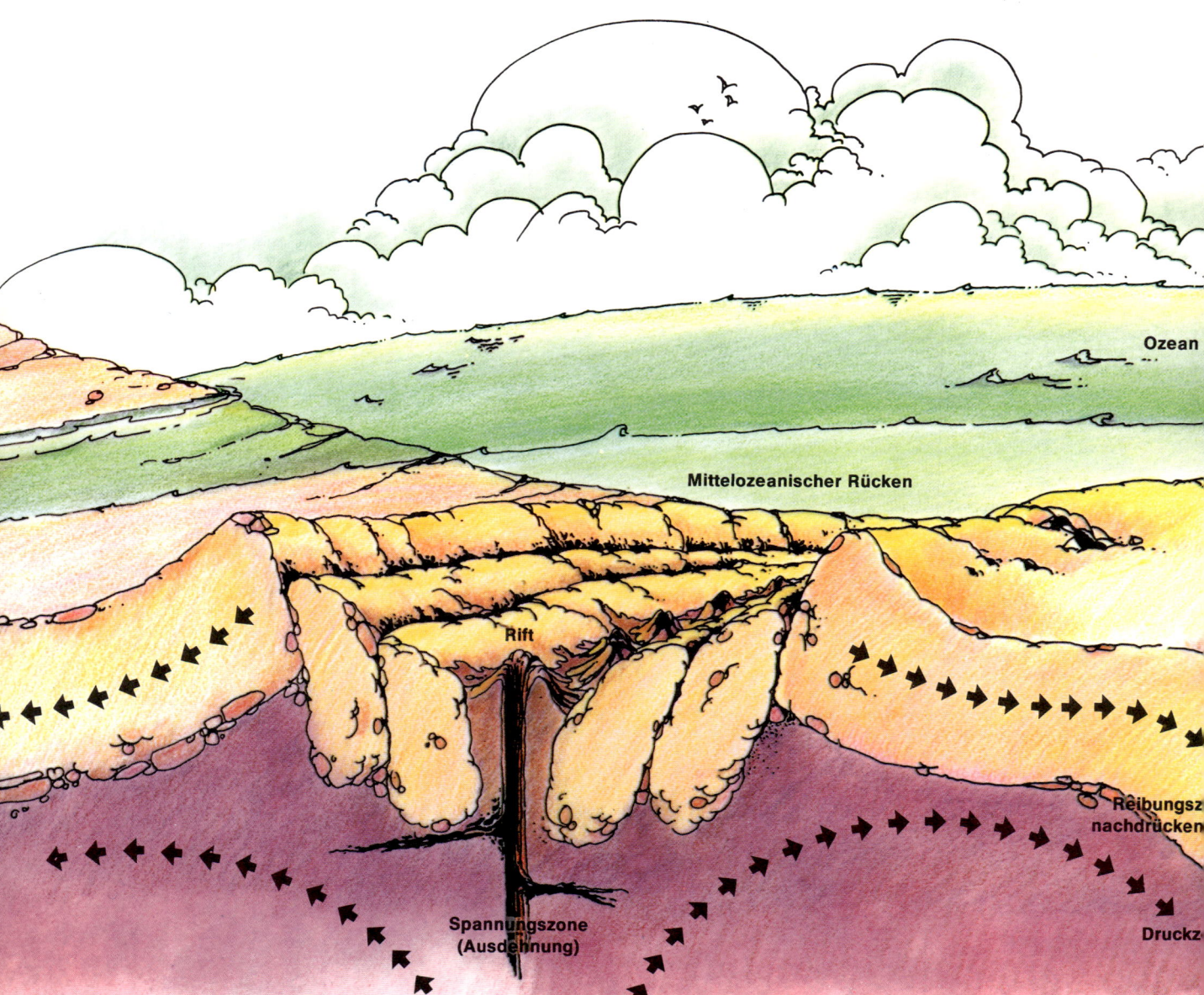

ein. Erstere zeigen veränderte Wellenlängen und eine größere Fortpflanzungsgeschwindigkeit, obwohl beide Wellen die gleiche Entfernung zurücklegen mußten. Oliver und Isacks sind sich darüber einig, daß die Wellen auf ihrem Weg zu den Tonga-Inseln eine kalte Zone durchqueren müssen, die ihr Verhalten auf diese Weise beeinflußt. Es handelt sich dabei um die abgekühlte Pazifische Platte, die sich unter die Australische Platte schiebt und im Magma des Mantels untertaucht – wie es die Plattentheorie vorschreibt. Es hat sich inzwischen bestätigt, daß sich dieser Vorgang im Bereich aller Tiefseegräben und vulkanischer Inselbögen in gleicher Weise abspielt.

Während Oliver und Isacks die Verhältnisse auf den Tonga-Inseln untersuchen, erforscht einer ihrer Kollegen vom *Lamont-Observatory* – Lynn Sykes – die seismische Aktivität im Mittelatlantischen Rücken. Als Grundlage dient ihm eine umfangreiche Datensammlung, die ihm in der Form von Mikrofilmen vorliegt. Die Seismogramme stammen von 120 über die ganze Erde verteilten Erdbebenwarten und enthalten die Aufzeichnungen sämtlicher Beben, die seit 1964 auf dem Mittelatlantischen Rücken stattgefunden haben.

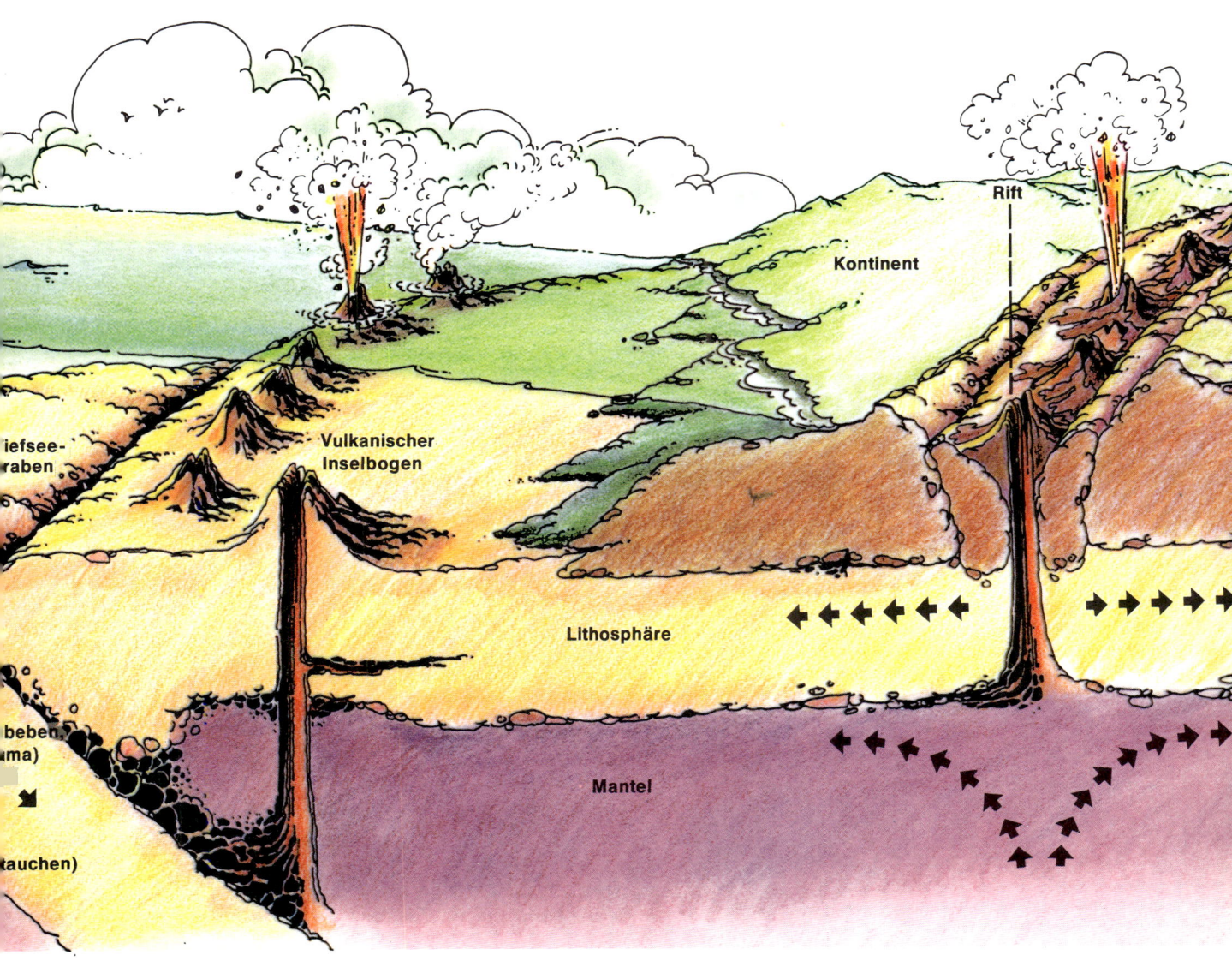

105

Die Erdbebenforschung wurde zu diesem Zeitpunkt von der amerikanischen Regierung stark unterstützt. Präsident Kennedy informierte sich laufend über den Ort und die Stärke jedes geheimen Atombombenversuches, der irgendwo auf der Erde stattfand. Zu diesem Zweck wurde ein weit gespanntes seismographisches Netz errichtet, über das mit einer nie zuvor erreichten Präzision Herd und Stärke eines noch so schwachen Bebens sofort bestimmt werden konnte. Sobald eine ausländische Macht eine unterirdische Atomexplosion durchführte, wurden die Erschütterungen augenblicklich von zahlreichen Seismographen registriert und interpretiert. Bereits 15 Minuten nach der Zündung lagen exakte Angaben über Zeitpunkt, Ort und Stärke der Explosion auf dem Schreibtisch des Präsidenten im Weißen Haus. Die Erdbebenforscher beteiligten sich an dieser wissenschaftlichen Spionage jedoch nur unter der Bedingung, daß sie die seismologischen Einrichtungen auch für ihre theoretischen Untersuchungen benützen durften. Dank dieses weltweiten seismographischen Netzes sind die Wissenschaftler heute in der Lage, das Zentrum eines Bebens auf 2 km genau zu lokalisieren.

Sykes weiß diese Vorteile zu nutzen und beweist auf experimentellem Weg, daß die Herde aller Beben, die in den mittelozeanischen Rücken stattfinden, nicht tiefer als 70 km liegen. Er sieht in den Erschütterungen eine Folgeerscheinung starker Zerrungsvorgänge in den Rifts der Rücken – und erhärtet damit die Theorie von der Ausbreitung der Meeresböden.

Computer bestätigen die Kontinentaldrift

Im gleichen Jahr unternehmen Bullard, John Everett und Allan Smith den Versuch, an Hand von Computerberechnungen, die Übereinstimmung der europäisch-afrikanischen Küstenlinien mit den Kontinentalrändern Nord- und Südamerikas zu überprüfen. Sie hoffen, mit dieser objektiven mathematischen Methode die letzten hartnäckigen Zweifler davon zu überzeugen, daß die heutigen Erdteile aus den Urkonti-

nenten Laurasia und Gondwana hervorgegangen sind.

Der Computer schlägt mehrere Lösungen vor, von denen jedoch nur eine voll zufriedenstellend ist. Sie geht nicht von den heutigen Küstenlinien aus, sondern von den Rändern der Festlandsockel in etwa 1000 m Tiefe. Die Übereinstimmung übertrifft alle Erwartungen. Fugenlos passen Europa, Afrika und der Amerikanische Doppelkontinent zusammen. Man muß allerdings Island aussparen (da diese Insel erst während der Öffnung des Atlantischen Ozeans entstand) und Spanien im Uhrzeigersinn drehen, bis es sich an die Bretagne anlegt. Weitere Computerauswertungen ergeben, daß sich längs der 1000 m-Tiefenlinie auch die Antarktis, Australien, Indien und Madagaskar nahtlos an Afrika anfügen lassen.

Wie hervorragend die Rekonstruktion des britischen Forschertrios gelungen ist, zeigen die Untersuchungsergebnisse des amerikanischen Geochemikers Patrick Hurley. Bei der radioaktiven Altersbestimmung zahlreicher Gesteine in Afrika und Südamerika entdeckt er in Westafrika zwei verschiedene Zonen, die durch eine deutliche Grenzlinie voneinander getrennt werden. Westlich dieser Linie, die bei Accra (Ghana) endet, beträgt das Alter der Gesteine durchschnittlich zwei

Sykes im *Lamont Observatory* bei New York beim Studium eines Seismogramms.

106

Milliarden Jahre, östlich davon aber nur etwa 500 Millionen Jahre. In Brasilien, jenseits des Atlantik, stößt Hurley auf das entsprechende Gegenstück: zwei Milliarden Jahre alte Gesteine im Westen, 500 Millionen Jahre altes Gestein im Osten, getrennt durch eine klare Linie, die in der Nähe von São Luis endet. Hurley schiebt nach dem Vorbild von Sir Edward Bullard Afrika und Südamerika zusammen und stellt fest, daß sich diese Zonen lückenlos von einem Kontinent zum anderen fortsetzen und die Grenze, die zwischen ihnen verläuft, eine einzige Linie bildet. Die gleiche Übereinstimmung zeigen auch seine vergleichenden Untersuchungen der einzelnen Faltungsphasen Nordamerikas und Europas vor 250–550 Millionen Jahren.

Die zahlreichen Beweise für die Richtigkeit der Theorie der Meeresbodenausbreitung reichen nun aus, auch die letzten Skeptiker zu überzeugen. Doch die treuen Anhänger von Harry Hess sind mit ihrem Erfolg noch immer nicht zufrieden: sie möchten das „Fließband" mit eigenen Augen sehen, sie möchten es im engsten Sinne des Wortes be„greifen".

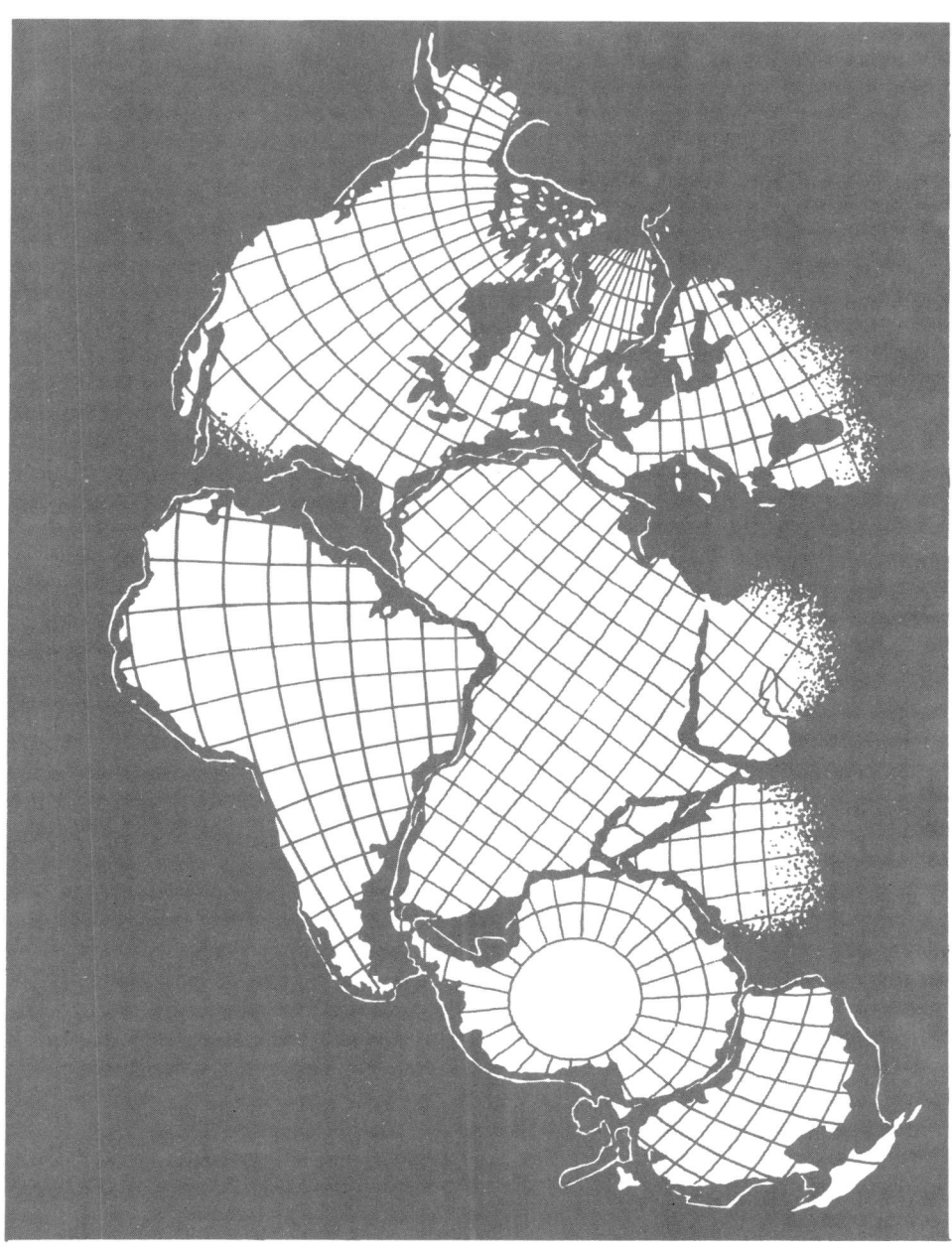

Die Verteilung der Kontinente vor 200 Millionen Jahren nach der Computerrekonstruktion, die Bullard und seine Schüler erarbeiteten.
Im Norden: Laurasia –
im Süden: Gondwana.

Ewig währender Wechsel

Das Unternehmen „Mohole" scheitert

In einem Landhaus der kalifornischen Stadt La Jolla treffen sich im April 1957 die Mitglieder der *American Miscellaneous Society*, kurz AMSOC genannt, zu einer nichtöffentlichen Versammlung. Diese unkonventionelle Gruppe führender Wissenschaftler hatte sich zum Ziel gesetzt, im engsten Kreis ausgefallene, ja kühne Vorhaben auf ihre Durchführbarkeit zu überprüfen. An jenem Frühlingstag wird William Bascom zum Leiter des neugegründeten „Mohole-Komitees" gewählt. Von ihm stammt der Begriff „Mohole" (Moho = Grenzzone zwischen Erdkruste und Mantel, Hole = engl. Loch). Das Ziel dieses leidenschaftlichen Ozeanographen und hartnäckigen Verfechters des Mohole-Projektes ist es, eine Bohrung durch die Erdkruste und die Mohorovičić Diskontinuität bis zum Mantel vorzubringen. Auch Harry Hess, eines der Gründungsmitglieder der AMSOC, wartet auf die Gelegenheit, sich endlich einen Einblick in die Zusammensetzung des Mantels zu verschaffen. Die versammelten Wissenschaftler erwärmen sich im Verlauf der Diskussion sehr rasch für dieses Projekt und sehen seine Verwirklichung in den Bereich des Möglichen rücken. Im Pazifik liegt die Moho-Grenzschicht stellenweise nur 9 km tief. Es dürfte keine unüberwindliche Schwierigkeit mit sich bringen, 4 km Wasser und 5 km Erdkruste zu durchstoßen.

Nach Jahresfrist legt das Moho-Komitee sein Projekt bei den zuständigen Behörden in Washington vor und verweist in jener Phase des Kalten Krieges auf den politischen Aspekt dieses Unternehmens. Es gibt in der Tat Gerüchte, nach denen die UdSSR in Sibirien eine ähnliche Bohrung durchführen soll. Die USA sollten also so schnell wie möglich diesen Vorsprung der Russen aufholen. (Später hat sich herausgestellt, daß es sich bei dem sibirischen Unternehmen lediglich um eine Ölbohrung gehandelt hat!)

Die amerikanische Regierung bewilligt beträchtliche Zuschüsse für die Finanzierung des ersten Abschnitts: der Einrichtung einer Bohrstelle. An der Durchführung der Arbeiten beteiligen sich mehrere Erdölgesellschaften. Sie rüsten ein ausgedientes Marinefrachtschiff des größeren Typs um und versehen es mit einem 30 m hohen Bohrturm und zahlreichen technischen Neuerungen, die eine Bohrung auf hoher See vom Schiff aus ermöglichen. Zwischen der Pazifikinsel Guadalupe und der mexikanischen Küste werden zunächst fünf Probebohrungen durchgeführt. Dabei müssen 3500 m Bohrgestänge im Meer versenkt werden, bevor man den Meeresboden erreicht. Bei einer dieser Bohrungen stößt der Bohrmeißel auf Basalt, nachdem er sich durch eine 180 m dicke Sedimentschicht hindurchgearbeitet hat. Das bedeutet den ersten Erfolg. Hunderte von Glückwunschtelegrammen – von Präsident Kennedy und führenden Persönlichkeiten aus aller Welt – treffen bei der AMSOC ein. Alles spricht für eine günstige Entwicklung des Mohole-Projektes. Die Mittel für den zweiten Abschnitt, die Errichtung einer neuen Plattform, sind bereits bewilligt – da ändert sich plötzlich die

Blick aus dem Weltraum: Nord- und Südamerika aus der Sicht eines Kosmonauten der NASA.

109

Lage. Als sich herausstellt, daß die Verwirklichung des Projekts das Zwanzigfache der veranschlagten Summe verschlingen wird, enthebt man Bascom seines Amtes. Das Unternehmen Mohole ist gescheitert, es ist zum „Nohole" (Kein-Loch-Projekt) geworden.

Doch schon einige Jahre später erweist es sich, daß dies der Wissenschaft keinen Abbruch tut. Die gleichen Gesteine aus dem Mantel, die die Amerikaner mit Hilfe äußerst kostspieliger Methoden aus großer Tiefe zu bergen versuchten, kann auf der Insel Zypern jeder Tourist bei seinem Ausflug ins Gebirge massenweise auflesen. Das grünliche, harte Basaltgestein, das er dort antrifft, ist nichts anderes als ein Teil des alten Meeresbodens, der aufgefaltet wurde und heute über dem Meeresspiegel liegt.

Die Expedition der Glomar Challenger

Trotz seines Scheiterns hat das Mohole-Projekt den Beweis erbracht, daß es möglich ist, bis in große Tiefen zu bohren. Ein neues Forschungsprogramm JOIDES (Joint Oceanographic Institutions for Deep Earth Sampling = Vereinigung ozeanographischer Institute für Bodenuntersuchungen in großer Tiefe) baut auf den Erfahrungen des „Mohole" auf. Fünf amerikanische wissenschaftliche Institute und zahlreiche ausländische Universitäten wollen in gemeinsamer Arbeit Hunderte von Bohrungen in allen Ozeanen durchführen, dabei aber nur einige hundert Meter tief vordringen. Mit der wissenschaftlichen Auswertung dieser Bohrkerne wird man gut und gerne hundert Jahre zu tun haben.

Zu Beginn des Jahres 1968 wird in Orange/Texas ein neues Bohrschiff vom Stapel gelassen. Man tauft es auf den Namen *Glomar Challenger* – nach dem britischen Forschungsschiff *Challenger* aus dem 18. Jahrhundert und der Herstellerfirma *GLObal MARine*, die das moderne Bohrschiff auf Kiel gelegt hat. Das Schiff hat eine Länge von 122 m und eine Wasserverdrängung von 10 500 t. Mittschiffs erhebt

sich über einem offenen Schacht der Bohrturm, dessen Spitze 59 m über die Wasserlinie aufragt. 12 000 m Bohrgestänge lagern teils auf, teils unter Deck. In einem großen Bordlabor kann ein Teil der Bohrkerne sofort analysiert werden. Der Rest wandert in Kühlbehälter im Schiffsrumpf. Diese Proben werden später an Land gründlich untersucht und eingeordnet. Die *Glomar Challenger* verfügt über drei sinnreiche Vorrichtungen, die es ermöglichen, auf See ohne wesentlich größere Schwierigkeiten als auf dem Festland bis in 6000 m Tiefe zu bohren. Die erste verhindert ein Stampfen und Schlingern des Schiffes während der Bohrung. Die zweite bewirkt, daß das Schiff seine Position über der Bohrstelle einhält, unbeeinflußt von Wind, Wellen und Strömungen. Sobald die *Glomar Challenger* die vorgesehene Bohrstelle erreicht hat, wird ein Unterwassersender über Bord geworfen. Er gibt Si-

Bohrplattform auf dem amerikanischen Forschungsschiff Cuss I, das während des Mohole-Projekts eingesetzt war.

Herkömmliche Bohranlage für geothermische Untersuchungen

gnale an Hydrophone weiter, die unter dem Schiffsrumpf angebracht sind. Die Hydrophone übermitteln diese Meßwerte einem Bordcomputer, der sie in Kommandos an die vier seitlichen Motoren und den Propellerantrieb umsetzt und auf diese Weise ein Abdriften des Schiffes von der Bohrstelle verhindert. Die dritte Neuerung, die 1970 in Betrieb genommen wurde, macht es möglich, eine Bohrkrone samt Gestänge in ein bereits vorhandenes Bohrloch einzufahren, wenn beispielsweise der Bohrmeißel stumpf geworden oder gar abgebrochen ist. In 5000 m Tiefe ein Bohrloch von 23 cm Durchmesser zu treffen, erfordert höchste Präzision. Als ob man von der Spitze des Eiffelturmes aus ein 300 m langes Spaghetti in ein 3 mm großes Loch am Fuß des Turmes einfädeln müßte! Bei dem Re-entry-Verfahren

Das berühmte Bohrschiff Glomar Challenger im Einsatz.

wird ein großer Trichter von 5 m Durchmesser, der mit drei Schallreflektoren ausgestattet ist, auf das Bohrloch gesetzt. Schallumsetzer an der Bohrkrone und die Signale eines an der Bohrstelle abgesetzten Unterwassersenders liefern dem Bordcomputer die Unterlagen, nach denen er die Manöver zum Wiedereinführen des Bohrwerks samt Gestänge durch den Trichter berechnet.

Die erste Bohrung der *Glomar Challenger* findet im August 1968 im Golf von Mexiko statt. 2800 m unter dem Wasserspiegel stößt der Meißel auf den Meeresboden und fördert 800 m Kernproben von Sedimenten zutage. Bei der zweiten Bohrung trifft man nach dem Durchstoßen eines Salzdoms auf eine Öltasche. Von nun an löst eine erfolgreiche Bohrung die andere ab. JOIDES wird zum erfolgreichsten

Bohrunternehmen der Geschichte. Bis 1974 hat die *Glomar Challenger* 500 Tiefseebohrungen in allen Meeren durchgeführt und dabei Bohrkerne in einer Gesamtlänge von 60 km gefördert. Die Theorie von der Ausbreitung des Meeresbodens wird durch die Untersuchungsergebnisse von JOIDES erhärtet. Bei der Überquerung des Atlantiks zwischen Dakar und Rio de Janeiro stößt man bei allen sieben Bohrungen auf Basalte. Je weiter die Bohrstelle von der Zentralspalte des Mittelatlantischen Rückens entfernt ist, um so älter sind die geborgenen Basaltproben. Die Dehnungsbeträge, die man aus dem Alter der geförderten Gesteine berechnet, betragen 4 cm pro Jahr, stimmen also mit den Werten, die mit Hilfe der magnetischen Streifenmuster ermittelt wurden, überein. Alle Beträge, die man für die Ausbreitung des Meeresbodens bis dahin ermittelt hatte, werden durch die Bohrungen bestätigt.

Das Mittelmeer – eine Wüste?

Der *Glomar Challenger* verdanken wir eine Reihe geradezu sensationeller Entdeckungen: Bei Bohrungen im Atlantik ist man zwischen Irland und Island auf einen versunkenen Kontinent gestoßen. Es handelt sich um die Rockall-Bank, die sich um mindestens 1400 m gesenkt hat. Die Wissenschaftler nehmen an, daß Grönland dieses Stück „verloren" hat, als es vor 55 Millionen Jahren von den Britischen Inseln wegdriftete.

Ihre größte Überraschung erleben die Ozeanographen jedoch im Mittelmeer. Bei 24 Bohrungen an verschiedenen Punkten stellen sie unter einer dünnen Sedimentschicht mächtige Salz- und Gipsschichten fest. „Das kann nur bedeuten, daß das Mittelmeer vor einigen Jahrmillionen trocken lag", sagen sich die Forscher an Bord des Schiffes, „denn Ablagerungen dieser Art können sich nur in seichten, salzigen Seen oder Meeresteilen bilden, niemals aber Tausende von Metern unter dem Wasserspiegel." Das Gebiet des heutigen Mittelmeeres war nach ihrer Meinung vor 6 Millionen Jahren eine große Wüste, eine 3000 m tiefe Depression,

Der Assalsee im südlichen Teil des Afar-Grabens. Die Oberfläche des Sees liegt 155 m unter dem Meeresspiegel. Sein Wasser ist außerordentlich salzig: es enthält 350 g Salz pro Liter.
Rechts: Seil- und Gekröselava auf der Insel Réunion. Ähnliche Lavaformen findet man auch in den Zentralspalten der mittelozeanischen Rücken.

die von hohen Plateaus – den heutigen Küsten – umgeben war, und aus der sich steil aufragende Berge – das heutige Korsika und Sardinien – erhoben.

Bei der Rekonstruktion dieser dramatischen Veränderungen gehen die Wissenschaftler davon aus, daß sich infolge der Norddrift Afrikas zeitweise die Straße von Gibraltar geschlossen hat. Damit brachen die Verbindung und der Wasseraustausch zwischen dem Mittelmeer und dem Atlantik ab. Bei der hohen Verdunstungsrate von 2000 km^3 pro Jahr dürften tausend Jahre ausgereicht haben, um das Mittelmeer in eine Salzwüste zu verwandeln. Als sich jedoch vor 5,5 Millionen Jahren die „Schleuse" von Gibraltar erneut öffnete, ergossen sich die Wassermassen aus dem Atlantik in einem Wasserfall von gigantischem Ausmaß in dieses Becken. Nach Schätzungen von Experten hatte sich das Mittelmeer innerhalb von hundert Jahren wieder aufgefüllt. Man hat damit auch eine Erklärung für die Entstehung des mit Sedimenten zugeschütteten Cañons gefunden, das sich unter dem Rhonedelta befindet: an dieser Stelle mündete die Rhone vor 6 Millionen Jahren in die Wüste, die 3000 m unter dem heutigen Wasserspiegel des Mittelmeers lag.

Die Sedimente auf dem Meeresboden sind die Seiten im steinernen Tagebuch der Erde, auf denen sie alle Klimaschwankungen, Eiszeiten und Vulkanausbrüche gewissenhaft aufzeichnet.

Unternehmen FAMOUS

Die wissenschaftlicher Eroberung des Ozeans kann endlich beginnen. „In einer Zeit, in der der Mensch zum Mond aufbricht", sagt Le Pichon, „kann es nicht länger die Aufgabe der Meeresforscher sein, im blauen Mittelmeer Aufnahmen von possierlichen Fischen zu machen. Der wissenschaftliche Fortschritt, die technischen Möglichkeiten, über die wir heute verfügen, sowie die bereits gemachten Erfahrungen erlauben es uns, weit anspruchsvollere Aufgaben ins Auge zu fassen." Le Pichon spielt damit auf das Forschungsprojekt an, das 1974 unter der

Salzwüste in der Assal-Depression (Republik Djibuti). Vor 6 Millionen Jahren, als der Austrocknungsprozeß des Mittelmeers seinen Höhepunkt erreicht hatte, mag das Mittelmeer ähnlich ausgesehen haben: Myriaden von Steinsalz- und Gipskristallen glitzern in der Wüstensonne.

Xavier Le Pichon während des Unternehmens FAMOUS im Gespräch mit seinen Mitarbeitern.

Diese Kissenlava ist typisch für den submarinen Vulkanismus. Das Foto stammt aus einem mittelozeanischen Bruchtal, das dem Unternehmen FAMOUS zum Studienobjekt diente.

vorzustoßen. Etwa zehn ozeanographische Forschungsschiffe und drei Tauchfahrzeuge – die *Archimède,* die *Alvin* und die *Cyana* – beteiligen sich an der Aktion FAMOUS. Das enge Tal im Rift, das dabei erforscht wird, ist nur 4 km breit und erweist sich als geologisch sehr jung; man schätzt, daß es vielleicht erst vor einigen Jahrhunderten, frühestens aber vor ein paar Jahrtausenden entstanden ist. Man findet hier ausschließlich junge basaltische Lava, die zu merkwürdigen Formen erstarrt ist: an manchen Stellen sieht sie aus wie Knollen, dann wieder wie Kissen; bisweilen erinnert sie an Zahnpasta, die gerade aus der Tube gepreßt wurde. Auf dem Venus- und dem Plutoberg, den beiden Vulkanen auf der Grabensohle, ähnelt die erkaltete Lava versteinerten Heuhaufen.

Das enge Tal wird im Osten durch eine Folge breiter Terrassen begrenzt, im Westen zeigt es einen 300 m hohen, stufenförmigen Steilabfall. Die Sohle weist zahlreiche Spalten auf, die parallel zum Grabenrand verlaufen und zur Mitte des Grabens hin immer jünger werden. Der Wärmefluß erreicht hier das Zehnfache der auf der Erde gemessenen Durchschnittswerte, schwache Erdbeben erschüttern pausenlos das enge Tal, in dem man schließlich sogar eine sprudelnde heiße Quelle entdeckt. Die größte Überraschung für Le Pichon und James Heirtzler, die beiden wissenschaftlichen Leiter der Expedition, ist jedoch die geringe Ausdehnung dieser aktiven Grenzzone zwischen den beiden Platten: sie ist – sage und schreibe – nur einen Kilometer breit.

1975 wird das JOIDES-Projekt von einem neuen Programm, dem IPOD (International Programm of Ocean Drilling), abgelöst, das sich vorwiegend mit Tiefbohrungen in der ozeanischen Kruste befaßt. Da die *Glomar Challenger* den technischen Ansprüchen schon nicht mehr genügt, erwägt man, die *Glomar Explorer* zu erwerben, die der amerikanische Geheimdienst zur Bergung eines sowjetischen U-Bootes eingesetzt hatte, das im Pazifik gesunken war.

Bezeichnung FAMOUS (French-American-Mid-Ocean Undersea Study) bekannt wird. Die ehrgeizigen Pläne dieses Unternehmens sind auf das Studium der Grenzzone zwischen der Nordamerikanischen und Afrikanischen Platte gerichtet. Man will versuchen, an einem Punkt, 700 km südlich der Azoren, 3000 m tief zum Zentralgraben des Mittelatlantischen Rückens

Diese Lava stammt aus dem Krater der Taburiente auf Palma (Kanarische Inseln). Sie hat sich unter Wasser ausgebreitet und zeigt die typische Kissenlavaform der Laven auf dem Meeresboden.

Kissenlava mit Basaltgang (Dyke).

Gebirgsbildung beim Zusammenstoß zweier Platten

Als Edmund Hillary und sein Sherpa Norkey Tensing 1953 den Gipfel des 8848 m hohen Mount Everest bezwungen haben, können sie sich mit eigenen Augen davon überzeugen, daß auch der höchste Berg der Welt wie unzählige seiner kleineren Brüder aus Meereskalk besteht. Das war schon den Geologen im 19. Jahrhundert bekannt, die sich dafür auch bereits eine Erklärung zurechtgelegt hatten: Die erste Phase der Gebirgsbildung spielt sich unter Wasser ab, und zwar in großen, flachen, parallel zu den Küsten verlaufenden Senken – den Geosynklinalen. In diesen Sammelbecken werden im Verlauf von mehreren Jahrmillionen Sedimente bis zu einer Mächtigkeit von 15 000 m abgelagert, die mit wachsendem Gewicht die Erdkruste immer stärker niederdrücken. Eines Tages hebt sich die Geosynklinale, taucht aus dem Meer auf und wird zu einer Gebirgskette gefaltet. Eine überzeugende Erklärung dieser Vorgänge konnten die Geologen zu dieser Zeit noch nicht geben. Die Zusammenziehung der Erdkugel oder die Isostasie reichten als Begründung nicht aus.

Mit der Plattentheorie läßt sich nun

Seillava (*rechts*) und Fladenlava (*unten*) vom Piton de la Fournaise (Insel Réunion). Zu den gleichen Formen erstarrt die Lava in den Rifts der mittelozeanischen Rücken.

aber die Entstehung der Faltengebirge vernünftig erklären. John Bird von der amerikanischen Universität Albany und der Brite John Devey von der Universität Cambridge nehmen 1969 dieses Problem in Angriff. Sie weisen nach, daß Gebirgsketten nur dort entstehen, wo sich die Ozeane schließen, wo sich eine Platte unter die andere schiebt oder zwei Platten zusammenstoßen. Drei Musterbeispiele verdeutlichen die Vorgänge, die sich dabei abspielen:

1. Taucht eine ozeanische Platte, die keinen Kontinent trägt, unter eine andere Platte, wird sie im Mantel aufgeschmolzen und liefert das Material, das in der Form von Magma wieder an die Oberfläche steigt. Dabei kommt es zu der Entstehung eines vulkanischen Inselbogens (Beispiel: Tonga-Inseln, Marianen)

2. Taucht eine ozeanische Platte unter eine kontinentale Platte, entsteht ein Gebirge des Kordillerentyps (Beispiel: Anden)

3. Stoßen zwei Platten zusammen, von denen jede einen Kontinent trägt, türmen sich die verschweißten Plattenränder zu Kollisionsgebirgen auf (Beispiel: Himalaja). Dieser Vorgang läßt sich mit der Zeitlupenaufnahme vom Zusammenstoß zweier Fahrzeuge vergleichen.

117

Man kann also zusammenfassend sagen, daß die Heraushebung der Geosynklinalen eine Folge von Seitenbewegungen der Meeresböden ist, die wie Riesenbulldozer das Gestein fortschieben, wegdrücken, zermalmen und zu hohen Gebirgen auffalten.

Bisweilen wird sogar die ozeanische Kruste in diesen Prozeß einbezogen. Wie schon erwähnt (vgl. S. 110), tritt auf der Insel Zypern ein Teil des alten Meeresbodens, der aus dem Rücken des ehemaligen Tethysmeeres stammt, wieder ans Tageslicht. Die alte ozeanische Kruste wurde hier in viel jüngeres Gestein hineingepreßt und dem Gebirge einverleibt. Ganz deutlich lassen sich an vielen Stellen noch basaltische Kissenlaven feststellen, die in dieser Form bisher nur als Folge submarinen Vulkanismus nachgewiesen wurden. Die Unterlage dieser Lavaschicht bildet ein eng verzweigtes Nest schmaler, lavagefüllter Spalten (Dykes). Dieses grünliche Gestein, das man als Ophiolith bezeichnet, findet sich auch in den Alpen, am Mont Genèvre und am Monte Viso.

Der Atlantik kommt – der Atlantik geht

An mehreren Stellen auf der Erde ist die Gebirgsbildung noch in vollem Gang. In der kontinuierlichen Heraushebung der Indonesischen Inselwelt erkennt man eine Fortsetzung der alpi-

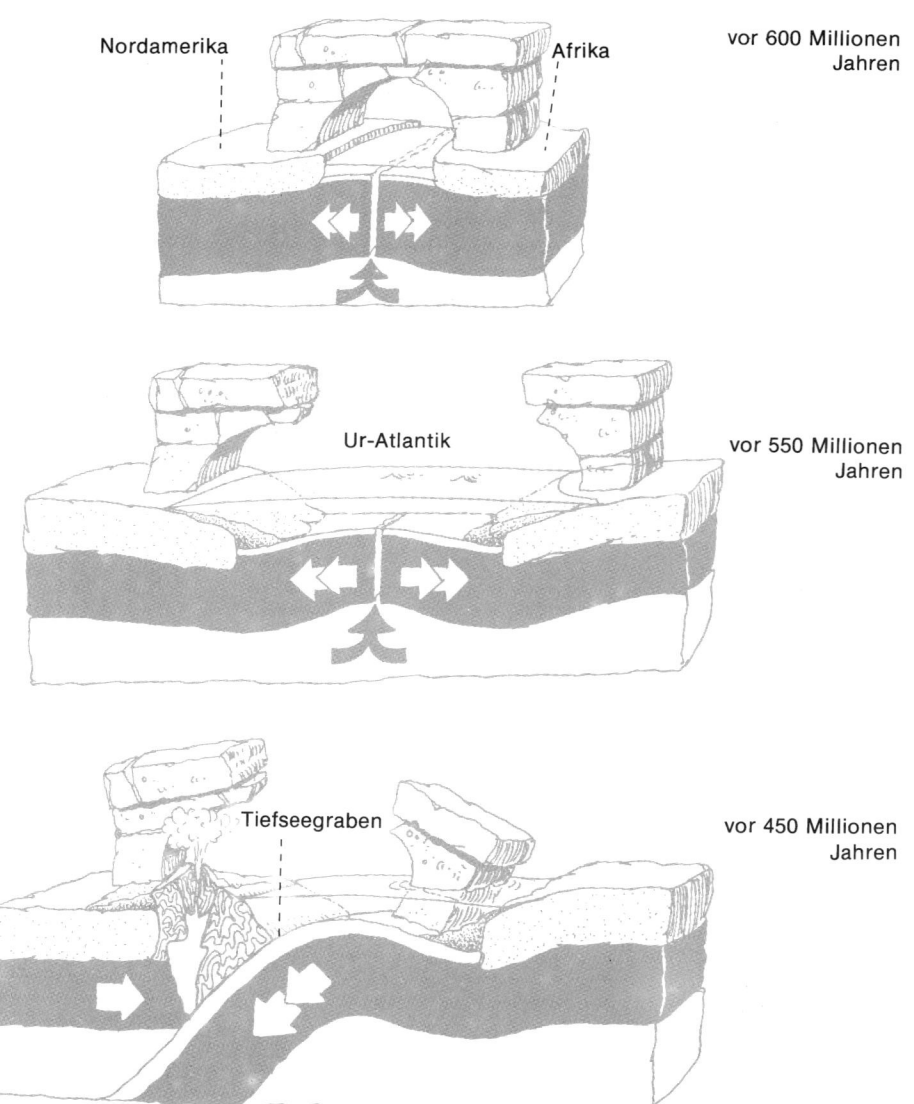

vor 600 Millionen Jahren

vor 550 Millionen Jahren

vor 450 Millionen Jahren

Die bewegte Geschichte des Atlantischen Ozeans:
seine Öffnung
vor 600 Millionen Jahren,
seine Schließung
vor 370 Millionen Jahren,
seine erneute Öffnung
vor 160 Millionen Jahren.

nen Faltung. Das Mittelmeer schrumpft weiter und wird sich in einigen hundert Millionen Jahren – wenn Afrika und Europa zusammenstoßen – zu einer hohen Gebirgskette auffalten. Die lebhafte seismische und vulkanische Tätigkeit im Mittelmeerraum ist eine Folge dieses Einengungsprozesses.

Auch der Atlantik, der sich im Lauf seiner bewegten Geschichte geöffnet, geschlossen und erneut geöffnet hat, trug zur Entstehung großer Faltengebirge bei. Als sich vor 600 Millionen Jahren der amerikanische Doppelkontinent, Europa und Afrika voneinander lösten, entstand ein Ur-Atlantik. Ein Tiefseegraben, der sich vor 450 Millionen Jahren vor der Ostküste

Amerikas bildete, schluckte den Boden des Ur-Atlantiks, so daß sich dieser Ozean wieder schloß, wobei Europa und Afrika mit Amerika zusammenstießen. Dieser zyklopische Aufprall führte zur Auffaltung der Appalachen und zur kaledonischen Faltung, in deren Verlauf vor 370 Millionen Jahren die Gebirge Norwegens, Grönlands, Schottlands, Irlands und der Bretagne entstanden sind. Zu dieser Zeit lag Nordamerika am Äquator und die Sahara am Südpol. Den Beweis dafür liefern die deutlichen Gletscherschliffe im Tafassasset-Wadi, einem Tal im östlichen Hoggar. 200 Millionen Jahre lang bildeten nun diese drei Kontinente wieder eine zusammenhängende Landmasse – die Pangäa –,

vor 370 Millionen Jahren

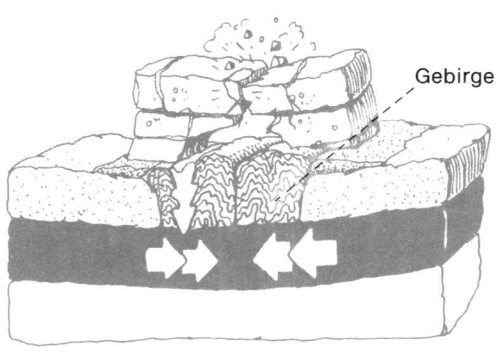

Gebirge

vor 160 Millionen Jahren

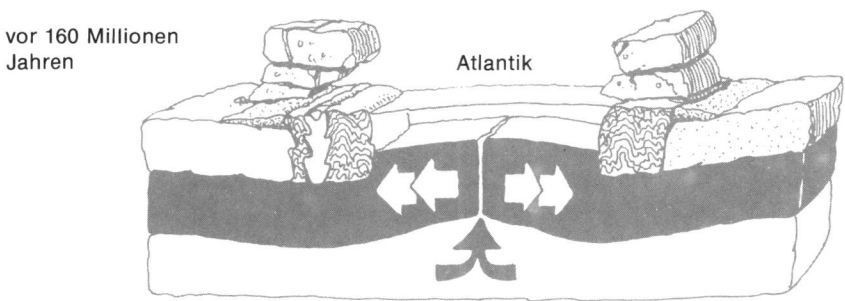

Atlantik

heute

Mittelatlantischer Rücken

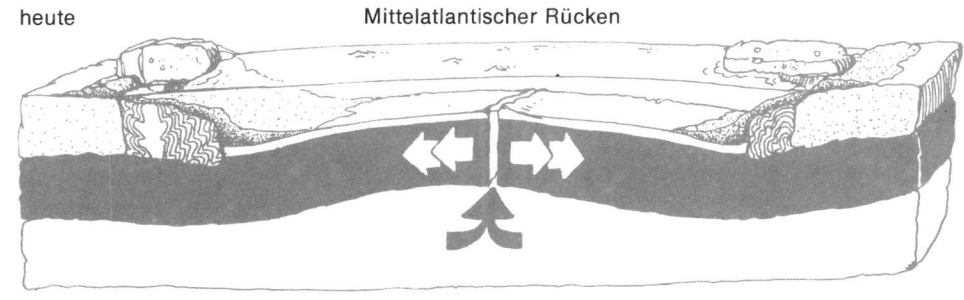

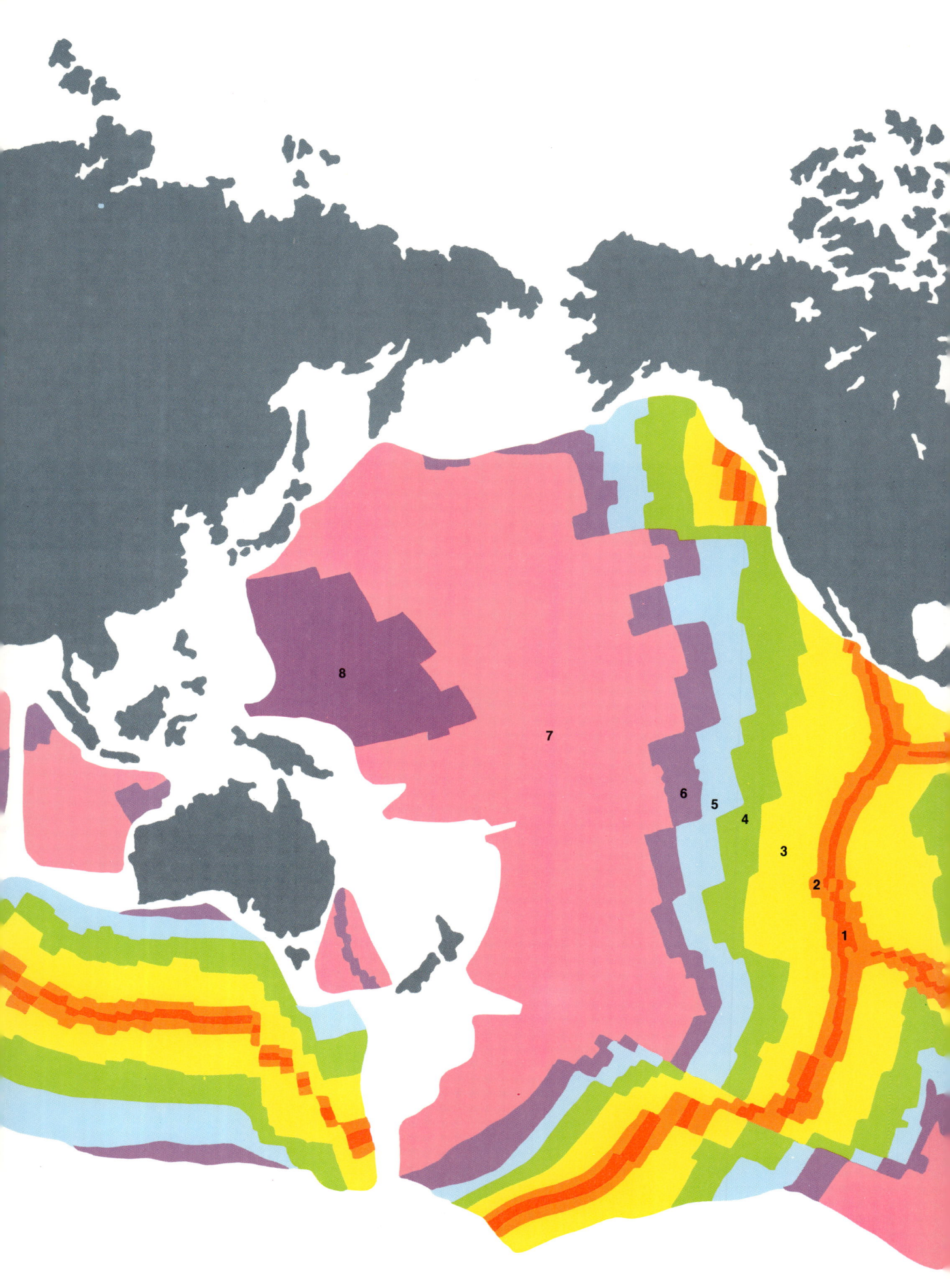

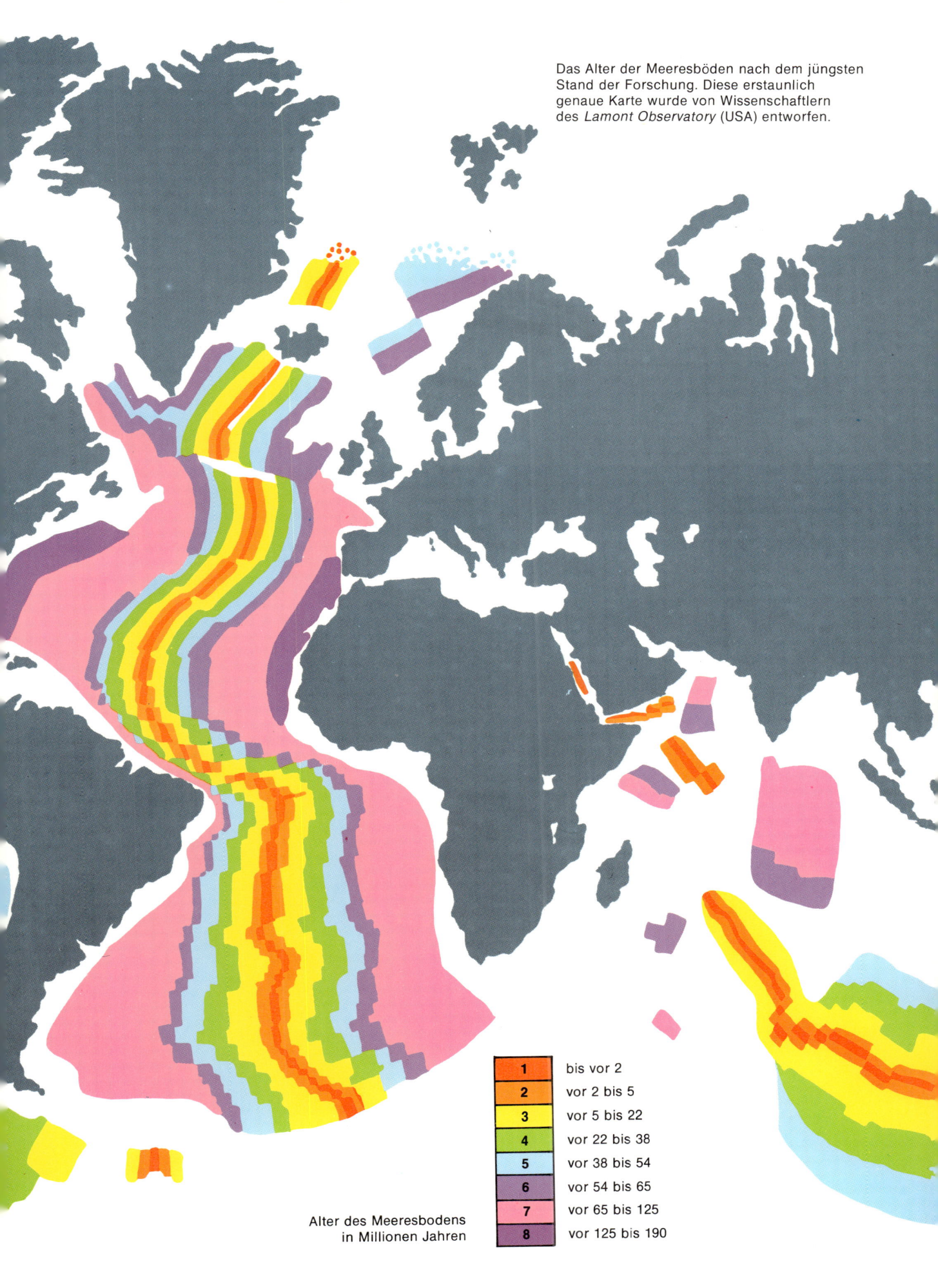

Das Alter der Meeresböden nach dem jüngsten Stand der Forschung. Diese erstaunlich genaue Karte wurde von Wissenschaftlern des *Lamont Observatory* (USA) entworfen.

1	bis vor 2
2	vor 2 bis 5
3	vor 5 bis 22
4	vor 22 bis 38
5	vor 38 bis 54
6	vor 54 bis 65
7	vor 65 bis 125
8	vor 125 bis 190

Alter des Meeresbodens
in Millionen Jahren

die jedoch vor 180 Millionen Jahren erneut auseinanderbrach. Dabei blieb allerdings ein kleines Stück von Amerika an der afrikanisch-europäischen Scholle hängen. Schottland, Irland, sowie der Nordwesten Norwegens gehören eigentlich zu Amerika und sind bei der letzten Trennung der Kontinente von ihrem Mutterkontinent losgerissen worden. Als Ersatz dafür sind Neufundland, Neuschottland, Neubraunschweig und ein Teil von Massachusetts, die europäisch-afrikanischer Abstammung sind, im Kielwasser Amerikas nach Westen gedriftet und schließlich an der Chargoggagoggmanchauggagoggchaubunagungamaugg(!!)-Verwerfung (doch, so heißt sie wirklich!) hängengeblieben. Beim Zusammenstoß Afrikas und Europas gelangten auf ähnliche Weise Gesteine afrikanischen Ursprungs in die Alpen. Jeder Bergsteiger würde nachsichtig lächeln, wenn ihm auf dem Gipfel des Matterhorns ein spleeniger Geologe erzählte, er habe soeben einen afrikanischen Gipfel bezwungen. Doch der Wissenschaftler hat recht – die Gesteine, die dieses herrliche Massiv aufbauen, sind ursprünglich in Afrika entstanden.

Die Gebirgsketten sind die Narben, die die Erde beim Aufeinanderprallen zweier Platten davongetragen hat. Da sich diese Gebirge fast immer am Rand der Kontinente befinden, zeigen die Festländer die Tendenz, auf Kosten der Ozeane nach außen zu wachsen.

Das Aussterben der Arten – eine Folge der Kontinentaldrift?

Daß mit der Verschiebung der Kontinente sowohl das Aussterben als auch die Vermehrung der Arten erklärt werden kann, haben neue paläontologische Forschungen ergeben. Wenn die

Deutlich ausgebildete 400 Millionen Jahre alte Gletscherschliffe. Sie stammen aus dem Taffassasset-Tal (Hoggar) und sind ein Beweis dafür, daß die Sahara zu jener Zeit von Eis bedeckt war.

Die reichen Kupferlager in Katanga (Zaire) sind an der Reibungszone zweier Platten entstanden.

Kontinente voneinander getrennt sind, ist der Artenreichtum auf der Erde sehr groß, weil sich in der Isolation die Lebewesen frei und ungestört entwikkeln können. Es kommt zur Entstehung neuer Arten, vor allem unter den Säugetieren. Das folgende Beispiel zeigt, wie sich auf vier verschiedenen Kontinenten vier völlig verschiedene Typen von Ameisenfressern entwickelt haben: in Südamerika lebt der Ameisenbär, in Asien der Pangolin (ein Schuppentier), in Afrika das Erdferkel und in Australien der Ameisenigel. Für die Entwicklung der Wirbellosen ist die Form des Kontinents ausschlaggebend. Auf stark gegliederten Kontinenten mit ausgedehnten Küstenregionen und verschiedenartigen Umwelteinflüssen differenzierten sich diese Lebewesen, die in geringer Wassertiefe leben, besonders lebhaft: Muscheln, Seeigel, Korallen.

Werden jedoch zwei Kontinente beim Zusammenstoß zweier Platten miteinander verbunden, beginnt ein blutiger Krieg, der zum Erlöschen ganzer Gattungen innerhalb von wenigen Jahrmillionen führt. In diesem unbarmherzigen Kampf ums Dasein überleben nur die Tüchtigen. Das ist – zumindest teilweise – eine Erklärung dafür, daß es im Zeitalter der Dinosaurier, als die Kontinente zur Pangäa zusammengeschlossen waren, nur etwa zwanzig Reptilienarten gab.

Ein ähnliches Schicksal war auch den Säugetieren in Südamerika beschieden: sie unterlagen ihren stärkeren nordamerikanischen Rivalen, als sich vor zwei Millionen Jahren die Landenge von Panama heraushob, über die eine Invasion der Säuger aus dem Norden einsetzte.

Die Plattentektonik bietet schließlich auch eine Erklärung für das wiederholte Vordringen des Meeres ins Festland (Transgression). Sobald die Ausbreitung des Meeresbodens schneller abläuft, dehnt sich der Mittelozeanische Rücken durch die gesteigerte Magmaförderung aus. Der Meeresboden wächst nach oben, der Wasserspiegel steigt und das Meer dringt ins Festland vor. Das Kreidemeer beispielsweise, das sich vor 140 bis 65 Millionen Jahren im Pariser Becken ausbreitete, ist deshalb entstanden,

Zwei besonders schöne Erze, die neben tausend anderen für
den zirkumpazifischen Vulkanismus charakteristisch sind.

Vanadinit, ein rotes Vanadinerz ($Pb_5(VO_4)_3Cl$).

Antimon – oder Grauspießglanz (Sb_2S_3).

Der Blick vom Weltraum auf die Erde macht die Verschiebung der Kontinente besonders deutlich. Hier ist die Schließung des nördlichen Teils des Roten Meers durch das Landdreieck der Sinaihalbinsel sehr gut zu erkennen.

weil zu dieser Zeit die Dehnungsrate im Mittelatlantischen Rücken dreimal so groß war wie heute. Geht andererseits die Krustenproduktion in den mittelozeanischen Rücken wieder zurück, setzt ein Rückzug des Meeres ein (Regression).

Die Bergbaugesellschaften schalten sich ein

Der Bergbau reagierte lange Zeit gleichgültig auf die Plattentektonik, bis man an maßgeblicher Stelle die große Bedeutung erkannte, die sie für die Erschließung neuer Lagerstätten hat. Die Suche nach neuen Rohstoffen kann nun endlich gezielt betrieben werden. Eine Lagerstätte an der Westküste Afrikas setzt sich mit großer Wahrscheinlichkeit in Brasilien fort. Auf der Karte, die Sir Eduard Bullard und seine Mitarbeiter für die Zeit vor der Öffnung des Atlantiks erstellt haben, kann man feststellen, wo die entsprechenden Formationen jenseits des Atlantiks zu suchen sind. Auf diese Weise fand man – ausgehend von bereits bekannten Fundorten auf dem afrikanischen Kontinent – ohne zeitraubende Probeschürfungen Diamantenlager in Brasilien und ölführende Salzdome längs der südamerikanischen Küste.

Hellhörig wurden die Bergbaugesellschaften, als die Forschungsberichte der *Glomar Challenger* veröffentlicht wurden. In den Bohrkernen hatte man Kupfer, Eisen, Mangan und eine Reihe anderer wertvoller Bodenschätze aus dem Meeresboden geborgen. Tatsächlich warten auf dem Grund des Meeres gewaltige Erzreserven nur darauf, vom Menschen gehoben zu werden. Allein auf dem Boden des Pazifischen Ozeans liegen 400 Milliarden Tonnen Manganknollen. Wie ein riesiges Feld frisch gerodeter schwarzer Kartoffeln liegen sie da. Könnte man sie fördern, wäre der Bedarf an Mangan für die nächsten 400 000 Jahre gesichert. Die reichsten Erzvorkommen liegen im Bereich der Zentralspalten der mittelozeanischen Rücken und der vulkanischen Inselbögen längs der Tiefseegräben.

Zwischen 1964 und 1966 entdeckte man mitten im Roten Meer, in 2000 m Tiefe auf der Höhe von Mekka, drei Salztaschen, in denen bis zu 60° C heißes Wasser mit hoher Salzkonzentration steht. Diese Sole enthält die zehnfache Menge Salz, die 5000fache Menge Eisen, die 25 000fache Menge Mangan und die 30 000fache Menge Blei verglichen mit gewöhnlichem Meerwasser. Unter dieser Soleschicht liegen hundert Meter mächtige, metallhaltige, leuchtend bunte Sedimente. Es handelt sich um eine der größten Erzlagerstätten, die je auf der Erde entdeckt wurden; man rechnet damit, daß hier 80 Millionen Tonnen Eisensulfid und Eisenoxid, Zink, Kupfer, Blei, Nickel, Mangan, Chrom, Silber und Gold, außerdem noch große Vorräte an Kohlenwasserstoffen lagern.

Die Entstehung dieser Schatzkammer ist eng mit der Geschichte des Roten Meeres verknüpft. Sie begann vor 20 Millionen Jahren, als sich zwischen Afrika und der Arabischen Halbinsel zunächst ein Rift und daraus dann ein ozeanischer Rücken bildete. Seither dehnt sich dieses schmale Meer jährlich um 2 cm in west-östlicher Richtung aus. Die umliegenden Kontinente verhindern einen Wasseraustausch mit den benachbarten Meeren. Die nur knapp 120 m tiefe Verbindung mit dem Indischen Ozean am Bab el Mandeb und die erst seit kurzem bestehende

Öffnung zum Mittelmeer durch den Suezkanal können nicht verhindern, daß das Wasser stagniert. Es verdunstet sehr schnell, seine Salzkonzentration nimmt zu, sein Sauerstoffgehalt nimmt ab. Das Salz lagert sich in bis zu 5000 m mächtigen Schichten ab. Alles Leben stirbt infolge des fehlenden Sauerstoffs. Bei den einsetzenden Gärungsprozessen verwandelt sich das organische Material allmählich in Erdgas und Erdöl.

Die Entstehung der Erzlagerstätten erklären sich die Mineralogen folgendermaßen: das alte Meerwasser versikkert im Spaltensystem des Zentralgrabens, wird in der Tiefe vom Magma erhitzt, steigt auf und reichert sich dabei mit den Metallen an, die in dem vulkanischen Gestein enthalten sind. Diese Metalle werden ausgefällt und in großen Mengen als Sulfide oder Oxide abgelagert.

Vor 150 Millionen Jahren, als der Abstand zwischen den auseinanderdriftenden Kontinenten Amerika und Afrika-Europa noch viel geringer war als heute, herrschten im Atlantik ähnliche Verhältnisse wie gegenwärtig im Roten Meer. Es kam zu ähnlich mächtigen Erzablagerungen, die – infolge der Ausbreitung des Meeresbodens – inzwischen in die Nähe der Kontinentalränder gewandert sind. So ist die Entstehung der reichen Erdölvorkommen vor der Küste von Gabun und Venezuela zu erklären.

Der versunkene Schatz

Die Zentralgräben der mittelozeanischen Rücken sind riesige Hochöfen, in denen im Lauf von Jahrmillionen die Metalle geschmolzen werden. Der Natur kann es einfallen, uns mit diesen Schätzen zu überhäufen, wenn sie beim Zusammenstoß zweier Platten eine ehemalige ozeanische Kruste aus dem Meer auftauchen läßt. Auf diese Weise sind die berühmten Kupferlager auf Zypern – dem Cyprium der Römer – mit der ozeanischen Kruste, in die sie eingebettet sind, aus dem Mittelmeer aufgetaucht und in die Reichweite des Menschen gelangt. Die Metalle, die durch die Ausbreitung des Meeresbodens in die Tiefseegräben gezogen

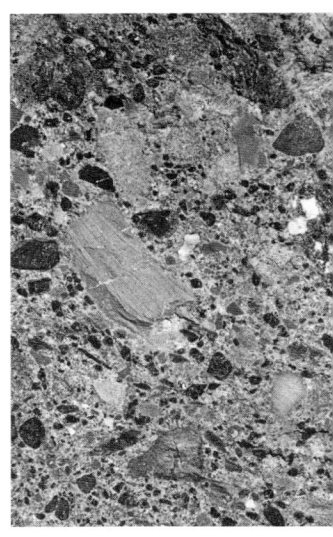

Die Plattentektonik macht die Erschließung neuer Bodenschätze möglich. Andererseits profitieren Geologen und Geophysiker von den bereits bestehenden Abbaustätten, wo sie den Aufbau der Erde bis in große Tiefen verfolgen können. Dabei stellen die Diamantenröhren eine Art natürlicher „Mohole" dar. Sie sind angefüllt mit Kimberlit, einem bläulichen, basaltischen Gestein, das ursprünglich in 200–300 km Tiefe, also im äußeren Mantel, entstanden ist. Die Riesenbohrlöcher, die die Erde sozusagen von unten nach oben getrieben hat, sind für die Wissenschaftler eine wahre Fundgrube; ohne große Kosten können sie hier in die Erde eindringen.

Auf dem Meeresboden warten Milliarden Tonnen metallhaltiger Knollen darauf, vom Menschen gehoben zu werden. Hier liegen ungeheuere Mangan-, Kupfer-, Kobalt- und Nickel-Reserven.

Das „Big Hole", eine Diamantenröhre in Kimberley (Südafrika).

werden, sind uns aber noch nicht zugänglich. Die technischen Hilfsmittel, über die wir verfügen, reichen noch nicht aus, diesen reichen Schatz zu heben. Es gibt vorläufig nur einen Weg, um in den Besitz dieser wertvollen Rohstoffe zu gelangen: abwarten, bis sie mit den Platten untertauchen und in der Tiefe unter starkem Druck und hohen Temperaturen herausgeschmolzen werden, wieder auftauchen und sich in den vulkanischen Inselbögen ablagern.

Je nach der Tiefe, in die die Platte abtaucht, werden ganz bestimmte Metalle herausgeschmolzen. Ein Musterbeispiel findet sich im Pazifischen Feuerring, der eine regelrechte Erzgirlande darstellt. Hier folgt, parallel zu den Tiefseegräben angeordnet, eine metallreiche Zone auf die andere. Dabei liegt in Küstennähe der Bereich mit überwiegenden Eisen- und Kupfervorkommen, weiter landeinwärts folgt eine Zone, in der Kupfer, Gold und Molybdän vorherrschen und daran anschließend ein Gürtel, in dem Blei-, Zink-, Zinn- und Silbererze überwiegen. Zu diesen sagenhaften Reichtümern haben wir bereits Zutritt: Die

Kupfergewinnung ist in Japan, Chile und auf den Philippinen, der Zinnabbau in Indonesien in vollem Gange.

Vor einigen Jahren hat man in Amerika ernstlich erwogen, radioaktive Abfälle in den Tiefseegräben zu versenken, wo sie mit den untertauchenden Platten in die Tiefe gezogen würden. Glücklicherweise hat man rechtzeitig bedacht, daß wir damit für unsere Nachkommen eine große Gefahr heraufbeschworen hätten, denn es ist damit zu rechnen, daß diese gefährlichen Stoffe in einigen Jahrmillionen wieder an der Erdoberfläche zum Vorschein gekommen wären.

Wir haben gesehen, daß die Plattentektonik sogar als Erklärung für die Entstehung und Verbreitung der Bodenschätze herangezogen werden kann. Darüber hinaus kann man behaupten, daß es ohne die Kontinentaldrift niemals zu der großen Industriellen Revolution gekommen wäre, die im 19. Jahrhundert in der westlichen Welt stattgefunden hat. Kohle, Erdöl, Bauxit können – zumindest in größeren Mengen – nur in tropischen Breiten entstehen. Die reichen Erdölvorkommen in Alaska und die großen

Kohlenvorräte in Europa verdanken wir allein dem Umstand, daß sich die Länder der Nordhalbkugel über einen langen Zeitraum hinweg viel weiter südlich, in der Nähe des Äquators befanden, bevor sie in ihre heutige Lage drifteten. Aus dem gleichen Grund findet man in Südafrika weder Erdöl noch Erdgas; dieses Gebiet lag lange Zeit am Südpol unter einem dicken Eispanzer, wo die Voraussetzungen für die Bildung dieser Bodenschätze fehlten.

Sie sind aber nicht unerschöpflich. Wir sollten endlich damit beginnen, mit diesen Bodenschätzen sparsamer umzugehen und sie nicht sinnlos zu vergeuden! Allein im Jahr 1970 wurden auf der Erde 7 Milliarden Tonnen Erz abgebaut. Würde man diese ungeheure Menge auf Zehntonner verladen, ergäbe dies eine Lastwagenkolonne von 7 Millionen Kilometer Länge: zwanzigmal die Entfernung Erde-Mond. Dieser Abbau sollte kein Raubbau sein, damit wir nicht heute vergeuden, was spätere Generationen brauchen werden.

Dietz läßt die geologische Uhr rückwärts laufen

Aus den ältesten Gesteinsproben schließt man, daß sich die Kontinente seit mindestens zwei Milliarden Jahren hin- und herbewegen. Uns stehen jedoch nur für die vergangenen 200 Millionen Jahre ausreichende Informationen zur Verfügung, die eine Rekonstruktion dieser Verschiebungen erlauben.

In mühevoller Kleinarbeit hat der amerikanische Geophysiker Robert Dietz gewissermaßen die Magnetbänder zu beiden Seiten der mittelozeanischen Rücken zurückgespult. Dieser großartigen Idee verdanken wir ein nahezu lückenloses Bild von den Ereignissen auf der Erde während der letzten 200 Millionen Jahre:

Vor 200 Millionen Jahren existierte nur ein Superkontinent (Pangäa), der im Osten eine große Einbuchtung (Tethys) aufwies. Diese Festlandmasse wurde von einem riesigen Ozean, dem Vorläufer des Pazifik, umschlossen (Panthalassa – griech. soviel wie: alles

Geothermische Energievorräte sind vor allem an den Plattenrändern gespeichert. Der im Geothermischen Kraftwerk in Larderello (Toskana) erzeugte Strom reicht für den Betrieb aller mittelitalienischen Züge aus.

Verteilung der Kontinente auf unserem Planeten

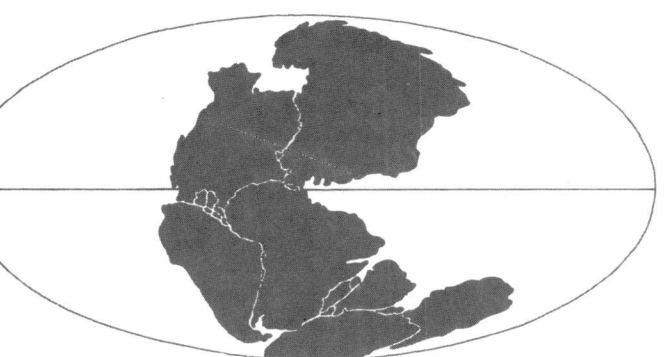

bis vor 200 Millionen Jahren

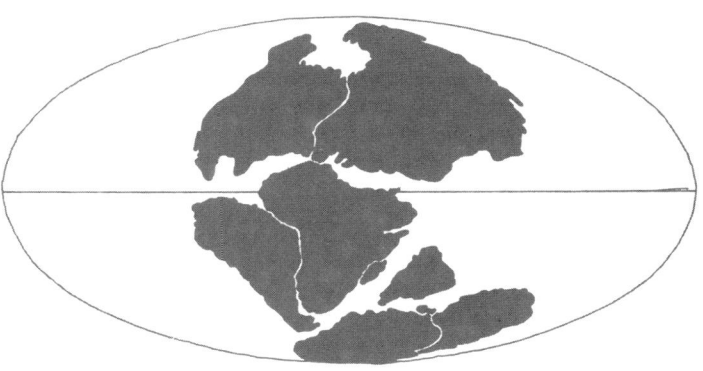

bis vor 180 Millionen Jahren

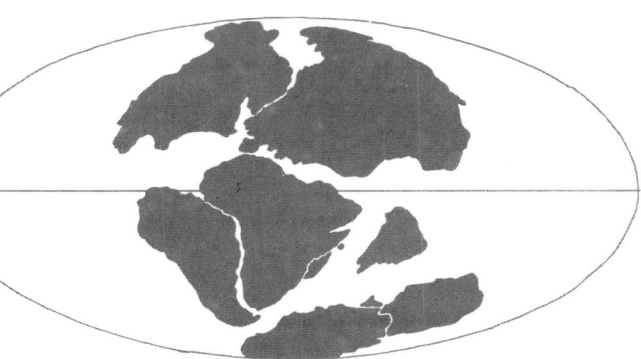

bis vor 135 Millionen Jahren

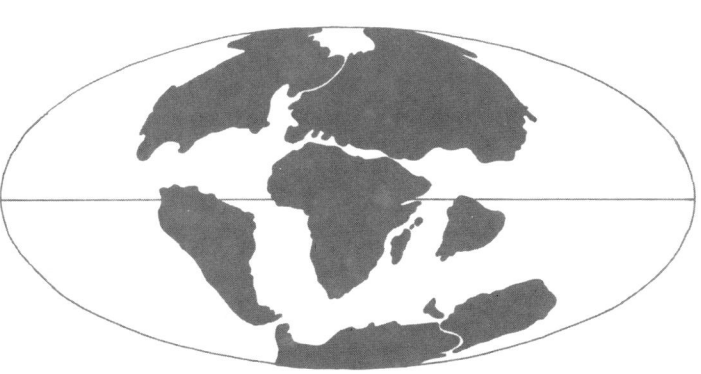

bis vor 65 Millionen Jahren

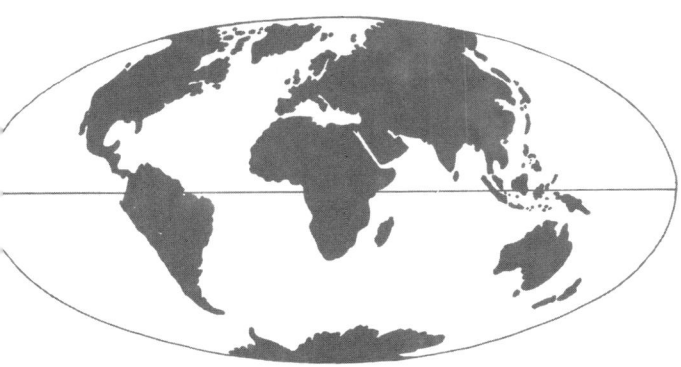

heute

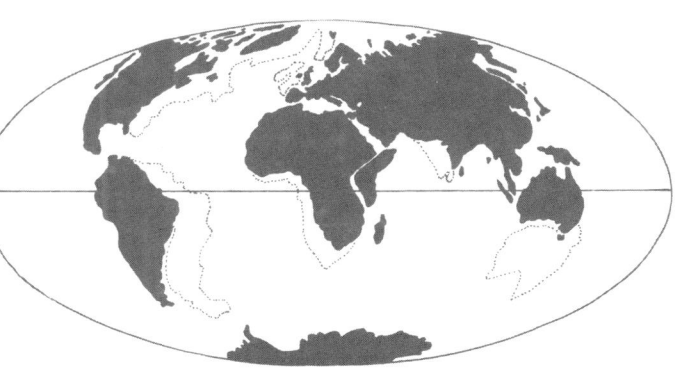

in 50 Millionen Jahren

129

Meer). Vor 180 Millionen Jahren brach dieser Urkontinent auseinander. Aus tiefreichenden Spalten ergossen sich mächtige Basaltströme über weite Gebiete. Mit der Bildung zweier Grabenbrüche setzte eine Spaltung der Pangäa ein: der eine verlief von Osten nach Westen auf der Höhe des Tethysmeeres und öffnete den mittleren Atlantik; dabei wurde ein nördlicher Kontinent (Laurasia), der Eurasien und Nordamerika umfaßte, von einem südlichen (Gondwana), auf dem Afrika, Südamerika, die Antarktis, Australien und Indien lagen, getrennt.

Der zweite Grabenbruch bildete sich zwischen dem südamerikanisch-afrikanischen Block und der antarktisch-australischen Landmasse. Dabei öffnete sich allmählich der Indische Ozean, während sich gleichzeitig der Indische Subkontinent nach Norden in Bewegung setzte. Im Verlauf der folgenden Jahrmillionen dehnten sich diese beiden Ozeane weiter aus. Die atlantische Grabenzone breitete sich nach Norden aus und trennte Eurasien von Nordamerika; dabei entstand die Labrador-See westlich von Grönland. Gleichzeitig bewirkte die Verschiebung Afrikas, daß sich Spanien um 35° gegen den Uhrzeigersinn drehte, wobei sich der Golf von Biscaya öffnete. Ein neues Rift, aus dem der südliche Atlantik hervorging, entwickelte sich vor 140 Millionen Jahren zwischen Südamerika und Afrika. Der südliche und der mittlere Atlantik vereinigten sich; nach weiteren 60 Millionen Jahren hatte sich der Atlantik schon auf 3000 km verbreitet. Vor 65 Millionen Jahren verlief das nordatlantische Rift östlich von Grönland; Afrika driftete nach Norden, schloß dabei den östlichen Teil der inzwischen zum Mittelmeer gewordenen Tethys und trennte sich von Madagaskar. Zur gleichen Zeit wurde der amerikanische Doppelkontinent in den großen Pazifischen Graben gedrückt. Dabei wurden im Norden die Rocky Mountains, im Süden die Anden aufgefaltet. Zehn Millionen Jahre später löste sich Australien von der Antarktis und trieb nach Nordosten. Grönland trennte sich von Eurasien, die Geburt der Insel Island kündigte sich durch aufsteigendes Magma an. Vor 45 Millionen Jahren stieß Indien mit Eurasien zusammen. Bei der Verschweißung dieser beiden Landmassen entstand der Himalaya. Afrika bewegte sich immer noch weiter nach Norden und benutzte dabei Italien, das strukturell zur afrikanischen Masse gehört, als Prellbock. Die Auffaltung der Alpen war die Folge dieser weiträumigen Verschiebungen. Vor etwa 30 Millionen Jahren entstanden die Pyrenäen, parallel dazu erfolgte die Bildung des Ostafrikanischen Grabenbruchs und die Öffnung des Roten Meeres. Als jüngstes erdgeschichtliches Ereignis ist schließlich das Auftauchen des Isthmus von Panama zu nennen; diese Landbrücke zwischen Nord- und Südamerika besteht erst seit etwa 10 Millionen Jahren.

Ein langer Weg von der Pangäa zu dem uns heute vertrauten Kartenbild! Doch Dietz gibt sich mit diesem geologischen Rückblick nicht zufrieden – er unternimmt den Versuch, auch noch die Zukunft unseres Planeten vorauszusagen: In 50 Millionen Jahren werden sich der Atlantische und Indische Ozean auf Kosten des Pazifiks stark vergrößert haben. Australien wird Indonesien überrollen. Das „Horn" Ostafrikas wird sich von Afrika lösen. Vom Mittelmeer wird nicht mehr viel übrig sein, Libyen und Ägypten werden auf Griechenland und die Türkei stoßen. Der Golf von Biscaya wird verschwunden sein, denn Spanien wird wieder dicht bei der Bretagne liegen. Die Kalifornische Halbinsel und Los Angeles werden sich entlang der amerikanischen Westküste bis zum Aleutengraben schieben, wo sie in die Tiefe gezogen werden. Lassen wir noch etwa 100 Millionen Jahre verstreichen, dann wird der amerikanische Doppelkontinent mit Japan, China und Australien zusammengewachsen sein. Dann wird der Pazifik verschwunden, der Atlantik jedoch das größte Meer der Erde geworden sein. Doch auch er wird nicht ewig bestehen: ein Tiefseegraben, der sich am Rand dieses gewaltigen Ozeans bilden wird, wird auch ihn zerstören, indem er seinen Meeresboden verschlingt.

Ob es dann jedoch noch menschliches Leben auf unserem Planeten geben wird…?

Aus Asche und Lava herausgearbeitete Verwitterungsform. Der kleine „Schornstein" ist fast 7 m hoch. (Lanzarote/Kanarische Inseln.)

Vulkanismus und Erdbeben

Vulkanismus – Naturereignis ersten Ranges

Tambora 1850: 50 000 Tote; Krakatau 1883: 35 000 Tote; Mont Pelé 1902: 28 000 Tote ... diese Zahlen erinnern uns nachdrücklich daran, daß die Erde lebt. Lange, ja zu lange hielten die Naturwissenschaftler den Vulkanismus für eine zweitrangige geologische Erscheinung, für eine Laune der Natur. Inzwischen hat uns die Plattentektonik davon überzeugen können, daß der Vulkanismus eine grundlegende Rolle in der Entwicklung unseres Planeten spielt. Tiefseebohrungen haben ergeben, daß die „Haut" der Erde zu zwei Dritteln aus vulkanischem Gestein besteht. In historischer Zeit gab es über dem Meeresspiegel etwa tausend tätige Vulkane; die Zahl der submarinen Vulkane ist noch wesentlich größer. Dazu kommen noch 5000 „vulkanische Zeitbomben", die auf dem Festland ticken – Vulkane, die ihre Tätigkeit eingestellt haben, aber jederzeit „losgehen" können.

Die Plattentektonik hat auch eine Erklärung für die Verbreitung des Vulkanismus auf der Erde bereit: an den Stellen, wo die Erde Risse und Brüche zeigt, wo sie starkem Druck unterworfen ist und sich faltet, in Regionen mit lebhafter Erdbebentätigkeit – also an den Nahtstellen zwischen zwei Platten, im Bereich der Inselbögen und der mittelozeanischen Rücken – häufen sich die Vulkane.

Der Vulkanismus in den mittelozeanischen Rücken (Mittelatlantischer Typ) hat vorwiegend effusiven Charakter, das heißt, dünnflüssige Lava fließt hier ohne spektakuläre Explosionen aus. Dabei dringen gewaltige Basaltmengen aus dem Mantel durch schon bestehende Risse im Zentralgraben nach oben und breiten sich deckenförmig über dem Meeresboden aus. Nur an zwei Stellen auf der Erde kann dieser Typ oberhalb des Meeresspiegels beobachtet werden, und zwar in der Afar-Region Ostafrikas und auf Island. Diese Art der Magmaförderung aus der Tiefe zeigt die größte Flächenverbreitung auf der Erde. Sie führte zur Entstehung der ozeanischen Kruste, die ausschließlich aus Basalt, dem auf der Erde am häufigsten vorkommenden vulkanischen Gestein, besteht.

Der Vulkanismus auf den Inselbögen (Zirkumpazifischer Typ) zeigt dagegen explosives Verhalten. Er ist gekennzeichnet durch das Aufsteigen eines gasreichen Magmapfropfens im Vulkanschlot, durch explosionsartige Eruptionen und die Entstehung von Glutwolken.

Dieser Typ bildet sich dort aus, wo eine Platte unter eine andere Platte untertaucht. Schon in 100 km Tiefe reichen Druck, Reibung und Temperatur aus, um die Platte teilweise aufzuschmelzen. Aus dieser Mischung von geschmolzenem und nicht geschmolzenem Gesteinsmaterial entsteht ein zähes Magma. Sein Anteil an Kieselsäure ist gegenüber dem Basalt deutlich erhöht. (Dieses Gestein wird Andesit genannt, weil es für die Anden typisch ist.) Die untertauchende Platte zieht aber auch die Sedimente und vulkanischen Gesteine des Meeresbodens mit in die Tiefe. Das darin gespeicherte Wasser verdampft und erzeugt gewaltige Mengen von Wasserdampf und Gasen, die sich mit dem andesitischen

Beim Ausbruch des Eldfell (Island) im Jahre 1973 versank dieses Haus fast völlig in der Asche.

131

Magma verbinden. Sowohl der Gasreichtum als auch die Zähflüssigkeit des Andesits sind für den Explosivcharakter der Vulkantätigkeit im Bereich der vulkanischen Inselbögen verantwortlich.

Neben diesen beiden Haupttypen gibt es noch zwei weitere, die aber nur eine untergeordnete Rolle spielen: es handelt sich einmal um den Vulkanismus in den kontinentalen Grabenbruchzonen; um den Ostafrikanischen Graben, der sich von Moçambique bis zum Roten Meer zieht und um das Europäische Grabensystem, das man von Marseille bis Oslo verfolgen kann. Am deutlichsten ist diese Störung im Rhône- und Oberrheingraben zu erkennen. Diese Öffnungszonen, die sich nach der Seite ausdehnen und eines Tages vielleicht zu mittelozeanischen Rücken werden, sind übersät mit Vulkanen, die sowohl effusiven als auch explosiven Charakter haben (Kilimandscharo, Chaîne des Puys, Kaiserstuhl). Hier wird basaltische wie auch kieselsäurehaltige Lava gefördert.

Beim letzten Typus entstehen die Vulkane nicht an den Plattenrändern, sondern in deren Innerem. Diese Vulkane sind an die heißen Stellen (hot spots) gebunden, die nicht stark genug sind, eine Platte zu sprengen und einen mittelozeanischen Rücken zu bilden, deren Kraft lediglich dazu ausreicht, die Platte aufzuwölben und mit Spalten zu durchsetzen. Durch diese Risse kann das Magma aus der Tiefe aufsteigen und sich an der Oberfläche ausbreiten. Die Hawaii-Inseln in der Mitte der Pazifischen Platte und der Hoggar im Herzen des afrikanischen Kontinents sind die bekanntesten Beispiele für diesen Vulkantyp.

Thomas Jaggar, der Begründer der modernen Vulkanologie

Diese recht vereinfachte Gliederung des Vulkanismus in verschiedene Typen ist erst knapp zehn Jahre alt; die Vulkanforscher zu Beginn unseres Jahrhunderts kannten sie noch nicht. Und doch waren sie es, die die Grundlagen der modernen Vulkanologie schufen. Unter ihnen muß vor allem der Amerikaner Thomas Jaggar erwähnt werden, der das vulkanologische Observatorium auf Hawaii gegründet hat, wo seit 1912 das Verhalten der beiden aktiven Vulkane Kilauea und Mauna Loa beobachtet wird.

Als Jaggar am 21. Mai 1902 auf der Insel Martinique an Land ging, bot sich ihm ein grauenvoller Anblick. 13 Tage vor seiner Ankunft hatte ein gewaltiger Ausbruch des Mont Pelé die Stadt Saint Pierre völlig zerstört und 28 000 Opfer gefordert. Zwei Monate irrte Jaggar durch die Geisterstadt, blickte in die Ruinen, atmete Schwefeldämpfe und den Verwesungsgeruch der Toten ein, die noch immer unter einer dicken, grauen Staubschicht auf den Straßen lagen. Von den beiden einzigen Überlebenden versuchte er Einzelheiten über die rätselhafte Glutwolke zu erfahren, die über die Stadt gefegt war und alles niedergewalzt hatte.

Jaggar war so erschüttert vom Eindruck der toten Stadt, daß er den Ent-

Die schwere Aschenwolke, die sich bei der Eruption des auf der indonesischen Insel Flores gelegenen Vulkans Ija bildete, war mehrere Kilometer hoch und hatte an der Basis einen Durchmesser von 1000 Metern.
Der Ausbruch ereignete sich am 27. Juli 1969 und dauerte von 4 bis 11 Uhr.

Der Longonot, ein Vulkan im Ostafrikanischen Graben, zeigt eine besonders schöne Caldera (Explosionskrater). An seiner Flanke hat sich ein kleiner Seitenkrater gebildet.

schluß faßte, Vulkanologe zu werden und sich auf die Vorhersage von Vulkanausbrüchen zu spezialisieren. Während der folgenden zehn Jahre reiste er von Kontinent zu Kontinent,

in der Absicht und „Hoffnung", irgend einmal Augenzeuge einer ähnlichen Katastrophe zu werden und auf diese Weise das Geheimnis der feuerspeienden Berge lüften zu können. Er stu-

Die Überreste eines Lieferwagens. Er wurde von einem Lavastrom überrascht, der sich am 10. Januar 1977 um 10 Uhr 01 über die Hänge des Nyiragongo (Zaire) hinabwälzte. Der berühmte Lavasee war an jenem Tag durch Spalten an sechs verschiedenen Stellen ausgelaufen. Innerhalb von 15 Minuten wurden 1200 Hektar Wald und Ackerland sowie mehrere Dörfer unter 20 Millionen Kubikmetern glutflüssiger Lava begraben.

dierte den Vulkanismus in Mittelamerika, auf den Alëuten, auf Hawaii und in Italien. Dort lernte er 1906 den Amerikaner Frank Perret kennen, mit dem er sechs Jahre später das *Hawaiian Vulcano Observatory* gründete, das zum bedeutendsten vulkanischen Forschungszentrum der Welt wurde.

Das Observatorium liegt am Rand des Kilaueakraters, in dem sich zur Gründungszeit des Instituts ein kochender, 1000° C heißer Lavasee befand. Jaggar, Perret und der Chemiker Shepherd waren ganz besessen von ihrer Arbeit. Sie führten die ersten Gasanalysen in einem Lavasee durch und entwickelten eine Reihe wissenschaftlicher Instrumente, die ihre Untersuchungen ermöglichten.

Während seiner dreißigjährigen Tätigkeit auf Hawaii sah Jaggar seine Hauptaufgabe stets darin, die Einrichtungen des Observatoriums zu verbessern und zu modernisieren, um dem wichtigsten Ziel jeder vulkanologischen Forschung – immer sicherere Voraussagemethoden zu entwickeln – möglichst nahe zu kommen.

Die Erforschung vulkanischer Vorgänge bleibt jedoch nicht allein dem Geologen vorbehalten; sie führt nur zum Erfolg, wenn Spezialisten aus verschiedenen Wissenschaftszweigen zusammenarbeiten. Denn die damit verbundenen Probleme berühren das Gebiet der Seismologie, Geochemie, Physik, Geophysik, Petrologie, Tektonik, Stratigraphie – ja selbst der Soziologie.

Erdbeben künden den Vulkanausbruch an

Drei Symptome gehen im allgemeinen einem Vulkanausbruch voraus: der Vulkan zittert – bläht sich auf – heizt an. Mit Hilfe von Seismographen, die nach bestimmten Gesichtspunkten in der Umgebung des Vulkans aufgestellt werden, lassen sich die schwachen Erderschütterungen lokalisieren, die meistens schon einige Wochen – manchmal aber nur wenige Stunden vor dem Vulkanausbruch auftreten. Diese vulkanischen Beben haben nichts mit den tektonischen Beben zu tun, die, wie 1906 in San Francisco,

Aus dem Krater des spitzen Vulkankegels Pico de Teide (Teneriffa) strömen noch einzelne Fumarolen. Der letzte große Ausbruch fand hier wahrscheinlich 1492 statt. Die unregelmäßig verlaufenden Lavaströme mit ihren ausgeprägten Seitenmoränen umklammern den Kegel unterhalb der Gipfelregion und erinnern an die Fangarme eines Kraken.

134

1960 in Chile, 1976 in China, große Verheerungen anrichteten. Von ein, zwei Ausnahmen abgesehen, wurde bis heute noch kein einziges schweres Erdbeben nachgewiesen, das einen Vulkanausbruch ausgelöst hätte (auch der umgekehrte Fall ist nicht bekannt).

Das an die Erdoberfläche drängende Magma wirkt wie ein Keil, der bereits vorhandene Spalten erweitert, auseinandersprengt und sich langsam und stoßweise nach oben vorarbeitet. Nach der Meinung einiger Vulkanologen kann dabei das aufsteigende Magma pro Tag 500–1000 m zurücklegen. Während das Magma aufsteigt, kommt es im Schlot zu Gesteinsverschiebungen und Gasexplosionen, die vulkanische Beben auslösen. Nach der Lage der Bebenherde können die Seismologen den Weg, den die glutflüssige Masse nach oben nimmt, verfolgen und Berechnungen darüber anstellen, wann und wo sie möglicherweise austrat. Zu Beginn des Jahres 1935 stellte Jaggar zahlreiche Erdbeben unter dem Mauna

Ein Mitglied der „Équipe Vulcain" bei Vermessungsarbeiten auf der Insel Vulcano. Topographische Veränderungen eines Vulkans können durch regelmäßige Entfernungsmessungen erkannt werden.

Loa fest, deren Herd in 60 km Tiefe lag. Er deutete sie als erste Anzeichen einer bevorstehenden Eruption und erließ eine Warnung an die naheliegende Stadt Hillo, die durch den zu erwartenden Lavastrom gefährdet schien. Tatsächlich regte sich der Vul-

kan am 21. November 1935. Der Lavastrom, der sich einen Monat später auf die Stadt zu wälzte, kam glücklicherweise zum Stillstand, bevor er Hillo erreichte. Etwa zwanzig Jahre später interpretierte der Seismologe Jerry Eaton seismische Aufzeichnungen und prophezeite bereits einige Monate im voraus eine starke Eruption des Kilauea. Seine Vorhersage wich nur um zwei Wochen von dem vorausberechneten Datum ab.

Vulkanische Erdbeben sind Anzeichen für die verborgene Aktivität eines Vulkans und lassen in bestimmten Fällen Schlüsse auf die Lage der Magmaansammlungen zu. Beim Vesuv liegt das Magmareservoir in 5000 m, beim Kljutschew (Kamtschatka) in 70 000 m und beim Kilauea sowohl in 8000 m als auch in 60 000 m Tiefe. Dem Franzosen Claude Blot ist es zu verdanken, daß man bei der Vorhersage der Eruptionen einen großen Schritt weitergekommen ist. Er hat beobachtet, daß vielen heftigen Vulkanausbrüchen auf den vulkanischen Inselbögen bereits Monate zuvor starke Tiefenherdbeben (mit Herdtiefen bis zu mehreren hundert Kilometern) vorausgegangen waren. Diese Erkenntnis ermöglichte ihm auf die Woche genau die Vorhersage einiger Vulkanausbrüche im Pazifischen Feuergürtel – und zwar bereits mehrere Monate vor dem Ereignis.

Der Vulkan ändert sein Aussehen

Das aufsteigende Magma bewirkt nicht nur Erdbeben, es führt auch zu einer Aufblähung des gesamten Vulkans; die Ursache ist in der Ausdehnung des schmelzflüssigen Gesteins zu suchen, das mehr Platz braucht. Findet die Lava einen Ausgang und ergießt sich über die Bergflanken, so sackt der Vulkan wieder in sich zusammen. Ziehen wir einen Vergleich aus der Medizin heran, so verhält sich der Vulkan wie ein Abszeß, der so lange anschwillt, bis er platzt und sich zurückbildet. Dieses Pulsieren des Berges, das sich in der Größenordnung von mehreren Zentimetern bewegt, kann von den Vulkanologen mit Hilfe von Neigungsmessern genau erfaßt werden, denn die Hangneigung wird bei einem bevorstehenden Ausbruch größer sein, da der Magmapfropfen die Bergkuppe leicht in die Höhe treibt. Eine erst vor kurzem entwickelte Methode benutzt dabei ein sogenanntes Geodimeter, einen Entfernungsmesser, der mit Laserstrahlen arbeitet und eine Meßgenauigkeit von 1 Millimeter auf 1000 Meter hat. Bei diesem Verfahren wird wöchentlich eine bestimmte Entfernung – beispielsweise der Durchmesser eines Kraters – vermessen. Schon die kleinsten Formveränderungen des Vulkans geben den Wissenschaftlern wertvolle Hinweise auf den Weg, den das Magma einschlagen wird.

Die erste Vorhersage auf Grund topographischer Veränderungen ging 1942 vom Observatorium am Mauna Loa aus. Am 28. März jenes Jahres kündeten die Vulkanologen an, daß für die kommenden Wochen an der Nordostflanke des Vulkans zwischen 3300 und 3600 m Höhe eine Eruption zu erwarten sei. Das Ereignis trat tatsächlich am 28. April in der besagten Region in 3400 m Höhe ein. Aber diese genaue Prognose machte damals keine Schlagzeilen: die Warnung war der Öffentlichkeit gar nicht mitgeteilt worden, da man an maßgeblicher amerikanischer Stelle befürchtete, die Japaner – mit denen man sich in diesen Jahren im Kriegszustand befand – könnten den bevorstehenden Vulkanausbruch strategisch ausnützen und den glühenden Krater während der Nacht als Orientierungshilfe bei einem Luftangriff benutzen.

Trotz aller Bemühungen um eine zuverlässige Voraussage der Eruptionen blieben die Vulkane weiter unberechenbar. Das erlebten am 10. November 1973 fünfhundert Touristen, die auf dem Kilauea den kochenden Mauna Ulu-Lavasee bewunderten und nur knapp einer Katastrophe entgingen. Um 17 Uhr 45 zeigten die Neigungsmesser ein rapides Einsinken der Gipfelregion des Vulkans an. Für die Vulkanologen war das ein Anzeichen dafür, daß sich das Magma im Inneren des Vulkans einen Ausweg an der Bergflanke suchte. Sie vermuteten, daß sich der Lavastrom über die Straße, die zum Lavasee führt, wälzen werde, und veranlaßten in großer Eile, daß alle Schaulustigen sofort zurückgerufen

wurden. Vier Stunden später wurde die Straße durch den Lavastrom verschüttet.

Der Vulkan „heizt an"

Den dritten Hinweis auf eine bevorstehende Eruption sehen die Vulkanologen darin, daß der Vulkan sich aufheizt. Die Temperatur in den Fumarolen steigt an, ihre chemische Zusammensetzung ändert sich. Der Vulkan wird wärmer, seine magnetische Intensität nimmt ab. Mit Hilfe von Infrarotstrahlen können die Zonen mit erhöhter Temperatur vom Flugzeug oder Satelliten aus frühzeitig entdeckt werden. Dem Elektronenauge von *Nimbus II* ist die beginnende Geburt der

Vulkaninsel Surtsey nicht entgangen: am Vortag des Ausbruchs meldete der Satellit eine Stelle mit auffallend erhöhter Temperatur mitten im Atlantik. Es war der Punkt, an dem sich am darauffolgenden Tag eine neue Insel, umhüllt von einer riesigen Dampf- und Aschenwolke, aus dem Meer erhob.

Mit Spezialhelmen aus Fiberglas schützen sich die Vulkanologen gegen die glühend heißen, oft kiloschweren vulkanischen Bomben, die während eines Vulkanausbruchs niederprasseln (Mitglieder der „Équipe Vulcain" im Krater des Stromboli).

Mit dem Infrarotdetektor mißt ein Mitglied der „Équipe Vulcain" die Wärmestrahlung im Vulcanokrater (Liparische Inseln).

Satelliten sagen Eruptionen voraus

Die große Bedeutung der Satelliten für die Prognose von Vulkanausbrüchen erkannte der amerikanische Geophysiker Peter Ward. Er stellte Seismographen und Neigungsmesser auf 16 verschiedenen Vulkanen auf. Sieben der ausgewählten Vulkane liegen in den Vereinigten Staaten (davon zwei in Alaska und einer auf Hawaii), acht in Mittelamerika und einer auf Island. Diese Instrumente geben ihre Daten alle zwölf Stunden an den Satelliten ERTS weiter, der diese seinerseits an eine NASA-Station in Kalifornien übermittelt. Von hier aus gelangen sie über Fernschreiber zu Ward nach Menlo Park. Bereits 90 Minuten nach ihrer Aufzeichnung hat Ward die Daten vorliegen und kann praktisch vom Schreibtisch aus bevorstehende Eruptionen weit entfernter Vulkane voraussagen.

Es wird allerdings noch eine Weile dauern, bis alle 5000 Vulkane auf der Erde, die man als noch nicht völlig erloschen betrachten muß, in dieses Kontrollsystem einbezogen sind. Vielleicht muß man mit einer noch größeren Zahl rechnen, denn mit letzter Sicherheit läßt sich von keinem Vulkan sagen, daß er endgültig erloschen ist. Es ist außerdem fraglich, ob es möglich oder sinnvoll wäre, sämtliche Vulkane, die in historischer Zeit einmal aktiv gewesen sind, zu überwachen. Allein auf Island müßten zu diesem Zweck 500 Beobachtungsstationen eingerichtet werden, die von der isländischen Regierung wohl kaum finanziert werden könnten. Und wäre es vertretbar, in der Auvergne ein kostspieliges Kontrollsystem zu unterhalten und Generationen von Vulkanologen für die Überwachung der erloschenen Vulkane in der Chaîne des Puys zu bezahlen, die vielleicht in 5000 oder 10000 Jahren – oder wahrscheinlich überhaupt nicht mehr aktiv werden?

„Der Feuerspeienden Zähmung"

Mit vergleichsweise geringem Aufwand könnte einem plötzlichen Vulkanausbruch der Schrecken genommen werden. Bei der Mehrzahl aller Eruptionen stellt sich die Bedrohung der Umgebung nämlich nicht zu Beginn der erwachenden Aktivität ein, sondern erst Stunden, oft Wochen später. Die Vulkanologen sollten sich den tollkühnen Red Adair zum Vorbild nehmen, der erfolgreich den Kampf mit brennenden Ölquellen aufgenommen hat. Sie sollten nach Mitteln und Wegen suchen, die es möglich machen, unmittelbar am Ort des Geschehens einzugreifen. Der Mensch wird zwar niemals einen Vulkanausbruch verhindern können, doch man sollte anstreben, Einfluß auf die Vorgänge zu gewinnen, und somit größere Schäden abwenden. Versuche in dieser Richtung wurden bereits früher unternommen: Als sich 1669 ein Lavastrom auf die sizilianische Stadt Catania zuwälzte, kämpften Diego Pappalardo und 50 Mitbürger verbissen um die Rettung ihrer Stadt. Die Männer, die sich zum Schutz gegen die sengende Hitze in nasse Tierhäute gehüllt hatten, schlugen eine Bresche in den Wall zu beiden Seiten des Lavastroms. Dieser änderte tatsächlich seine Richtung, bedrohte dadurch aber das Städtchen Paterno. Pappalardo und seine Freunde wurden von 500 erbosten und bis an die Zähne bewaffneten Einwohnern verjagt. Der Lavastrom nahm seinen alten Lauf und begrub große Teile von Catania unter sich.

Thomas Jaggar kam auf den Gedanken, Lavaströme durch Bombenabwürfe in eine andere Richtung zu lenken. Zwei Versuche dieser Art, 1935 und 1942 auf Hawaii, brachten jedoch nicht den erwünschten Erfolg. Mit einer Kolonne von etwa zwanzig Bulldozern ging man 1955 am Kilauea vor, um ausfließende Lava durch einen Schlackenwall aufzuhalten. Der Lavastrom kam jedoch nicht zum Stillstand, sondern überwand das Hindernis in kürzester Zeit. Erfolgreicher war fünf Jahre später der Feuerwehrhauptmann des Dorfes Kapoho am Fuße des Kilauea. Eddie Bento begann den Lavastrom, der das Dorf bedrohte, mit Wasser zu löschen und erreichte damit, daß sich die gefährliche Feuerwalze langsamer weiterbewegte und den Dorfbewohnern Zeit ließ, sich und ihre Habe in Sicherheit zu bringen. Auf die gleiche Weise – nur in sehr viel größerem Maßstab – wehrte man sich 1973 auf Heimaey (einer der Westmänner-Inseln [Vestmannaeyjar] südlich von Island) gegen die Bedrohung durch den soeben ausgebrochenen Eldfell: drei Wochen lang kühlte man dort den Lavastrom mit 5000 t Meerwasser und erzielte damit einen vollen Erfolg:

Als 1973 auf der isländischen Insel Heimaey der Eldfell ausbrach, versuchten die Bewohner mit allen Mitteln, die Schäden so niedrig wie möglich zu halten: Geduldig fegten sie Asche und Lava von den Dächern, um zu verhindern, daß sie unter der Last zusammenbrachen. Sie verlegten außerdem lange Rohrleitungen und bekämpften den Lavastrom erfolgreich mit Meerwasser. Ihrem Einsatz ist es zu verdanken, daß der bedeutendste Fischereihafen Südislands vor dem Untergang verschont blieb.

Erdbeben hinterlassen ihre Spuren. Dieser Zaun hat sich verschoben (Erdbeben vom 18.4.1906 in San Francisco).

Anchorage wurde am 27.3.1964 vom stärksten Erdbeben heimgesucht, das in diesem Jahrhundert in Nordamerika verzeichnet wurde; ein ganzer Straßenzug ist abgesunken.

die Lava erstarrte, der Ort wurde verschont.

Nur in einem Fall ist der Mensch im Kampf gegen die feuerspeienden Riesen Sieger geblieben. Als 1919 der Kratersee des javanischen Vulkans Kelud überlief, ergossen sich 40 Millionen Kubikmeter heißen sauren Schlamms, der mit Asche und Lavabrocken vermischt war, über die Berg-

flanken. Der Schlammstrom raste mit 50 km Stundengeschwindigkeit zu Tal und forderte 5110 Opfer. Um eine Wiederholung dieser Katastrophe zu verhindern, durchbohrten holländische Ingenieure die Kraterwand an mehreren Stellen. Auf diese Weise schafften sie dem See einen Abfluß, falls er sich erneut füllen sollte, und reduzierten sein Volumen auf 2 Millionen Kubikmeter. Seither schwappt der See nur noch selten über, wenn der Kelud aktiv wird. Die Einwohner in seiner Umgebung müssen nicht mehr vor den verheerenden Schlammlawinen zittern. Beim Ausbruch von 1951 waren nur sieben Menschenleben zu beklagen.

Vulkane – Wohltäter der Menschen

Vulkane – das bedeutet für viele Verwüstung und Tod, allenfalls ein schauerlich-schönes Naturschauspiel. Und dennoch überwiegt ihr Nutzen! Ohne Vulkane gäbe es kein Leben auf unserem Planeten: ihnen verdanken wir die schützende Atmosphäre und das lebensnotwendige Wasser, die sich ohne die Dämpfe und Gase, die aus der Tiefe

der Erde freigegeben wurden, nicht hätten bilden können. Sekundären vulkanischen Erscheinungen – den Thermen und Fumarolen – verdanken wir die Ablagerung kostbarer Bodenschätze. In Indonesien, einem Gebiet mit besonders starker vulkanischer Tätigkeit, gehören die Regionen in unmittelbarer Nachbarschaft aktiver Vulkane zu den am dichtesten besiedelten landwirtschaftlich genutzten Zonen. Der Reisbauer auf Java kann jährlich drei Ernten einbringen. Seine Felder werden von den Vulkanen regelrecht gedüngt, denn die graue Asche ist reich an Kali und Kalk und verwandelt sich unter den günstigen klimatischen Bedingungen innerhalb kurzer Zeit in hochwertige Ackerböden. Würde die vulkanische Tätigkeit in diesem Gebiet völlig erlöschen, wäre die Insel schon nach einigen hundert Jahren unfruchtbar. 80 Millionen Javaner verdanken ihre Lebensgrundlage dem Vulkanismus auf ihrer Insel – während laut Statistik nur etwa hundert Menschen pro Jahr Opfer dieser Naturgewalt werden.

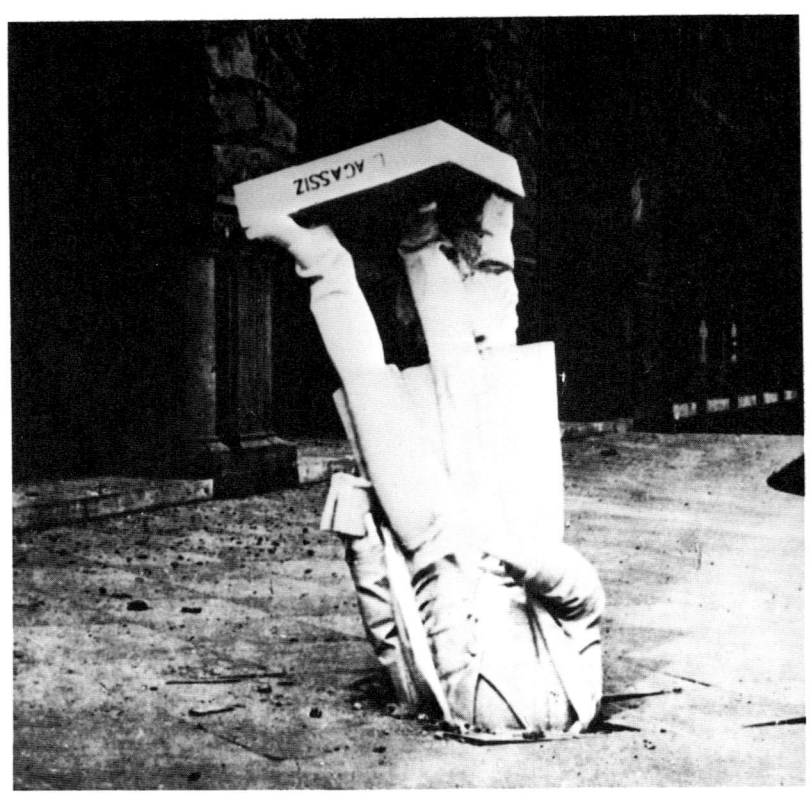

Vor der Universität Stanford wurde das Denkmal des Geologen Louis Agassiz auf den Kopf gestellt.

Zerstörungen an der Straße und den Straßenbahnschienen.

140

Warum ist nun aber Island, das ausschließlich aus vulkanischem Gestein besteht, wüst und unfruchtbar? Ganz einfach deshalb, weil hier das Klima nicht mitspielt. Die Umwandlung von Asche und Lava in fruchtbaren Boden erfolgt nur in warmen Zonen. Könnte man die Nordlandinsel ins Mittelmeer verlegen, würde sie schon in wenigen Jahrhunderten zu den fruchtbarsten Gebieten der Erde gehören.

Energie aus Vulkanen

Wenn die eigentliche vulkanische Tätigkeit nachläßt oder aufhört, bleiben die „heißen Stellen" in der Erde weiterhin aktiv. Sie rufen die sogenannten postvulkanischen Erscheinungen hervor, die sich im Ausströmen heißer Gase (Solfataren, Fumarolen) und im Austreten heißer Quellen und Dämpfe (Thermen, Geysire) äußern. Der menschliche Erfindergeist ist schon dabei, die in der Tiefe gefangene Energie zu erschließen. In Mittelitalien fahren die Züge mit Strom, der in Larderello aus vulkanischem Dampf erzeugt wird.

Drei Viertel der isländischen Bevölkerung heizen mit heißem Wasser aus der Erde. Auf der ganzen Welt – auch dort, wo es keine Vulkane gibt – ist man dabei, die unerschöpflichen Wärmevorräte, die nur einige Kilometer unter der Erdoberfläche gespeichert sind, nutzbar zu machen. Dabei hat man in Italien, Frankreich, auf Island und Neuseeland, in Japan, den Vereinigten Staaten, Mexiko, Chile und der UdSSR vielversprechende Erfolge erzielt. Weitere geothermische Kraftwerke werden zur Zeit in der Türkei, auf der Insel Guadeloupe, in Kenia, Taiwan und auf den Philippinen gebaut. Bis 1985 werden 5% unseres Stromverbrauchs durch geothermische Energie gedeckt werden. 1974 fand auf Hawaii ein Kongreß über die Nutzung unterirdischer Wärmeenergievorräte im Bereich aktiver Vulkane statt. Es gibt bis jetzt erst einen Modellversuch dieser Art auf dem Avachinsky in Kamtschatka. Dort pumpt man kaltes Wasser so tief in die Erde, daß es durch

Beschädigte Häuser (kurz nach dem Erdbeben vom 18. 4. 1906 in Kalifornien).

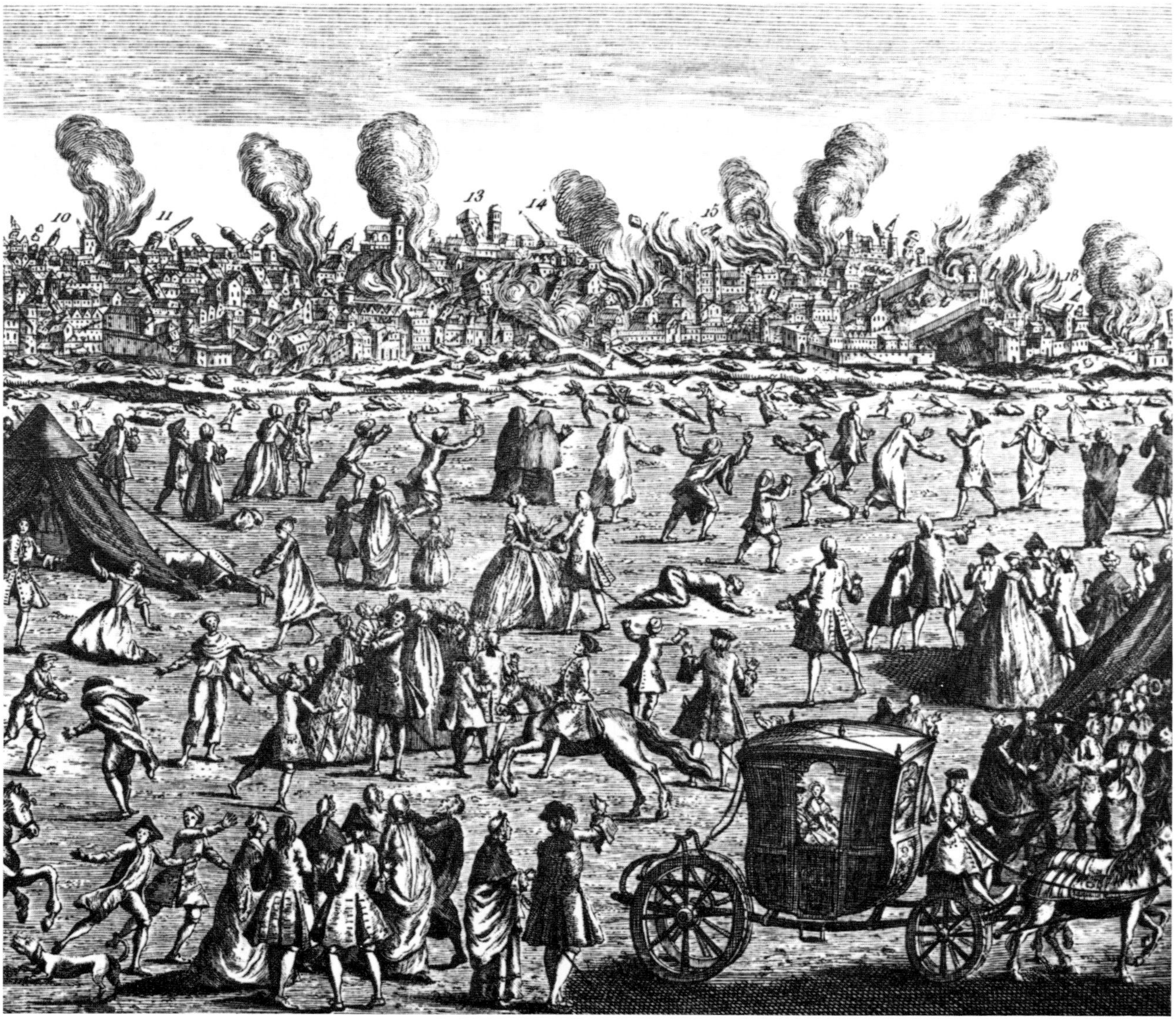

Zwei Stiche, die die Erinnerung
an vergangene Erdbeben
wachhalten: Lissabon nach
dem Erdbeben vom 1.11.1755.
Allein die nachfolgende
Flutwelle forderte 50000
Menschenleben (*oben*).
In Basel fielen am 18.10.1356
300 Menschen einem Erdbeben
zum Opfer (*links*).

142

Diese Autobahnbrücke stürzte bei dem Erdbeben ein, das am 9. 2. 1971 das Tal von San Fernando (Kalifornien) erschütterte.

das heiße Magma erhitzt wird; der dabei entstehende Wasserdampf wird durch Bohrungen wieder zurückgewonnen.

Vulkanausbrüche setzen Energiemengen frei, die der Explosion von Dutzenden, ja Hunderten von Atombomben entsprechen. Noch sind wir weit davon entfernt, diese gewaltigen Kräfte zu beherrschen. Doch eines Tages werden sich auf den Kratern aller tätigen Vulkane riesige Kraftwerke erheben, deren Rohre und Schlote in den Himmel ragen.

Die Richter-Skala

Betrachtet man ein Seismogramm, das die Erschütterungen der Erde wiedergibt, erkennt man, daß unser Planet nur scheinbar so ruhig und unbeweglich ist, wie es den Anschein hat. Man registriert etwa eine Million Erdbeben pro Jahr; das heißt: alle 30 Minuten zittert die Erde!

Noch bis zum Ende des 19. Jahrhunderts hielt man die Erdbeben

für Wutausbrüche der Götter, die „die Berge erzittern ließen". Die Menschen wehrten sich nicht dagegen, sie zollten der Erde geduldig ihren Tribut:

820 000 Tote 1556 bei dem großen Erdbeben in der chinesischen Provinz Kansu
300 000 Tote 1737 in Kalkutta
60 000 Tote 1755 in Lissabon
160 000 Tote 1908 in Messina
99 000 Tote 1923 in Tokio
70 000 Tote 1970 in Yungay (Peru)
600 000 Tote 1976 in Tangschan (China)

Jährlich fallen etwa 10 000 Menschenleben den Erdbeben zum Opfer.

Der Italiener Giuseppe Mercalli entwarf gegen Ende des letzten Jahrhunderts eine Skala, nach der man die Stärke der Beben einordnen konnte. Dabei orientierte er sich am Ausmaß der Schäden, die an den Gebäuden entstanden. Ereignete sich jedoch ein Beben in einem unbewohnten Gebiet, konnte diese Tabelle keine Anwendung finden. Aus diesem Grund stellte der amerikanische Geophysiker Char-

143

Feuerwerk der Natur. Zeitaufnahme von der Flugbahn glühender Lavabrocken während einer nächtlichen Eruption des Piton de la Fournaise (Insel Réunion).

Der Lavastrom dringt in einen Pinienwald ein (Ätna, Februar 1974).

Auf dem Lavastrom schwimmen Platten aus bereits abgekühlter Lava (Piton de la Fournaise).

les Richter eine andere Skala auf, die die Magnituden – darunter versteht man die freigesetzte Energie – zum Maßstab nimmt. Die Magnitude errechnet sich aus der Amplitude der Erdbebenwellen (die man dem Seismogramm entnehmen kann) und der Entfernung zwischen Erdbebenherd und Seismograph. Je höher die Werte für die Magnitude sind, um so stärker ist das Beben. Bei der Magnitude 1 wird das Beben nur vom Seismographen registriert, der Mensch spürt keine Erschütterung. Erreicht ein Erdbeben die Magnitude 8, so wird in der näheren Umgebung des Herdes alles vollständig zerstört. Ein Beben dieser Größe ist dreißigmillionenmal stärker als ein Beben mit der Magnitude 1. Steigt man in der Richter-Skala um eine Stufe nach oben, erhöht sich die Magnitude auf das Dreißigfache, bei zwei Stufen auf das Dreihundertfache, bei drei Stufen auf das Dreitausendfache usw. Ein Beben der Magnitude 7 ist 30mal stärker als eines mit der Magnitude 6 (Abstand 1 Stufe), aber 3000mal stärker als ein Beben der Magnitude 4 (Abstand 3 Stufen). Die Richter-Skala, die eine objektive Beurteilung der Erdbebenstärke ermöglicht, wird heute von allen Geophysikern angewendet.

Bei den amerikanischen Journalisten ist Charles Richter außerordentlich beliebt. Sie müssen natürlich nach jedem Erdbeben möglichst schnell über die Stärke des Bebens informiert werden. Richter weist sie nie ab – selbst wenn sie ihn mitten in der Nacht mit Fragen bestürmen. Er hat sich einen Seismographen ins Wohnzimmer gestellt, damit er auch von zu Hause aus sofort die notwendigen Berechnungen durchführen kann. Das wunderbare Gerät ist eine Attraktion für seine Gäste, für die die Aufzeichnung eines Erdbebens spannender ist als ein Krimi im Fernsehen.

Mit der Entwicklung der Plattentheorie hat die wissenschaftliche Bedeutung der Seismologie stark zugenommen. Es ist heute allgemein bekannt, daß sich die Gebiete mit verstärkter Erdbebentätigkeit mit den Plattenrändern decken. Zwei dieser tektonischen Grenzzonen weisen dabei eine ganz besonders intensive seismische Aktivität auf: 90% aller auf der Erde registrierten Erdbeben ereignen sich im Pazifischen Feuerring und im Bereich der Alpen. Die verheerenden, starken Beben finden zum weitaus größten Teil in der Nähe der Tiefseegräben und der vulkanischen Inselbögen statt, also dort, wo sich die untertauchende Platte an der darüberliegenden reibt und den Widerstand des zähflüssigen Mantels

Verschiedene Verfahren, die bei der Erdbebenvorhersage Anwendung finden:
1 Nivellierung zur Messung von Hebungen
2 Messung der Ausdehnung mit Laserstrahlen
3 Widerstandsmesser zur Untersuchung der elektrischen Leitfähigkeit des Bodens, die von der Dichte und dem Wassergehalt abhängt.
4 Magnetometer zur Messung der Veränderungen des erdmagnetischen Feldes, die durch Umformungen des unter Druck stehenden Gesteins entstehen.
5 Neigungsmesser, mit dem man die geringste Bodenneigung erfassen kann.
6 Szintillationszähler zur Messung des Emanationsgehalts im Quellwasser bei der Druckbelastung des Gesteins.
7 Seismograph für die Registrierung schwächster Erschütterungen sowie der Veränderung der Wellengeschwindigkeit.
8 Gerät zur Messung der Spannungen, die in der Spalte auftreten.
9 Gravimeter für Schweremessungen.
10 Gerät, das anzeigt, ob sich das Gestein zusammenzieht oder ausdehnt. Durch diese Beobachtung wird geklärt, ob Spannungen auf- oder abgebaut werden.

überwinden muß. Bei der ruckweisen Bewegung der Platten werden Erdbeben ausgelöst. Auf Grund der Erkenntnisse, die man durch die Plattentektonik gewonnen hat, kann man inzwischen zuverlässige Karten der erdbebengefährdeten Zonen entwerfen. Aus ihnen geht hervor, daß es sich dabei oft um besonders dicht besiedelte Gebiete – wie Kalifornien, die Côte d'Azur oder die Oberrheinische Tiefebene – handelt.

Leider geraten die großen Naturkatastrophen sehr schnell in Vergessenheit. Kein noch so verheerender Vulkanausbruch hält die Menschen davon ab, sich wieder am Fuß dieses feuerspeienden Ungeheuers anzusiedeln. In einer durch Erdbeben zerstörten Stadt wachsen nach kurzer Zeit neue Häuser aus den Ruinen. Obwohl Millionen amerikanischer Bürger genau wissen, daß sie über kurz oder lang mit einem großen Erdbeben in Kalifornien rechnen müssen, das eine große Zahl von Toten und unermeßliche Sachschäden fordern wird, denken sie nicht daran, dieses gefährdete Gebiet zu verlassen.

Xavier Le Pichon meint: „Der Mensch hat gelernt, mit den Gefahren zu leben. Er hat sich an die Erdbeben gewöhnt, wie sich die Ameise mit den Wolkenbrüchen abfindet, die ihren Bau immer wieder unter Wasser setzen."

Erdbebenvorhersage

Gerade der Fatalismus der Bevölkerung erdbebengefährdeter Regionen hat die Seismologen dazu angeregt, sichere Methoden zur Vorwarnung zu erarbeiten. Dieses Spezialgebiet ist noch sehr jung und mußte lange um seine wissenschaftliche Anerkennung kämpfen.

Es gibt tatsächlich eine Reihe untrüglicher Zeichen, die ein bevorstehendes Erdbeben ankündigen.

Erdbeben entstehen, wenn es in der Tiefe der Erde zu Spannungen kommt, die sich stoßweise entladen, sobald sie stark genug geworden sind, den Widerstand, den das Gestein entgegensetzt, zu brechen. Bei diesem Vorgang entstehen Sprünge, die die Erde erzit-

Sobald die Erde ihr zerstörerisches Werk beendet hat und zur Ruhe gekommen ist, beginnen die Überlebenden mit der Beseitigung der Trümmer. Sie lassen sich nicht vertreiben, sondern bauen ihre Häuser wieder an der gleichen Stelle auf. (Die Stadt Seririt auf Bali im Juli 1976.)

tern lassen. Ein Erdbeben kündigt sich schon Wochen, Monate, ja Jahre vor der eigentlichen Katastrophe an. Man beobachtet beispielsweise, daß sich in dem Gebiet, wo man ein Erdbeben erwarten muß, der Erdboden geringfügig anhebt, daß der Wasserstand der Quellen plötzlich schwankt, daß der Radongehalt im Boden zunimmt (Radon ist ein Edelgas, das beim radioaktiven Zerfall von Radium entsteht), daß magnetische Störungen auftreten, daß die Tiere in panischer Angst die Flucht ergreifen. Die Erde gibt also Zeichen, die man nur erkennen und deuten muß.

Zu diesen mehr oder weniger lange bekannten Vorzeichen kam in den 60er Jahren eine aufsehenerregende Entdeckung: seismische Wellen, die von einem weit entfernten Erdbebenherd ausgehen, ändern plötzlich ihr Verhalten, wenn sie die Zone durchqueren, in der später ein Erdbeben stattfinden

wird: ihre Fortpflanzungsgeschwindigkeit verringert sich schon Wochen oder Jahre vor dem Beben merklich, erreicht aber merkwürdigerweise kurz vor dem Naturereignis wieder normale Werte. Dafür hat man folgende Erklärung gefunden: wenn ein Gestein unter Spannung steht, öffnen sich viele kleine Risse und Spalten; in dieser porösen Gesteinsschicht verringert sich die Fortpflanzungsgeschwindigkeit der seismischen Wellen. Mit der Zeit füllen sich die Ritzen und Spalten mit Wasser, und damit normalisiert sich allmählich auch wieder das Verhalten der Erdbebenwellen. Sobald die Gesteinsschicht mit Wasser gesättigt ist, ist sie besonders spröde – dann tritt das Erdbeben ein. Je länger der Zeitraum ist, in dem sich die Wellen langsamer fortpflanzen, um so heftiger wird das zu erwartende Erdbeben sein. Einem Erdbeben der Magnitude 4 geht eine etwa 5 Monate dauernde Wellenanomalie voraus,

Einer der schrecklichsten Naturkatastrophen fiel die peruanische Stadt Yungay zum Opfer. Ein starkes Erdbeben löste am Huascaran einen gewaltigen Erdrutsch aus. Die Lawine aus Felsbrocken, Schlamm und Eis donnerte mit 300 km Stundengeschwindigkeit zu Tal und begrub die Stadt unter einer fünf Meter dicken Geröllschicht. Dabei kamen insgesamt 70 000 Menschen ums Leben.
Oben: Vor der Zerstörung.
Rechte Seite: Nach der Katastrophe.

vor einem Erdbeben der Magnitude 7 beobachtet man 15 Jahre lang eine verminderte Geschwindigkeit der seismischen Wellen. Wir werden also so rechtzeitig vor der Katastrophe gewarnt, daß wir noch geeignete Maßnahmen ergreifen können, um die zu erwartenden Schäden so gering wie möglich zu halten.

Vier Staaten, die besonders häufig von schweren Erdbeben heimgesucht werden, befassen sich intensiv mit der Vorhersageforschung: die UdSSR, Japan, die Vereinigten Staaten und die Volksrepublik China.

Im Zusammenhang mit dem schweren Beben von Taschkent (Usbekistan) beobachteten sowjetrussische Wissenschaftler 1960 zum ersten Mal die oben beschriebenen Wellenanomalien und die Zunahme des Radongehaltes im Boden.

In Japan stellte man deutliche Hebungen der Gebiete fest, in denen später Erdbeben stattfanden. Das Gelände in der Nähe der Stadt Niigata an der Westküste von Honshu hob sich etwa 10 Jahre lang um einen jährlichen Betrag von 5 cm, bis sich schließlich 1964 ein schweres Erdbeben ereignete, dessen Herd unter der höchsten Stelle dieser Aufwölbung lag.

Schreckliche Folgen hatte eine solche Anhebung vor 200 Jahren für die Einwohner eines kleinen japanischen Küstendorfes. Eines Tages bemerkten sie, daß sich das Meer aus dem Hafenbecken zurückzog. Aus Angst vor einer nahenden Flutwelle, flüchteten sie auf die umliegenden Hügel und wurden dort neun Stunden später Zeugen eines starken Erdbebens, das ihr Dorf zerstörte. Als sich die Erde wieder beruhigt hatte, eilten die Bewohner in die Trümmer, um zu retten, was noch zu retten war. Dabei wurden alle von einer gewaltigen Flutwelle verschlungen. Der Hafen war nicht durch den Rück-

gang des Meeres, sondern durch die Hebung des Landes trockengelegt worden.

Veränderungen der Bodenneigung halfen mit, zahlreiche kleinere Erdbeben rechtzeitig vorauszusagen, die zwischen 1965 und 1967 mehrfach die japanische Stadt Matushiro erschütterten.

Dabei konnten die japanischen Wissenschaftler schon Monate vor dem Geschehen die Herde lokalisieren und die zu erwartenden Magnituden berechnen.

China beschäftigt 10 000 Geophysiker

Die amerikanischen Seismologen haben sich die Erfahrungen ihrer japanischen Kollegen zunutze gemacht, denn auch Amerika wird häufig von schweren Erdbeben heimgesucht. Besonders gefährdet ist die Umgebung der San-Andreas-Verwerfung. Diese Reibungszone zwischen der Amerikanischen und der Pazifischen Platte ist ein

tektonisch außerordentlich unruhiges Gebiet, das aber durch eines der besten Kontrollsysteme, die es auf der Erde gibt, pausenlos überwacht wird. Etwa 400 Seismographen, Dutzende von Neigungsmessern, Strahlungsmessern, Geodimetern, Magnetometern sind über den gefährdeten Landstrich verteilt und geben alle Daten an Computerzentralen weiter, die diese Informationen sofort auswerten. Mit Hilfe dieses großartigen technischen Aufwands konnten die amerikanischen Seismologen schon drei große Erdbeben voraussagen.

Gute Vorhersageergebnisse erreichte im Osten der Vereinigten Staaten Yash Aggarwal, ein junger Wissenschaftler *des Lamont Observatory.* Er konnte 1973 aus Abweichungen der Wellengeschwindigkeit für die kommenden drei bis vier Tage ein Beben der Magnitude 2,5–3 in der Nähe des Blue Mountain Lake vorausberechnen. Das Erdbeben ereignete sich zwei Tage nach der Vorhersage an dem vorhergesehenen Ort mit der Magnitude 2,6.

Der Fujiyama (3776 m) wurde von dem berühmten japanischen Maler Hokusai 46mal auf verschiedene Weise dargestellt. Hier erhebt er sich im Hintergrund zwischen zwei gewaltigen Wellen – die vielleicht Flutwellen darstellen sollen. Der letzte Ausbruch des Fujiyama erfolgte 1707. Alljährlich pilgern Tausende auf den heiligen Vulkan Japans.

Ganz besonders treffsicher sind jedoch die Chinesen. Sie stellten am 4. Februar 1975 fest, daß in Haich'eng ein schweres Erdbeben unmittelbar bevorstand. In fieberhafter Eile wurden die 400 000 Einwohner dieser Stadt evakuiert. Fünf Stunden nachdem der letzte Bewohner die Stadt verlassen hatte, wurde sie durch ein Erdbeben der Magnitude 7 dem Erdboden gleichgemacht. Die chinesischen Seismologen haben seither noch eine Reihe weiterer großer Erdbeben sicher vorausgesagt. Sie sind sich trotz aller Erfolge darüber einig, daß noch jahrelange Anstrengungen notwendig sein werden, bis ihr Vorhersagesystem wirklich perfekt ist. Ihr Vorsprung auf diesem Gebiet beträgt gegenüber allen ausländischen Kollegen immerhin schon mindestens zehn Jahre. In der Volksrepublik China hat sich das ganze Volk verbündet, um der ständigen Bedrohung durch starke Erdbeben wenigstens teilweise den Schrecken zu nehmen. Zu den 10 000 Geophysikern kommen zahlreiche Amateurseismologen, die ihre eigenen Methoden entwickelt haben, und ein ganzes Heer chinesischer Bauern, die häufig für die ersten Anzeichen eines Erdbebens einen sechsten Sinn entwickelt haben. Ihrer Beobachtungsgabe entgeht es nicht, wenn die Ratten aus den Häusern fliehen, die Schlangen aus ihren Löchern kriechen oder gar mitten im Winter das Wasser in den Brunnen steigt.

Die ordnungsgemäße und diszipli-

nierte Evakuierung ganzer Städte stellt in der Volksrepublik China kein Problem dar. Niemand diskutiert, niemand widersetzt sich. In unserer westlichen Gesellschaftsordnung gibt es in dieser Beziehung viel größere Schwierigkeiten. Bei uns wird kein Beschluß von oben ohne Diskussion oder Protest hingenommen. Eine Evakuierung dieses Ausmaßes wäre bei uns gleichbedeutend mit Panik und heillosem Durcheinander. Aus diesem Grund fragen sich die zuständigen amerikanischen Regierungsstellen, ob es für die Bevölkerung überhaupt sinnvoll wäre, sie zum Schutz vor einem bevorstehenden Erdbeben zu evakuieren.

In der Nähe von Los Angeles hat sich während der letzten 15 Jahre ein großes Gebiet um 45 cm gehoben. Die Seismologen rechnen sich aus, daß dort über kurz oder lang ein verheerendes Beben stattfinden wird. Soll man die Millionen Menschen, die dort leben, evakuieren? Wann soll man damit beginnen? Wohin soll man sie umsiedeln? Soll man die gefährdeten Talsperren leerlaufen lassen, die Atomkraftwerke stillegen? Wie soll man einer Plünderung entgegentreten? Wann kann man wieder Entwarnung für diesen Erdbebenalarm geben, falls er vielleicht doch unnötig war? Was geschieht, wenn er verspätet eintritt?

Jeder falsche Alarm würde schlimme Folgen für das wirtschaftliche und gesellschaftliche Leben in dem betroffenen Gebiet nach sich ziehen; wenn nach einigen Jahren erneut eine Eva-

Die Kontinentalverschiebung –
die Geschichte einer
Trennung.

Der Piton de la Fournaise auf der Insel Réunion, der dem Hawaii-Typ zuzuordnen ist, ist ein sehr aktiver Vulkan. Bei seinen in kurzen Abständen erfolgenden Eruptionen fördert er dünnflüssige Lava, die das ehemalige Relief allmählich ausgleicht.

Lavafontäne, die einen kleinen Kegel aufbaut.

kuierung notwendig wäre – wer würde sie noch einmal auf sich nehmen? Die Politiker, die diese Probleme zu lösen haben, sind nicht zu beneiden.

Wird der Mensch eines Tages Erdbeben auslösen können?

Wie die Vulkanologen, so versuchen auch die Seismologen, den unruhigen Geist im Erdinnern zu zähmen. Wie schon so oft, kam der wissenschaftlichen Forschung wieder der Zufall zu Hilfe. 1962 stellte sich der amerikanischen Armee das Problem, chemisch verseuchtes Wasser loszuwerden. Zu diesem Zweck wurde in der Nähe von Denver, im Staat Colorado, ein 3,5 km tiefes Loch gebohrt, in das man die unerwünschte Flüssigkeit hineinpumpte. Innerhalb von wenigen Wochen wurden auf diese Weise 32 Millionen Liter verseuchtes Wasser in die Tiefe gepreßt. Als sich im Bereich des Bohrlochs ein Erdbeben ereignete, nahm zunächst niemand Notiz davon. Doch die Erdbeben häuften sich, je mehr Wasser versenkt wurde. Aus diesem Grund wurden die Arbeiten 1966, nachdem man inzwischen 640 Millionen Liter Flüssigkeit versenkt hatte, eingestellt; man wollte den Einwohnern von Denver die häufigen Erderschütterungen, bei denen der Mörtel von den Wänden fiel und in manchen Häusern schon Risse auftraten, nicht länger zumuten.

Die Erdbeben von Denver waren tatsächlich durch die eingespritzte Flüssigkeit verursacht worden. Sie hatte eine alte Verwerfungsspalte ausgefüllt und diese in eine Gleitschicht verwandelt. Dadurch wurden die Reibung zwischen den Gesteinen verringert und die Spannungen abgebaut, die schon seit vielen tausend Jahren in dieser Zone geherrscht und ständig zugenommen hatten. – Ein Atomwaffenversuch in Nevada verursachte 1968 dreißig schwache Erdstöße, die drei Tage nach der Explosion erfolgten.

Diese Beispiele zeigen, daß der Mensch bereits in die Vorgänge im Erdinneren eingegriffen hat. Daraus leiten sich die Bestrebungen der Seismologen ab, die nach Mitteln suchen, mit denen die aufgestauten Spannungen innerhalb der aktiven Verwerfungszonen künstlich abgebaut und so unter Kontrolle gebracht werden können.

Das könnte man entweder dadurch erreichen, daß man Öl in die Spalten pumpt und auf diese Weise das Gestein gleitfähiger macht, oder indem man durch kontrollierte Explosionen auf künstlichem Weg schwache Erdstöße auslöst und so der Erde allmählich Erleichterung verschafft.

Zugegeben – das sind bis heute nur Pläne. Doch vielleicht wird der Mensch eines Tages in der Lage sein, Naturkatastrophen nicht nur vorherzusagen, sondern auch zu beherrschen: eine lohnende Aufgabe für spätere Generationen!

Register

BILDNACHWEIS

Vorderes Vorsatz, Tanguy de Rémur; 5 oben, Solarfilm Reykjavik; 7, Photo Serrette. Inst. de Paléontologie (M.N.H.N. Paris); 8, Museum of Northern Arizona; 9, Photo Bougaeff, Explorer; 10, Photo „A. Wegener", F. A. Brockhaus Wiesbaden 1960; 20, USIS; 25, Photo von Cie Génerale de Géophysique; 26, Photo Associated Press; 28, Photo Colin Delavaud, Atlas Photo; 34, Photo Associated Press; 38, Photo Laboratoire de Géomagnétisme de St. Maur; 44, Photo Laboratoire de Pétrographie Paris VI; 48, Photo Mary Evans Picture Library; 50, Coll. X. le Pichon; 60, USIS; 64, Scripps Institution of Oceanography University of California, San Diego; 66, Photo Carl Mydans, Life Magazine 1948, COLOROFIC; 67, L.D.G.-C.E.A.; 73, California Institute of Technology Courtesy of the Archives; 76, Laboratoire de Pétrographie Paris VI; 78, Mary Evans Picture Library; 80 oben, California Institute of Technology; 80 unten, USIS; 81 oben, USIS; 81 unten, USIS; 91, Scripps Institution of Oceanography University of California, San Diego; 97, US Geological Survey; 103, Photo Russel Hamilton Cornell University; 106, Photo Lamont, Doherty Geological observatory; 108, USIS; 110, Associated Press; 111, Scripps Institution of Oceanography University of California, San Diego; 115 oben, Photo Equipe FAMOUS-ARCYANA; 15 unten, CNEXO; 122, Photo Les grés de Paléozoïque inférieur au Sahara de S. Beuf, Édition Technip, 27, rue Ginoux, 75737 Paris Cedex 15; 125, USIS; 127, Naval Oceanography Office; 139, US Geological Survey; 140 oben, Roger Viollet; 140 unten, Culver Pictures; 141, US Geological Survey; 142 oben, B.N. Paris; 142 unten, Bibliothèque Municipale de Mulhouse, Photo Schwobthaler; 143, Photo J. Eyerman-Rapho; 150–151, ZEFA; 150, Hachette; 152 unten, R. Benard.

Alle anderen Photographien dieses Werkes stammen von dem Vulkan-Forschungsteam (Maurice und Katia Krafft).

Graphiken: Gilles Jouannet
Gestaltung: Bernard Benoist

Die französische Originalausgabe erschien unter dem Titel
La Terre, une planète vivante!
bei Hachette, Paris
© Hachette, Paris – 1978

Alle Rechte vorbehalten
Printed in Germany
Für die deutsche Ausgabe:
© Verlag Herder
Freiburg im Breisgau 1981
Herstellung:
Freiburger Graphische Betriebe 1981
ISBN 3-451-18790-6

Eurasiatische Platte

Nordamerikanische Platte

−6

Pazifische Platte

Philippinen Platte

Karibische Platte

Cocos-Platte

Nazca-Platte

−10

+18

−10

+7

Australische Platte

+7

+7

+7

Antarktische Platte